소련 지역 민족해방운동의 중심 인물인 김만겸과 그의 가족.
그는 3·1운동 때 독립선언문을 러시아어로 번역·배포하고 재(在)상해 한인공산당을 조직했다.

위 1880년대의 한인 노동자들.
아래 1900년 연해주의 한인 가정과 생활주택.

위 이동휘 등과 함께 최초의 조선인 사회주의단체인 한인사회당을 창립한 김 알렉산드라.
아래 하바롭스끄 중심가 '맑스 거리'에 붙은 김 알렉산드라의 얼굴 조각.

위 1938년 9월. 강제이주 중에 한인들이 어느 역에 내려 볼일을 본 뒤에 다시 승차하는 모습.
이때 철로 주변 주민들로부터 양식을 사기도 했다.
아래 1997년 9월 11일. '회상의 열차' 발대식에서 펼침막을 든 한국인과 고려인을 러시아인들이 바라보고 있다.

1920년대 초반 시베리아에 출병한 일본군과 싸운 조선인 빨치산부대 대장 한창걸.

위 1919년의 파르티잔(빨치산)들.
아래 왼쪽 레닌그라드에 있었던 시베리아 고려인 부대의 지휘관 오하묵.
아래 오른쪽 김 미하일과 함께 제17차 소련공산당 전당대회에 참가했으나 억울하게 숙청된
고려인 지도자 김 아파나시와 그의 부인 유 예까떼리나.

위 1997년 9월 10일. 구소련 고려인 강제이주 60주년 기념행사에서 강연을 하고 있는 이광규 교수.
아래 1997년 9월 15일. '회상의 열차' 식당칸에서 이야기하는 오페라 가수 리나 김, 그 옆은 김 아나똘리.
그의 뒤에 김만겸의 사진이 보인다.

위 1920년 7월 3일. 끄레믈린궁 코민테른 회의에서 레닌 오른쪽 옆에 앉아 있는 상해파 박진순.
아래 왼쪽 연해주에서 1918년 우리 역사상 최초의 사회주의 정당인 한인사회당을 조직한 상해파 이동휘.
아래 오른쪽 러시아 고려인 사회의 지도자인 이르꾸쯔끄파 한명세.

원동에서의 국민전쟁 영웅 김유천과 오늘날 하바롭스끄의 '김유천 거리' 표지판.

위 1997년 9월 18일. 까자흐스딴의 알마띠역 앞에 내걸린 '회상의 열차' 환영 펼침막.
아래 우리 일행에게 보이기 위해 조상들의 사진을 들고 나온 알마띠의 고려인들.

위 우즈베끼스딴 따슈껜트 인근 꼴호스(집단농장) 사무실 벽에 걸린 김병화의 초상화.
영웅칭호를 두번 받아서 가슴에 별을 둘 달고 있다.
아래 민속의상을 차려 입고 강제이주 60주년 기념행사에 참가한 우즈베끼스딴 여인들.

위 1997년 9월 21일. 강제이주 60주년 행사에 참가한 (왼쪽부터) 저자, 김 블라지미르, 그리고 그의 가족.
아래 모스끄바 대학 박 미하일 교수를 중심으로 왼쪽은 성대경 교수, 오른쪽이 저자.

회상의 열차를 타고

강만길 저작집

간행위원: 조광 윤경로 지수걸 신용옥

해제: 고정휴 구선희 김기승 김명구 김윤희 김행선 박은숙 박한용
　　　변은진 송규진 이주철 정태헌 최덕수 최상천 하원호 허은

교열: 김만일 김승은 이주실 조철행 조형열

강만길 저작집

11

회상의 열차를 타고

창비

저작집 간행에 부쳐

　그럴 만한 조건이 되는가 하는 생각을 버리지 못하면서도 제자들의 준비와 출판사의 호의로 저작집이란 것을 간행하게 되었다. 잘했건 못했건 평생을 바친 학문생활의 결과를 한데 모아두는 것도 나름대로 의미가 있을 것 같기도 하고…… 한 인간의 평생 삶의 방향이 언제 정해지는가는 물론 사람에 따라 다르겠지만, 지금에 와서 뒤돌아보면 나의 경우는 아마도 세는 나이로 다섯 살 때 천자문을 제법 의욕적으로 배우기 시작하면서부터 어쩌면 학문의 길이 정해져버린 게 아닌가 생각해보기도 한다. 그리고 요즈음 이름으로 초등학교 6학년 때 겪은 민족해방과 6년제 중학교 5학년 때 겪은 6·25전쟁이 역사 공부, 그것도 우리 근현대사 공부의 길로 들어서게 한 것 같다고 말하기도 한다.

　대학 3학년 때 과제물로 제출한 글이 활자화됨으로써 학문생활에 대한 의욕이 더 강해진 것 같은데, 이후 학사·석사·박사 논문은 모두 조선왕조시대의 상공업사 연구였으며, 특히 박사논문은 조선왕조 후기 자본주의 맹아론 연구였다. 문호개방 이전 조선사회가 여전히 고대사회와 같은 상태에 머물러 있었다고 주장한 일본인 연구자들의 연구에 대항한 것이었다고 하겠다. 역사학계 일부로부터 박정희정권하의 자본주의 성장을 뒷받침하는 연구라는 모함을 받기도 했지만……

　자본주의 맹아론 연구 이후에는 학문적 관심이 분단문제로 옮겨지게 되었다. 대학 강의 과목이 주로 중세후기사와 근현대사였기 때문에 학문적 관심이 근현대사에 집중되었고 식민지시대와 분단시대를 연구하고 강의하게 된 것이다. 『분단시대의 역사인식』을 통해 '분단시대'라는 용어가 정착되어가기도 했지만, '분단시대'의 극복을 위해 통일문제에 관심을 두게 되면서 연구논문보다 논설문을 많이 쓰게 되었다. 그래서 저작집도 논문집보다 시대사류와 논설문집이 더 많게 되어버렸다.

그런 상황에서도 일제시대의 민족해방운동사가 남녘은 우익 중심 운동사로, 북녘은 좌익 중심 운동사로 된 것을 극복하고 늦게나마 좌우합작 민족해방운동사였음을 밝힌 연구서를 생산할 수 있었다는 것을 자 윗거리로 삼을 수 있지 않을까 한다. 사실 민족해방운동에는 좌익전선도 있고 우익전선도 있었지만, 해방과 함께 분단시대가 되리라고는 꿈에도 생각하지 않았기 때문에 민족해방운동의 좌우익전선은 해방이 전망되면 될수록 합작하게 된 것이다.

『고쳐 쓴 한국현대사』는 '한국'의 현대사니까 비록 부족하지만 남녘의 현대사만을 다루었다 해도 『20세기 우리 역사』에서도 남녘 역사만을 쓰게 되었는데, 해제 필자가 그 점을 날카롭게 지적했음을 봤다. 아무 거리낌 없이 공정하게 남북의 역사를 모두 포함한 '20세기 우리 역사'를 쓸 수 있는 때가 빨리 오길 바란다.

2018년 11월 강만길

일러두기

1. 이 저작집은 '내일을 여는 역사재단'의 기획으로, 강만길의 저서 19권과 미출간 원고를 모아 전18권으로 구성하였다.
2. 제15권 『우리 통일, 어떻게 할까요/역사는 변하고 만다』는 같은 해에 발간된 두 권의 단행본을 한 권으로 묶었다.
3. 제17권 『내 인생의 역사 공부/되돌아보는 역사인식』은 단행본 『강만길의 내 인생의 역사공부』와 미출간 원고들을 '되돌아보는 역사인식'으로 모아 한 권으로 묶었다.
4. 저작집 18권은 초판 발간연도 순서로 배열하되, 자서전임을 감안해 『역사가의 시간』을 마지막 권으로 하였다.
5. 각 저작의 사학사적 의미를 짚는 해제를 새로이 집필하여 각권 말미에 수록하였다.
6. 문장은 가급적 원본대로 유지하는 것을 원칙으로 하였고, 명백한 오탈자와 그밖의 오류는 인용사료, 통계자료, 참고문헌 등을 재확인하여 바로잡았으며, 주석의 서지사항 등을 보완하였다.
7. 역사용어는 출간 당시 저자의 문제의식을 살리기 위해 그대로 따랐다.
8. 원저 간의 일부 중복 수록된 글도 출간 당시의 의도를 감안하여 원래 구성을 유지하였다.
9. 본서의 원저는 『회상의 열차를 타고』(한길사 1999)이다.

책을 내면서

일본·미국·중국 등지를 처음 갔을 때 그곳에 사는 동포들의 처지를 보고 특히 역사학 전공자로서 여러가지 생각을 하게 마련이었다. 처음 일본에 가서 그곳 교포사회가 모국과 같이 남북으로 심하게 나뉜 것을 보았을 때, 하와이 양로원에서 1세 이민 노인들의 안타까운 모습을 보았을 때, 백년 전 우리 문화가 동결된 채로 남아 있는 것 같은 중국 연변의 조선족사회를 처음 가보았을 때, 일제강점시대의 가장 처절한 희생물이라 할 하얼빈 근교 농촌의 동포 마을을 방문했을 때, 여기가 바로 파란만장한 우리 근현대사의 또다른 현장이구나 하는 생각을 하지 않을 수 없었다.

그러면서도 구 소련 지역에 있는 또다른 우리 근현대사의 현장, 즉 고려인사회에 대해서는 생각이 미치지 못했다. 작년 가을 '우리민족서로돕기운동'본부의 요청으로 시베리아에 살던 우리 동포들이 1937년에 중앙아시아 지역으로 강제이주 당한 그 길을 다시 가보는 '회상의 열차' 행사에 동참하기 위해 김포공항을 떠날 때만 해도, 솔직히 말해서 쉽지 않은 시베리아 여행의 기회를 잡았다는 생각이 더 앞섰다. 그때만 해도

'회상의 열차'가 가지는 역사성과, 구 소련 지역 동포사회에 대한 관심이 그만큼 적었던 것이 사실이다.

여행을 준비하면서 시베리아 여행기라도 쓰려면 그때마다의 느낌을 담아두어야겠다는 생각에서 녹음기를 준비했는데, 막상 현장에 가서 '회상의 열차'를 타고 보니 '회상의 열차'의 전체 과정에 걸친 여행기를 책으로 만들어보자는 욕심이 생기게 되었고 여행 중 나름대로 열심히 녹음을 했다. 그러나 돌아와서 막상 녹음을 풀어보니 단순한 여행기가 되어야 할지 구 소련 지역 동포사회 전체에 대한 소개서나 해설서 같은 것이 되어야 할지, 책의 성격을 정하기가 어려웠다.

그러다가 지금까지 이런 성격의 책이 있었는지 모르지만 결국 여행기와 소개서 및 해설서를 겸하는 책으로 만들어보기로 했다. 일반적으로 여행기라는 것이 그 지방의 문물과 문화에 대한 소개를 겸하게 마련이지만, 평생 처음 써보는 이 여행기를, 구 소련 지역 동포사회의 역사적 내력을 알아보는 한편 그들의 강제이주 길을 따라가는 여행기를 겸하는 책으로 만들어보자는 생각을 하게 되었다.

구 소련 지역 전체에는 약 45만 명의 많은 동포가 살고 있다. 그렇게 많은 동포들이 살고 있는 데 비해 그들이 어떤 역사를 가졌으며, 지금은 또 어떤 생각을 가지고 어떻게 살고 있는가, 그들 앞에는 어떤 문제들이 있는가, 모국에 살고 있는 사람들과 그들의 관계는 어떻게 되는 것이 바람직한가 하는 문제 등을 역사적 시각에서 다룬 책은 그다지 많지 않은 것 같다. 그 공백의 일단을 메워보자는 것이 이 책의 목적이 되지 않을까 한다.

여행에서 돌아와 1년이 넘어서야 겨우 책을 내게 되었다. 그 1년이 개인적으로는 정년을 앞둔 시점이었고 사회적으로는 이른바 IMF관리체제 아래 1년이어서 여행을 한 때와 책을 내는 때는 여러가지로 달라진 점이 많다. 지금에 와서 생각해보면 강제이주 60주년을 기념하는 일이 꼭 '회상의 열차'를 운행하는 '거창한' 일이어야 했는가, '회상의 열차' 운행 자체가 우리의 '거품'은 아니었는가 하는 생각 때문에 자책감이 일기도 한다. 이런 책이라도 내어 구 소련 지역 동포사회의 실상을 알리는 일이라도 해야 그 자책감에서 조금이라도 벗어날 수 있지 않을까 하는 것이 솔직한 심정이다.

 구 소련 지역 동포사회의 무궁한 발전을 빌면서 책의 간행을 맡아준 한길사에 감사한다.

1998년 12월

강만길

차례

3   시베리아에 묻힌 유격대원들

4 중앙아시아에 숨쉬는 민족문화

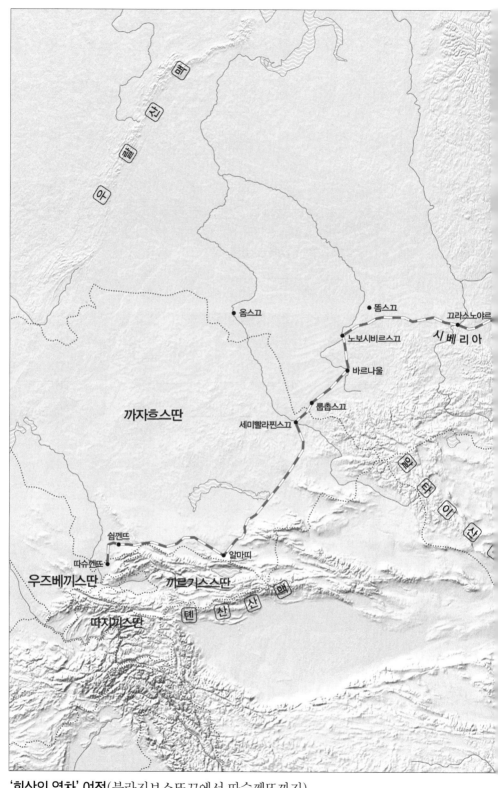

'**회상의 열차**' 여정 (블라지보스또끄에서 따슈껜뜨까지)

러 시 아

모고차

비로비잔   하바롭스끄

치따

이르꾸쯔끄

울란바토르

하얼빈

우수리스끄
블라지보스또끄

창춘

몽 골

중 국

베이징   서울

대한민국

고려인의
명예회복을
위하여

'회상의 열차'를 타러 블라지보스또끄로 가다

1937년에 소련의 스딸린 정권은 연해주 지역에 사는 우리 동포들을 중앙아시아 지역으로 강제이주시켰다. 이번에 그 60주년을 기념하기 위해 러시아 고려인협회와 한국의 '우리민족서로돕기운동' 본부가 공동으로 강제이주 때의 여정(旅程)을 따라 운행하는 특별열차를 내고 그 이름을 '회상의 열차'라고 했다.

소련 및 러시아와의 국교가 열리면서 시베리아 지역의 우리 민족해방운동에 대한 이해를 높이기 위해 현지에 가봐야겠다는 생각을 가졌지만 기회가 잘 오지 않았다. 그런데 마침 공동대표의 한 사람으로 참가하고 있는 '우리민족서로돕기운동'의 요청이 있어서 친구 성대경(成大慶) 교수와 함께 '회상의 열차'를 타게 되었다.

이 여행기를 시작하기 전에 먼저 밝혀둘 일이 있다. 국외에 나가 사는 동포들이 많아지면서 그들에 대한 호칭도 다양해졌다. 일본이나 미국에 사는 동포의 경우 대체로 재일동포·재미동포로 불리고 중국에 사는 동포의 경우 조선족으로, 구 소련 지역의 경우 고려인 혹은 한인으로 불리고 있는 것이다.

이 글에서는 중앙아시아를 포함한 구 소련 지역에 사는 우리 동포들을 모두 고려인으로 통칭하기로 한다. 구 소련 지역 동포들의 경우 그들 자신이 조선인이나 한인보다 고려인으로 부르는 경우가 더 많으므로 이 글에서도 그 호칭을 그대로 따르기로 한 것이다.

'회상의 열차'가 출발하는 블라지보스또끄로 가기 위해 1997년 9월 9일 김포공항을 떠났다. 블라지보스또끄까지는 비행시간이 2시간 55분 걸린다고 한다. 오전 9시 29분에 비행기가 이륙했고, 블라지보스또끄 공항 도착은 12시 10분, 현지 시간으로는 2시 10분이었다.

러시아 땅은 모스끄바와 옛 레닌그라드에는 가봤지만, 시베리아 지역 여행은 처음이다. 국내외를 막론하고 처음 가보는 곳에 대한 호기심과 기대는 언제나 마음 설레게 한다. 이번에는 이색적이고도 의미있는 여행이라 생각되어, 고려인의 역사를 곁들인 여행기 같은 것을 써보리라 마음먹고 녹음기를 미리 준비했다.

블라지보스또끄 공항 건물은 생각보다는 괜찮다. 공항 주변은 한적한 마을 같은 인상이고 주차장에 자동차가 상당히 많은데, 여기는 역시 일본 자동차가 제일 많은 것 같다.

공항 근처에 러시아 여인들의 아주 초라한 모습이 보이고, 조그마한 판자 위에 빵 같은 물건을 차려놓고 파는 소상인들이 상당히 많이 눈에 띈다. 공항 앞에서 여인네들이 팔고 있는 손바닥 크기만한 빵은 하나에 약 3000루블, 우리 돈으로 400원쯤 된다고 한다. 거지도 가끔 보인다.

블라지보스또끄 공항에서는 이곳 고려인들이 나와서 환영식을 할 예정이라 한다. 한복을 입은 예쁜 아가씨 넷이 꽃을 들고 우리를 환영하러 나왔기에 우리말을 아느냐고 물었더니 조금 안다고 한다. 이 아가씨들은 1991년에 중앙아시아의 우즈베끼스딴에서 옮겨왔다고 한다.

환영 나온 사람 중에는 성이 차씨라는 고려인이 있는데, 별 하나를 단 러시아군 장군이다. 환영 나온 고려인들과 공항 앞에서 기념사진을 찍었다. 이름이 블라지미르인 차장군은 고려인으로서는 유일한 러시아군 장군이라고 한다. 그의 부모는 연해주 출생이고 그는 우즈베끼스딴에서 태어났다고 한다. 아버지가 지주였기 때문에 1929년에 숙청되어 아모르주에 있는 벌목장에 가서 일했고, 거기에서 1939년에 강제이주를 당해서 우즈베끼스딴 공화국 쪽으로 옮겨갔다고 한다.

환영식에 연해주 주정부를 대표해서 여자 공무원이 ― 뒤에 알았지만 그는 연해주 정부 소수민족 담당관이다 ― 와서 환영사를 했고, 몇 년 전의 세계한민족청년대회 때 러시아 고려인 대표로 참가해서 백두산에 같이 갔던 이 올레그라는 사람이 지금은 '회상의 열차' 사업 주최 기관 중 하나인 러시아 고려인협회 회장이 되어 연설을 했다.

여기 주둔하고 있는 꼬사끄군 부대장도 환영사를 했고, 차장군도 환영사를 했는데 그는 여기 고려인 4세라고 밝혔다. 이어서 우리 측 대표인 우리민족서로돕기운동 공동대표의 한 사람이자 전 선명회 회장인 이윤구 박사가 감사의 말을 전했다.

러시아의 연해주 지방에 한국인인 우리가 와서 이런 모임을 가지고, 또 '회상의 열차'라 이름붙인 특별열차를 타고 60년 전 스딸린의 소련 정부가 감행한 고려인 강제이주의 길을 따라 여행할 수 있게 되었다는 것은 정말 감개무량한 일이 아닐 수 없다.

지금부터 한 10년 전까지만 해도 한국인이 소련 땅 극동지방의 군사 요새지 블라지보스또끄에 와서 러시아 사람들의 환영을 받으며 우리 동포들이 걸었던 고난의 길을 따라 여행을 할 수 있으리라고 누가 감히 생각할 수 있었겠는가. 정말 감회가 새롭다. 역사는 반드시 변하고야 만다고 다시 한번 강조하지 않을 수 없다.

중국의 연변 지방에 처음 갔을 때도 느꼈지만, 두만강 건너편 중국 땅도 그렇고 지금 와서 보는 러시아 땅 연해주도 마치 우리 땅의 연장인 것 같다. 이렇게 말한다고 해서 그 땅을 차지해야 한다는 제국주의적 발상으로 하는 말은 아니다.

그 나지막한 산과 들에 난 풀들 나무들 모두 다 우리 한반도에서 보는 모습 그대로다. 다만 두만강을 건너 중국 쪽으로 갔을 때는, 두만강변에 있는 집들도 우리의 옛날식 한옥이 대부분이었고 거기에 사는 사람들도 모두 우리 동포들이었다.

그러나 연해주의 집들은 한옥식이 아니고 러시아식인데, 대단히 소박하고 허름해서 이런 집에서 겨울 추위를 어떻게 견디는가 걱정스러울 정도다. 블라지보스또끄 공항에서 시내로 들어가는 버스를 타고 가면서 좌우를 보며 느낀 점이다.

블라지보스또끄 공항에서의 환영식에서 꼬사끄 부대 지휘관이 환영사를 했다고 했는데, 연해주에 꼬사끄 부대가 있는 이유가 있다. 러시아 혁명 전에 꼬사끄 사람들이 이쪽으로 이주당했고, 그 결과 지금도 여기에 그들이 많이 살고 있다고 한다.

꼬사끄 사람들만으로 독립 부대를 이루고 있는 것은 아니며, 러시아군 속에 한 부분을 이루고 있다고 한다. 차장군이 최근 우리 동포들이 연해주로 옮겨왔을 때 제일 반겨준 사람들이 꼬사끄 사람들이라고 말했는데, 그들도 역시 중앙아시아에서 이쪽으로 이주된 사람들이기 때문에 우리 동포들을 반겨준 것이었다고 한다.

블라지보스또끄 공항과 시내와의 거리가 너무 멀다. 그런 말을 했더니 옆에 있던 석여(石如: 성대경 교수의 아호)가 종전에는 공항이 군용 비행장으로만 사용되었기 때문에, 즉 블라지보스또끄에 사는 민간인의 공항 이용과는 관계가 없었기 때문에 이렇게 먼 것이 아니겠느냐고 했다. 그럴듯하다고 생각했다.

공항에서 시내로 들어가는 주변에 있는 농가들을 보면서 너무나 허술하여, 이렇게 해서 추운 겨울을 어떻게 날까 하고 걱정했다고 앞에서 말했지만, 그런 걸 보면서 여러가지 생각을 하게 되었다. 소련이 제정러시아를 혁명으로 무너뜨리고 새로운 사회주의 경제 건설을 하면서 국부(國富)가 아닌 민부(民富)를 이루었어야 했다는 생각을 한 것이다.

제2차 세계대전 후 소련이 자본주의 열강과 무기경쟁을 하게 된 원인을 생각해보면 이렇게 말할 수 있지 않을까 한다. 당시 소련은 제2차 대전에서 나치 독일의 침략을 받고 스탈린그라드 공방전과 레닌그라드 봉쇄전 등을 겪으면서 엄청난 희생을 강요당한 상황이었다. 그 때문에 대전이 끝나고 난 다음에도 자본주의 종주국 미국과의 경쟁에서, 즉 냉전 과정에서 결국 무기경쟁 내지 우주개발 경쟁으로 치닫게 된 것이라 할 수 있을 것이다.

제2차 대전 이후 소련이 만약 자본주의 강국 미국과의 무기경쟁이나 우주경쟁을 하지 않고 내부의 산업을 발전시키면서 민부(民富) 강화에 더 치우쳤다면, 그런 무기경쟁을 하지 않는 소련을 미국이 과연 일방적으로 침략할 수 있었겠는가 하고 생각해봤다. 또 소련이 무기경쟁을 포기하고 민부에 치중한 경우, 설령 미국이 명분 없는 무력침략을 했다 해도 민부를 통해 이미 내부적으로 사회주의 경제가 정착해가는 소련사회가 미국의 침략을 이겨내지 못했겠는가 하는 점도 생각해볼 만한 일이라 여겨졌다.

사회주의가 자본주의에 비해 평화적이며 미래지향적인 체제라면, 혁명에 성공한 지역이 무기경쟁이 아니라 평화주의적 민부 건설에 성공하는 것이 그 체제를 정착시키고 나아가 다른 지역으로 확대해가는 첩경이 아니었을까 하고 생각해보기도 했다.

훗날 고르바초프가 미국에 대해 일방적으로 무기경쟁 포기를 선언함으로써, 미국이 침략주의 국가가 아닌 이상 더 무기를 강화할 명분을 못 가지게 하는 것을 보고, 진정한 평화주의란 바로 저런 것이라며 흥분했던 기억이 나기도 했다.

블라지보스또끄 시내로 들어가는 버스 안에서 사회주의를 겪은 나라의 초라한 농가들을 보면서, 얼마 전까지 세계 최대 자본주의 강국인 미국과 무기 및 우주개발 경쟁을 하면서 세계의 양대 강국으로 군림한 과거 소련 땅의 농민들이 이렇게 허술한 집에서 가난하게 살고 있는가 하고 안타깝게 생각했다.

공항 앞에서도 여자 상인들이 빵 몇 개를 놓고 앉아 있는 것을 볼 수 있었지만, 공항에서 블라지보스또끄로 들어가는 길가에도 초라한 모습의 여인들이 과일 몇 개와 야채 몇 포기씩을 놓고 팔고 있는 안쓰러운 정경을 볼 수 있었다.

지난해 여름의 모스끄바 여행에서도 느꼈지만, 러시아어는 알파벳의 모양이 너무 달라서 전혀 읽을 수 없다. 그래서 러시아에 오면 완전한 문맹이 되고 만다. 돌아가서 알파벳만이라도 익혀야겠다고 생각했는데 실행하지 못했으니 스스로 생각해도 딱한 일이다.

블라지보스또끄 시내로 들어서자마자 우리나라 삼성재벌의 선전간판이 눈에 띈다. 여기 시간으로 오후 5시 30분이어서 일반버스나 통근버스에 사람들이 가득가득 차 있는 것을 볼 수 있다. 대단히 도시화된 분위기가 풍겼다.

20층쯤 되어 보이는 고층 아파트 벽면 하나를 완전히 뒤덮은 코카콜라 선전판이 아주 인상적이다. 블라지보스또끄 시내에 들어오니까 고층 건물이 대단히 많고 그 규모가 큰 것을 볼 수 있다. 시내 길거리에는 모스끄바에서도 볼 수 있었던 개인 경영의 상점들이 상당히 많다. 모스끄바에 갔을 때 이 개인 경영의 상점들을 두고 '러시아 자본주의의 맹아(萌芽)'라고 농담한 일이 기억난다.

블라지보스또끄 시내의 건물들은 규모가 상당히 크지만 그 건물들 역시 허술하고 낡았다는 인상을 준다. 여기도 중국에 처음 갔을 때와 같이 도로에 중앙선이 전혀 없다. 여러 점에서 모스끄바와는 상당히 다른 분위기를 느낄 수 있다. 모스끄바에서는 그래도 새로운 건물들을 짓고 있는 공사장을 더러 볼 수 있었는데, 여기는 건물들이 상당히 낡았고 새 건물을 짓는 경우가 그다지 보이지 않는다. 모스끄바 정도의 활기도 느껴지지 않는다.

우리나라 현대재벌의 수송용 자동차가 지나가고, 버스 앞쪽에 LG 마크가 붙어 있는 것을 볼 수 있다. 블라지보스또끄 인구는 약 100만 명이라고 한다. 블라지보스또끄 역전에는 전면에 한식 치장을 한 집이 하나 있다. 일행 중의 누군가가, 전에 북한에서 경영한 모란봉 식당이었는데 지금은 러시아 사람이 경영한다고 설명해주었다.

러시아에서 첫날은 '블라지보스또끄 호텔'에 여장을 풀었다. 블라지보스또끄에 있는 호텔의 이름이 블라지보스또끄라 해서 그 도시에서 제일 좋은 호텔이란 법은 없지만 이름에 비해 호텔 시설은 좀 허술했다.

코리아 하우스라는 한국 음식점에서 여기에 주재하는 우리 총영사와 함께 저녁 식사를 하고 바닷가에 나가서 산보를 했다. 이 바다가 바로 우리 동해다. 고구려가 망한 후 그 유민들이 이 바다를 통해 일본으로 옮겨갔겠구나 하고 생각해봤다.

바닷가에서는 이곳에서 우리와 합류한 모스끄바 어느 대학의 교수이

자 우리말을 썩 잘하는 고려인 맹동욱씨에게서 여러 이야기를 들었다. 독자들은 앞으로 맹교수의 이야기를 많이 듣게 될 것이다. 우리 일행 중에 학과는 다르지만 60년대의 제자 한 사람이 있었다. 밤에는 이미 중년이 넘은 이 제자가 술을 들고 방에 찾아와서 꽤 취하도록 마시고 갔다.

'회상의 열차'는 왜 운행되어야 하는가

9월 10일이 밝았다. 아침 8시 30분에 호텔에서 걸어서 연해주 정부 청사로 갔다. 그 7층 회의실에서 주정부 부지사의 인사말과 설명을 들었다. 그는 LG·대우·삼성·현대 등 한국의 재벌들이 블라지보스또끄와 연해주에 적극적으로 진출함으로써 깊은 관계를 맺게 되었다고 했다. 연해주 정부도 앞으로 한국 유학생들을 적극적으로 유치하려는 생각을 가지고 있다고 했다. 또 이곳 극동대학에 한국학과가 개설되어 많은 학생들이 교육을 받고 있으며 무역량도 일본 다음으로 높아져가고 있다고 했다.

우리 일행 중 누군가 '회상의 열차'가 가지는 의미를 말해달라고 하자 러시아 고려인협회장 이 올레그 씨가 대답했다. 그는 '회상의 열차'가 가지는 의미는 고려인의 명예회복에 있다고 말했다. 1994년에 고려인 명예회복법이 러시아의회에서 통과되었지만 아직까지 그것이 실현되지 않고 있기 때문에 고려인들의 명예회복을 위해 '회상의 열차'를 운행한다는 것이다.

'회상의 열차'를 운행하는 목적을 알기 위해서는 고려인명예회복법이 무엇인가를 아는 일이 선행되어야 할 것 같다. 우리 일행이 시베리아와 중앙아시아를 거쳐 모스끄바에 갔을 때 만난 모스끄바대학교 경제학부의 이창주(李昌柱) 교수가 편찬한 책『1920~30년대 러시아의 고려인(비록)』에 있는 고려인 명예회복에 관한 러시아연방 최고쏘비에뜨 결정을 들어보면 다음과 같다.

좀 길지만 1937년의 강제이주가 얼마나 무리한 일이었으며, 또 지금의 러시아 정부가 그것을 어떻게 인식하고 있는가를 알 수 있는 중요한 결정인 것 같아서 전문을 옮기기로 한다. 이창주 교수의 번역을 그대로 인용한다. 고려인을 한인으로 번역했는데 여기서는 그대로 쓰기로 한다.

러시아연방 최고소비에트는 불법적으로 탄압당한 재러시아 한인에 관한 역사적 공정성과 그의 명예회복의 목적으로 '탄압당한 민족들의 명예회복에 관한' 러시아공화국 법령에 근거하여, 그리고 재러시아 한인 재야단체들의 호소를 고려하여 다음과 같이 결정함.

(1) 재러시아연방 한인들을 러시아연방 국토의 영주지(永住地)에서 강제로 이주시키며, 정착지에 특별정주 규칙을 설정하며, 자유 제한의 상황에서 강제노동을 시키며, 기타 권리와 자유를 제한하기 위하여 1937년부터 재러시아 한인들을 목표로 채택되어 그들을 반대하는 정치적 탄압의 근거가 된 법규들을 불법적인 것으로 인정할 것.

(2) '탄압당한 민족들의 명예회복에 관한' 러시아공화국 법령에 따라 재러시아 한인의 정치적 명예회복은 자유로운 민족적 발전을 위한, 현행 법률에 의하여 보증된 그들의 정치적 권리와 자유를 행사함에 있어서 타민족들과 같이 평등한 가능성을 그들에게 보장하기 위해 그들의 러시아 영토의 이전 영주지에 자원하여 개인적으로 귀환하기 위한 그들의 권리를 인정할 것.

(3) 정치적 이유와 민족별로 기인하여 행정적으로 불법적인 형벌상 박해와 탄압을 당한 재러시아 한인 중 일부 공민들의 명예를 '정치탄압 희생자 명예회복에 관한' 러시아공화국 법령에 따라 개인별로 회복시킬 것. 이 규칙은

이전 영주지에서 직접 추방당한 한인과 특별정주 규칙하에 있던 가정에서 태어난 한인에게 적용됨.

(4) 강제추방 결과 이전에 소련을 구성하고 있던 공화국들인 다른 국가 영토에 거주하는 한인, 그리고 그의 자손이나 기타 직계 비속이 러시아에 이주할 경우 '러시아공화국 국적에 관한' 러시아공화국법 제3, 18, 19 및 20조에 따라 러시아연방 국적을 회복하거나 획득할 권리가 있다고 정할 것.

이런 사람의 법률적 지위는 강제이주 당한 자, 소수민족과 민족들의 복권과 연관된 문제에 관하여 1992년 10월 9일 독립국가연합 구성국들과 체결한 협정 제1조로 규정됨.

(5) 지방자치기관은 러시아연방 국토의 이전 영주지에 귀환한 재러시아 한인의 거처 안정과 정주를 원조하기 위한 실제적 조치를 취할 것, 한인의 요청에 근거하여 토지법에 따라 개인주택 건설, 농산경리(소작농)와 개인부업, 농산협동조합과 주식회사 설립을 위한 토지를 그에게 기준별로 분배할 것, 이 실제 조치의 실시는 관계지역에서 거주하는 백성의 권리와 자유를 침해해서는 안 됨.

(6) 러시아 연방정부는 자체의 권한 내에서 재러시아 한인 불법 정치탄압의 근거가 된 법규들을 취소하고 재러시아 한인 재야 연합단체의 제안을 고려하여 재러시아 한인, 민족문화 부흥 종합계획을 1993년 7월 1일 전으로 작성 채택하여 이에 융자할 자금을 산정하고,

러시아연방 영토의 이전 영주지에 귀환한 재러시아 한인을 위한, 지적된 지역에서의 거처 안정과 정주, 소작농산과 기타 영업 추진을 위한 특혜 융자와 과세에 관한, 학교와 기타 시설물 창설, 한인 집중거주지에서의 한인 민족문화센터 설립, 한글 교사 등 전문가 양성, 한글 신문과 잡지 출간을 비롯하여 재러시아 한인 민족문화 부흥에 자금을 지출하는 자선 기금단, 기업, 단체와 국민의 납세 특혜에 관한 제안을 제정된 절차에 따라 1993년 7월 1일 전으로

제출하고,

재러시아 한인 명예회복과 이전 영주지로의 가능한 자원적 이주 절차와 조건에 대하여 소련을 구성하고 있던 공화국들인 다른 국가들과의 협정 체결에 관한 제안을 작성할 것.

(7) 본 결정 집행에 대한 감사는 러시아연방 최고소비에트 민족소비에트 탄압이주당한 민족문제 담당 위원회에 부과함.

(8) 본 결정은 발표 순간부터 발효할 것.

• 러시아연방 최고소비에트 의장 베.옐친

이 '회상의 열차'를 운영하기 위해 금년 초부터 러시아 고려인협회가 여러가지로 노력하여 러시아 정부의 원조를 받게 되었다고 했다. 이번 '회상의 열차'에는 러시아 사회에서 성공한 고려인들, 어제 블라지보스또끄 공항에서 만난 차장군과 시험비행기 조종사로 영웅 칭호를 받은 사람, 역시 고려인으로 성공한 소설가와 오페라 가수 등이 참가한다고 했다.

'회상의 열차'가 가지고 있는 또 하나의 목적은 이번 행사를 통해서 여태까지 적극적으로 말을 못하고 있었던 고려인 자치주 설치 문제까지도 거론하려는 것이었다. 이 올레그 씨의 말에 의하면 지난해까지 이미 2만 6천 명의 고려인들이 중앙아시아에서 연해주로 옮겨왔으며, 지금도 돌아오기를 희망하는 고려인들이 많다고 했다.

이 문제에 대해 어제 공항에서의 환영식에도 참가했고 이 자리에도 나온 연해주 정부 소수민족 담당관이 답변했다. 그는 고려인들은 누구든지 자유롭게 연해주 지방으로 이동할 수 있다고 했다. 그들의 이주문제는 도덕적으로도 전혀 자유로울 수밖에 없지만, 그러나 다른 소수민족과의 형평성 문제가 있다고 했다. 과거 소련 지역, 예를 들면 까자흐스딴이나 우즈베끼스딴 등지에 사는 고려인 중 7만여 명이 연해주 지역으로 옮겨오기를 원하고 있는데 러시아 정부가 그것을 재정적으로 지원해줄 만한 형편이 안 되는 것이 문제라고 했다.

연해주 전체의 인구는 250만 명이라고 한다. 다른 지역에 있는 고려인들이 연해주 지역으로 옮겨오는 것을 여기 사람들이 심정적으로 환영하느냐 하는 질문이 있었다. 연해주 정부 쪽의 대답은 이곳은 땅이 넓기 때문에 고려인들이 여기 와서 사는 데 대해 아무런 반감 같은 것은 있을 수 없으며, 다만 재정적인 지원이 문제라는 것이었다.

이 올레그 씨는 블라지보스또끄가 일제시대 조선인 독립운동의 중심지였다는 사실도 상기시켰고, 우리 일행 중에서 서울대학교 이광규 교수가 연해주 정부 쪽에서는 우리가 생각하고 있는 것보다도 훨씬 더 고려인들의 연해주 이주 문제를 깊이 생각하는 것 같아서 고맙게 생각한다는 내용의 인사말을 했다.

다시 언급하겠지만 중앙아시아 지역 고려인들의 연해주 이주 문제는 러시아 고려인들의 생각과 중앙아시아 고려인들의 생각 사이에, 그리고 러시아 정부와 중앙아시아의 까자흐스딴이나 우즈베끼스딴 정부 사이에 차이가 있음을 알게 된다. 러시아 지역의 고려인들은 중앙아시아 지역의 고려인들이 러시아 지역으로 옮겨오기를 원하는 것 같고, 중앙아시아 지역의 고려인들은 반드시 그런 것 같지는 않으며, 러시아 정부는 또 옮겨오기를 바라는 것 같은데 중앙아시아 국가들은 옮겨가기를 바라지 않는 것 같다는 말이다.

우수리스끄에서 만난 고려인들

이날 오후 블라지보스또끄에서 자동차로 두 시간 반쯤 거리에 있는 우수리스끄에 가서 연해주 고려인 문화센터를 방문했다. 중앙아시아에서 옮겨오는 고려인들이 상당한 경제적 기반이 있어야 들어갈 수 있는 블라지보스또끄 쪽으로 바로 들어가지 못하고 대체로 이 우수리스끄로 와서 많이 산다고 한다. 문화센터 건물은 한국 고려합섬의 장치혁(張致爀) 회장이 구입해서 기증한 것이라 했다.

연해주 고려인협회 회장이 인사말을 하는데, 나이가 상당히 든 사람으로 보이지만 역시 그는 러시아말로 인사했다. 시험비행사로서 영웅 칭호를 받은 최씨도 연설을 했다. 그는 우수리스끄가 약 130년 전에 조선인들이 러시아에 들어온 최초의 땅이며 1937년의 강제이주를 생각하면 가슴이 찢어지는 듯 아프다고 했다. 그는 우리들 한국인을 보고 고국에 돌아가면 강제이주 사실을 많이 알려 달라고도 했다.

같은 건물 안에 연해주 고려인 교육원이 있는데, 여기를 졸업하고 다른 곳에 가서 우리말을 가르치고 있다는 두 젊은 여성이 우리를 맞이했다. 교실에 들어가봤더니 책상이 한 10여 개 놓여 있고, 우리 책이 10여 권 꽂혀 있기에 사진을 찍었다. 생각보다 내용이 초라한 교육원이었다.

이곳 우수리스끄에 고려인 시장이 있다기에 문화센터 방문을 마치고 가보기로 했다. 가는 길에 모스끄바에서 온 고려인 여성 두 사람과 이야기를 나누게 되었는데 겨우 우리말이 통하는 그들은 고려인 3세라 했다. 그들도 이번 '회상의 열차'를 함께 탈 사람들이다. 그 할아버지들의 모국에서의 고향이 어딘지 아느냐고 물었더니 모른다고 했다.

고려인 상인들이 모여 있는, 규모는 대단히 작지만 우리의 동대문시장이나 남대문시장 형의 시장에 갔더니, 반찬가게를 하는 40, 50대 여성들이 몹시 반가워했다. 일행 중 한 사람이 그날 준비한 점심 도시락의 반찬거리로 김치를 사고 돈을 주었더니 한사코 받지 않겠다고 해서 그대로 가지고 올 수밖에 없었다. 우리 민족 특유의 인심 탓인지, 아직도 사회주의적 인심이 남아 있는 탓인지 분간하기 어려웠다.

따슈껜뜨에서 2년 전에 이곳으로 옮겨와서 여기 극동대학 한국어과에 다닌다는 여학생이 내 명패를 보고 자기도 강씨라며 반기기에 같이 사진을 찍었다. 어느 나라 어느 지역이건 시장이란 곳은 인간의 삶을 느끼게 한다는 생각을 하며 큰 사과를 몇 개 사서 일행들과 나누어 먹었다.

시장 구경을 하고 1937년에 강제이주 당했다가 다시 이곳으로 돌아왔다는 강씨 성을 가진 노부부의 집을 방문했다. 앞에서도 말했지만 집들이 바깥에서는 대단히 허술하게 보여 겨울에 추워서 어떻게 지내는가 생각했는데, 강 노인의 집안에 들어가서 보니 밖에서는 허술하게 보이는 농가인데도 벽이 대단히 두껍고 문이 삼중이라서 겨울에 대비한 장치는 상당히 잘되어 있는 것을 알 수 있었다. 강 노인 집 앞마당에서 준비해 온 도시락을 먹으면서 그들 노부부의 강제이주 당시의 경험담을 들었다.

다음은 그 남편보다는 덜 노쇠해서 우리말로 대화가 어느정도 가능한 강 노인 부인과 우리 일행의 대화 내용이다. 동행한 국내 신문의 기자들이 주로 질문했는데, 부인의 사투리가 심한데다 녹음기를 가까이 가져갈 수 없어서 여행에서 돌아와 풀어보니 못 알아들을 부분이 많았다. 알아들을 수 있는 부분만 재생해보면 대체로 다음과 같다. 우선 강제이주 떠날 때 사정을 물었다.

"그러니까 다른 데서 가는 사람들도 싹 모다 모아서 여기 와서 가니까, 그러니까 따로 가는 그런 게 없으니까 자꾸 여기 와서 가지. 더워서 어려웠지(시베리아에서 중앙아시아로 가니까 더워서 어려웠다는 말인 것 같다). 우리 파파가 기술자로 나갔어.”

“어떤 기술자였습니까?”

“차 고치는……”

“저희가 제일 궁금한 게 여기서 기차 타고 얼마나 걸렸고 얼마나 힘들었는지 하는 일입니다.”

“한 달 갔어요.”

“지금은 12일이면 가는 것을 한 달 걸려서 가셨어요?”

“조금 가다가는 서고 또 조금 가다가는 서고, 가다가 며칠씩 세워 놓았다가는 가고 해서 그렇게 걸렸지.”

“식사는 어떻게 하셨어요?”

“식사는 여기에서 돈을 줘서 했지.”

“돈을 얼마나 줬습니까? 한 사람 앞에.”

“하루에 6루블을 줬다고 합니다.”

이 말은 노파의 딸이 거들어주었다.

“먹을 만큼 주었어요?”

누군가가 그때는 루블과 달러가 같은 비율이었다고 했다.

“기차를 타고 가다가 씻지도 못하고, 여러모로 굉장히 고통스러웠을 것 아니에요. 특히 애들하고 나이 드신 분들하고. 제일 힘들었던 과정이 무엇이었지요?”

“여자들은 화장실이 문제였어. 어디에 서면 차에서 내려서 철길에 앉아서 그냥 뭐, 철길에 모두.”

“물은 먹을 수 있었어요?”

“물은 거기서 퍼올려다 먹었지. 나무도 들여오고 물도 들여오고.”

"겨울에는 추웠어요?"

"이때쯤이었어."

"이때면 춥지는 않았겠군요. 이때라도 저쪽 이르꾸쯔끄 쪽에 가면 춥지 않았어요? 영하였잖아요?"

"안 추웠어."

'회상의 열차' 여행에서 처음으로 만난 강제이주 경험자여서 모두 큰 기대를 가지고 인터뷰를 했으나 강 노인 부부가 너무 노쇠하고 사투리가 심해서, 또 자동차 수리공이라는 그때만 해도 많지 않았을 '특수' 직업을 가진 사람들이어서 그들의 회고담을 통해 강제이주의 실상을 재생하기는 어려운 실정이었다.

다음에는 버스를 타고 약 한 시간 거리의 교외에 있는 고려인 김 미하일 씨가 경영하는 아리랑 농장을 견학하러 갔다. 끝없는 평지에 만들어진, 한마디로 말해서 대단히 넓은 농장이었다. 이 근처에서는 고려인이 경영하는, 대표적으로 성공한 농장인 것 같았다. 이 농장은 95년도에 시작했다는데 다음은 45세라는 농장주 김 미하일 씨와의 대담 내용이다. 그와의 대화에도 통역이 필요했다.

"여기 우수리스끄 지역으로 어디서 언제 오셨습니까?"

"까자흐스딴에서 이 지역으로 92년도에 와서 95년부터 이 농장을 시작했습니다."

"농장 크기는 얼마나 됩니까?"

"50헥타르입니다."

"그래서 여기서는 몇 가정이 경영합니까? 고려인은 얼마나 있습니까?"

"러시아 국적이 한 20명, 우끄라이나 민족 등 모두 40명이 일합니다. 중국에서 온 조선족이 150명 있습니다. 북조선 사람도 네 명이 있습니다.”

“북한 사람들이 지금도 일하고 있습니까?”

“지금도 일하고 있어요.”

“저희가 인사할 수 있어요?”

“예.”

“그런 시간을 가질 수 있으면 좋겠어요.”

북한 사람 네 명은 집 짓는 일을 하고 있다고 한다.

“북한 사람들이 좀 겁나한다고 합니다.”

“알겠어요.”

“주로 무엇을 심습니까?”

“주로 채소를 심습니다. 수박·배추·양배추·오이·토마토·수박·옥수수·호박·가지·고추……”

김 미하일 씨는 이들 채소의 이름은 정확하게 우리말로 대답했다.

“우리말 채소 이름을 정확하게 알고 있군요. 1년에 어느 정도 법니까?”

“러시아에서는 특히 농장을 하는 게 이익이 많답니다. 국가에서도 도와주고 앞으로 이 농사가 잘 발달하라고, 농사하는 데 세금이 없습니다. 세금이 없기 때문에 이익이 많이 남습니다.”

“러시아 사람들은 농사를 잘 안 짓습니까? 농토를 얼마 주고 샀으며 외국인도 살 수 있습니까?”

2년 전에 한국 돈으로 환산해서 약 1500만 원 주었다 했고, 외국인은 살 수 없다고 했다.

“쌀농사는 안 짓는지요?”

“채소만 심어요.”

“작년 1년 동안에 얼마나 벌었습니까?”

“비밀입니다. 하하하……”

"저기 벤츠 자동차가 있던데 그 차를 여기서 산 겁니까?"

"벤츠도 있고 프랑스 차도 있고."

"돈 벌어서 산 겁니까? 대금은 한번에 다 지급했는지, 아니면……"

"여기서는 찻값을 나중에 주는 경우는 없습니다."

새 차를 샀는가 중고차를 샀는가를 물어보라는 어느 일행의 말에는 모두 핀잔을 주었다.

아리랑 농장을 떠나서 약 세 시간쯤 걸리는 블라지보스또끄 공항 옆에 있는 고려인들의 공연장으로 갔다. 극장에 들어서니까 이미 제1부 공연이 시작되고 있었다. 제1부에서는 고려인사회의 옛 사진들을 비추고 있었는데, 아마 러시아 사회에서의 고려인의 역사를 이야기한 것 같다.

제1부가 끝나고 여자 사회자가 나와서 외국에 살면서 자기 모국 문화를 가지지 못한 민족은 민족이 아니라고 말했다. 퍽 절실하게 들렸다. 노란 저고리와 붉은 치마를 입은 아가씨 일곱 명이 나와서 아리랑 가락에 맞추어 부채춤을 추었다.

제2부에는 남자 가수가 나와서 노래를 불렀는데, 한국에서 지금 유행하는 노래가 아닌가 했지만 잘 알 수 없었다. 두번째 노래에 맞춰서 남색 저고리와 하얀 치마를 입은 네 아가씨가 앞에 나와 춤을 추었다. 제2부의 세번째 프로에서는 아주 귀여운 조그만 소녀 두 명이 나와서 파랑 저고리와 노랑 치마를 입고 춤을 추었다. 무대의 배경은 소나무와 정자가 그려져 있는 그림이었다. 다음 프로에서는 이 노래에 맞춰서 남녀 세 쌍이 나와 함께 춤을 추었고, 가수가 나와서 「사랑으로」 「돌아와요 부산항에」 등 한국 노래를 불렀다.

칼춤을 추는 프로가 있었다. 복장이나 칼은 모두 제대로 갖추었는데 음악이 칼춤 추는 음악인지 의심스러웠다. 옆에 앉은 우리 일행 중의 어느 여성에게 이 음악이 칼춤 추는 음악이 맞느냐고 물었더니 아닌 것 같다고 했다. 그는 또 노래나 가요는 남한 것이 많이 들어오는 것 같고, 춤 등은 북한의 영향을 받은 것 같다고 말했다. 화관무에 이어서 사물놀이가 연주되었고 다음에는 여섯 남자가 나와서 태권도 시범을 보였다.

공연이 끝난 다음에 극장 앞에서 고려인 동포들과 한국에서 온 사람들이 어울려서 「아리랑」 「고향의 봄」 등의 노래를 부르는 판이 벌어졌다. 조금 흥분한 서경석 목사가 사회를 보며 분위기를 잘 끌고 갔다.

고려인들의 공연을 보고 느낀 점이다. 지금은 교통이나 통신이 발달해서 국내의 문화가 외국에 빨리 전달될 수 있고, 특히 외국에 살고 있는 우리 교민사회에는 빨리 미칠 수 있다고 생각한다. 국내에서도 사물놀이가 연주된 지 얼마 되지 않은 것 같은데, 여기에도 전해져서 어느정도 수준 있는 연주를 볼 수 있었다. 그리고 국내의 가요들, 유행가들도 쉽게 전달되어 이곳의 상당히 수준 높은 가수들에 의해 불리고 있었다.

이렇게 되면 외국에 나와 있는 교포들 사회에 국내의 민족문화가 전달되고 보존되는 것이 옛날처럼 어려운 일은 아닐 것 같다. 다만 모국의 정치적 상황과 남북문제, 민족문제가 평화롭게 해결되면 될수록 일제강점시대 이후 모국과의 연결이 없이 흩어져 있던 해외동포사회가 점점 모국문화를 빨리 접하게 될 것이다. 그리고 그들이 살고 있는 해외 거주지에서도 모국문화를 쉽게 습득하고 유지함으로써 그들이 살고 있는 그곳 사회 자체의 문화를 좀더 다양하게 하는 데 기여할 수 있을 것이다. 그럼으로써 그들이 다른 민족사회에 와서 사는 존재가치가 인정될 수 있을 것이다.

러시아의 고려인사회는 어떻게 형성되었는가

이쯤에서 독자들을 위해 러시아의 고려인사회가 언제 어떻게 성립되었는가를 설명해두는 것이 좋지 않을까 한다. 제정러시아와 혁명 후의 소련, 그리고 1991년에 소연방이 무너진 후의 구 소련 지역에 사는 고려인들의 존재를 옳게 알기 위해서는 먼저 그들의 사회가 언제부터 어떻게 형성되었는가를 알 필요가 있을 것이다.

혁명 이전의 제정러시아가 한반도지역과 국경을 접하게 된 것은 동쪽으로 영토를 크게 넓혀가던 러시아제국이 1860년 11월에 청국과 북경조약을 맺고 연해주 지방을 그 국토로 편입하면서부터였다. 이 접경(接境)을 계기로 제정러시아 때부터 이미 고려인사회가 형성된 것이다. 권희영씨가 쓴『세계의 한민족』(통일원 1996) '독립국가연합편'에 의하면, 러시아 쪽의 기록에는 당시의 조선사람들이 러시아 국경지대에 나타나기 시작한 것은 1857년부터라고 한다. 1857년은 조선왕조 철종 8년으로서 흥선대원군 이하응(李昰應)이 집권하기 7년 전이다.

그러나 러시아 당국의 허가에 의해 고려인들이 정식으로 그 땅에 정착해 살기 시작한 것은 1863년부터라고 한다. 이 해 11월에 조선인 약 20가구가 찌진혜강 근처에 정착을 희망하면서 5,6개의 초막을 지은 것이 그 시작이었다는 것이다. 다음 해 1864년 1월경에는 이미 14가구 65명의 고려인들이 8개의 초막을 짓고 살게 되었으며 고려인들이 최초로 만든 이곳은 1865년에 레자노보 마을로 명명되었다.

이후 고려인들의 러시아 이주는 계속 증가해서 1867년에는 185가구에 999명이나 되었고, 특히 1869년 북한 지역을 휩쓴 큰 기근으로 러시아 지역에의 이민이 급증했다. 1870년 러시아 땅 연해주 지역의 고려인

이주민 수는 8천 명 내지 9천 명으로 증가했다.

　이렇게 해서 일본 제국주의가 한반도를 강점한 1910년경에는 총 5만 4076명이 이주했고, 그중 1만 7080명이 러시아 국적을 취득한 상태였다. 그리고 1910년 한반도가 일본에 강점된 이후에는 정치적 망명자와 일제의 토지조사사업으로 토지를 잃은 농민들의 러시아 이주가 많아졌고 국적 취득자도 증가했다. 1914년에는 이주민 총수가 6만 4309명이었으며, 그중 2만 109명이 러시아 국적을 취득했다.

　권희영씨는 혁명 전 제정러시아 시대까지 고려인 이주를 4기로 나누었다. 그는 이주가 시작된 1863년에서 조선왕조와 러시아제국 사이에 통상수호조약이 체결된 1884년까지 제1기는 경제적 곤란에 빠진 농민들이 주로 이주한 이주 초창기이며, 1884년부터 갑오농민전쟁이 일어나기 전까지 제2기는 외국자본의 침투에 따라 몰락한 농민뿐만이 아니라 상인과 노동자들도 이주한 시기라고 했다. 1894년부터 일제가 한반도를 강점한 1910년까지 제3기는 한반도에서 일본과 러시아가 대립했던 시기로서 정치적 망명자도 많아졌고, 1910년 이후 1917년 러시아혁명까지 제4기는 정치적 망명자와 토지를 잃은 농민들의 이주가 많았다고 했다.

　고려인 김승화(金承化)씨가 써서 1965년에 소련에서 출판한 것을 정태수(鄭泰秀)씨가 1989년에 편역한 『소련 한족사(韓族史)』에서는 러시아에 이주했던 모든 고려인들을 다음과 같이 세 그룹으로 나누었다.

　제1그룹에 속하는 사람은 러시아 국적을 취득한, 다시 말해서 1884년 6월 25일 이전에 러시아에 당도했던 사람들이었다. 제2그룹에 속하는 사람은 뒤늦게 러시아에 왔으나 러시아 국적 취득을 원하고 제1그룹에 설정된 규정을 이행하는 것을 의무로 선택했던 사람들이었다. 제3그룹은 러시아에 있었으나 여기에서 뿌리를 내리지 못하고 일자리를 찾아다니던 한인들이었다.

이 무렵에도 벌써 극동지역의 일부 러시아 관리들은 고려인들의 러시아에 대한 충성심을 믿을 수 없으며, 만약 러시아와 중국이나 일본 사이에 전쟁이 일어날 경우 러시아에 사는 고려인들이 이들 적국의 간첩망으로 이용될 가능성이 있다는 우려를 가지고 있었다. 고려인들의 이주에 대해 '황화론(黃禍論)'을 펴면서 "고려인들에 의해 경작된 토지보다 러시아인들에 의해 비워진 땅을 더 선호한다"고 말하는 관리들도 있었다고 한다. 그러나 한편으로는 고려인들이 러시아에 동화되기 쉬운 민족이라 하고 러시아의 국익을 위해 이주한 그들을 최대한 이용해야 한다는 의견도 있었다.

러시아 땅으로 이주하는 고려인들은 대부분 농민이었으나 어업에 종사하거나 광부가 된 사람들도 많았다. 1904년경에는 러시아의 고려인들 중 어업에 종사하는 사람이 3천 명이나 되었고, 1905년부터 외국인의 어로(漁撈)행위가 금지되었음에도 1910년경에 약 1천 명의 고려인이 어업에 종사했다고 한다.

한편 1906년경에는 고려인으로 금광에 고용된 사람이 5만 8천여 명이어서 극동지방 광산노동자의 29퍼센트를 차지했으나, 곧 러시아 쪽의 금지로 그 대부분이 금광에서 추방되었다고 한다.

다음 연해주 지역 고려인 게릴라 활동을 말하는 부분에서 다시 나오겠지만, 러시아혁명 과정의 연해주 지역에서 백위군(白衛軍)과 일본군이 완전히 소탕되거나 물러나고 극동공화국이 러시아공화국으로 편입된 것은 1922년 11월이었다.

『소련 한족사』에 의하면 1922년부터 24년 사이에 2629명의 고려인이 러시아공화국 국적을 취득했고, 1925년에는 2270명이 그리고 1926년에는 7884명이 역시 러시아 국적을 가지게 되었다. 그리고 1923년 연해주의 고려인 농가 수는 총 1만 7226농가에 인구는 9만 561명이었는데, 이 수는 연해주 전체 농민의 8퍼센트에 해당하였다.

1860년대부터 살길을 찾아서 두만강을 넘어 연해주 쪽으로 들어간 사람들이 오늘날 우리가 말하는 고려인의 시조라 말할 수 있다. 그러나 이후 그들의 모국이 일본에 강제로 지배됨으로써 고려인사회는 단순히 살길을 찾아서 옮겨간 이주민의 사회가 아니고, 민족해방운동 등 대단히 중요한 정치적 역할을 하는 사회로 변하게 된다. 이 여행기의 다음 부분에서 필요할 때마다 그 상세한 내용이 밝혀질 것이다.

김연옥 할머니의 강제이주 회고

이번 우리 여행의 목적이 60년 전에 연해주에 살던 고려인들이 왜 어떻게 중앙아시아 쪽으로 강제이주되었는가를 '회상'하는 데 있으므로, 이쯤에서 고려인 강제이주의 실상을 알아봐야 하지 않을까 한다.

앞으로 '회상의 열차'가 따슈껜뜨에 도착했을 때 만나게 되는 고려인 김 블라지미르 변호사가 저술한 책 두 권이 있다. 1997년에 국학자료원에서 번역해낸 『재소한인의 항일투쟁과 수난사』와, 같은 해에 도서출판 고구려에서 나온 『러시아 대한민족의 항일독립전쟁사 실록』이 그것이다.

'회상의 열차'를 타고 가면서 밤새워 읽은 『재소한인의 항일투쟁과 수난사』에는 김 블라지미르 자신과 그의 고모인 김연옥 여사의 강제이주 회상기가 실려 있다. 그것을 요약해보면 다음과 같다. 먼저 김연옥 여사의 회상부터 들어보자.

1913년 러시아 극동 연해주에서 출생한 김연옥씨는 강제이주 당시

24세였고, 꼬지미노(?)와 촌에서 살았다고 한다. 강제이주령이 내린 이튿날 집을 떠나게 되었는데, 5,6일간 먹을 식량과 필요한 물품만 가지고 떠나도록 허가되었다. 따라서 그들은 이주지가 블라지보스또끄가 아니면 하바롭스끄일 것이라고 생각했다. 화물선에 실려 나호드까로 가서 4일간이나 굶다시피 하면서 머물다가 5일 만에 가축을 실어나르는 화물차에 실렸다. 그것이 1937년 10월 초 어느날이었다. 이후 화물차량 한 칸에 3,4가구 협동농장원 가족들이 실려서 우수리스끄·하바롭스끄·이르꾸쯔끄 등지의 역에서 며칠씩 머물렀는데, 경비가 엄해서 외출을 할 수 없었다.

화물차 칸마다 원형 난로가 있었고, 식량배급이 없어서 각자가 떠날 때 가지고 온 식량으로 끼니를 이었다. 의복도 이불도 받지 못해서 추위에 떨었으나 차량에서의 외출이 엄금되었기 때문에 어떻게 할 수 없었다. 그럼에도 불구하고 돈을 가진 사람은 역에서 식량을 수단껏 구할 수 있었다.

목적지까지 40일이 걸렸다. 도착 때까지 차량 안을 소독하지도 않았고 씻을 수도 없어서 이주민들의 옷에는 이가 바글바글했다. 열차가 큰 역에 도착하면 여자들은 차창을 열고 머리칼을 털었는데, 이가 먼지처럼 떨어졌다. 남자들도 속옷을 벗어 이를 털 정도였다.

그런 속에서도 큰 역에 도착할 때마다 내무인민위원부 특무들이 전에 쏘비에뜨 및 당 기관에서 근무한 고려인 남자들을 잡아가곤 했다. 고려인에 대한 강제이주와 숙청이 함께 이루어진 것이다.

하나의 열차는 화물차 30량으로 편성되었고 내무인민위원부 경비원들이 이 열차를 호송했다. 이주해 가는 도중 환자가 생기면 그 즉시 들 것에 실어내 갔다. 완쾌되면 곧 가족에게 돌려보낸다고 약속했으나 환자들은 모두 가족에게로 돌아오지 않았다. 그렇게 되자 강제이주민들은 환자가 생겨도 알리지 않고 숨겼는데, 병이 낫는 경우도 있었지만 그대로 죽는 경우도 많았다. 특히 어린이들의 희생이 많았다.

고려인들은 화물열차에 실려 3주일이나 간 후 도시 근방의 집 한 채 없는 허허벌판에 내려졌다. 그곳에서 제나름대로 살림터를 마련해야 했는데, 결국 땅굴을 팔 수밖에 없었다. 뒤에 알게 된 일이지만, 까자흐스딴 사람들은 강제이주된 고려인들이 아이들을 잡아먹는 식인종이라는 소문을 듣고 겁에 질려 도망쳤다고 한다.

땅굴을 파고 살게 되자 위생 상태가 나빠져서 특히 아이들이 죽어갔다. 김연옥씨의 가족 중에서는 맏형의 아홉 살 된 딸과 셋째 동생 집의 여섯 살 된 아들과 다섯 살 된 딸, 그리고 넷째 동생 집의 네 살 된 딸과 갓난애가 죽었다.

소련이 무너지고 러시아가 개방되면서 1937년 강제이주에 대한 비밀문서들이 개방되기 시작했다. 이창주 교수가 펴낸 『1920~30년대 러시아의 고려인(비록)』에는 소연방인민위원회의·전 연방공산당 중앙위원회의 1937년 8월 21일자 '극동지방 국경지구 조선인 주민의 추방에 대해서'라는 문서가 수록되어 있다.

그것에 의하면 "소연방인민위원회·전 연방공산당 중앙위원회는 다음과 같이 결의한다. 극동지방에서의 일본의 스파이 행위 침투를 저지하기 위해 다음의 모든 조처를 취할 것"이라 하고 12개조의 결정을 했는데 그 중요한 내용을 들어보면 다음과 같다.

첫째, 극동지방 국경지구(포시에트, 스바츠크 등 18개 지역)의 모든 조선인 주민을 퇴거하여 남카자흐스탄주, 아랄해, 발하슈호(湖) 지구, 우즈베크소비에트 사회주의공화국에 이주시킬 것을 제기할 것. 포시에트 지구 및 구로테코보에 인접한 지구에서부터 퇴거를 개시할 것.

둘째, 즉시 퇴거에 착수하여 1938년 1월 1일까지 완료할 것.

셋째, 이주를 요하는 조선인에게는 이주에 즈음하여 재산·가재도구·가축을 가지고 가는 것을 허가할 것.

넷째, 이주될 사람이 남긴 동산·부동산·경작지의 값을 보상할 것.

다섯째, 이주 대상 조선인이 외국으로 나갈 것을 희망할 경우 출국수속을 간략화해, 나가는 것을 방해하지 말 것.

여섯째, 소련내무인민위원부는 퇴거와 관련하여 조선인 측에서 일으킬 수 있는 사회질서 침범 행위나 소요에 대처할 조처를 강구할 것.

고려인들은 강제이주지에 도착하자마자 극동에서 떠날 때 "이주를 요하는 조선인에게는 이주에 즈음하여 재산·가재도구·가축을 가지고 가는 것을 허가할 것" "이주될 사람이 남긴 동산·부동산· 경작지의 값을 보상할 것"이라 약속받은 대로 고향 땅에 두고 온 집, 농작물, 가축 등등의 댓가를 지급할 것을 요구했다. 그러나 그들의 요구는 수용되지 않았다.

정착한 지 몇 개월 후 배상조로 밀가루 100킬로그램과 돈 100루블을 받았으나 그것으로는 생계유지가 어려웠고, 특히 겨울이 오자 굶어죽거나 얼어죽는 사람들이 많아졌다. 고려인들은 어려운 중에도 장례 때는 제 민족의 전통과 풍습을 지켰다. 그러나 널이 없어 관을 짜지 못하고 널 두 장 위에 시체를 안치하고 천으로 말아 매장했다.

이창주 교수의 자료에 의하면 고려인 강제이주를 결정한 소련인민위원회의는 예산에서 이주를 위한 예비기금으로 6280만 루블을 부담할 것을 인정했다. 이 돈은 극동지방집행위원회에 1200만 루블, 까자흐스딴 공화국과 우즈베끼스딴 공화국에 각각 750만 루블씩 배당되었다. 김연옥 할머니가 회고한 것과 같이 이같은 이주비용이 실제로는 밀가루

100킬로그램과 100루블 지급으로 나타난 것이다.

1938년 봄이 오자 고려인들은 다행히도 민들레를 비롯한 야생 나물을 잘 알았기 때문에 아사를 면할 수 있었다. 극동을 떠날 때 장봉길이라는 노인이 만약을 생각해서 밀과 귀밀과 완두콩을 좀 가지고 갔는데, '레둑또르' 협동농장 등에서는 그것을 심어 추수를 할 수 있었다. 토착 까자흐스딴 사람들이 난생 처음 이들 농작물을 보고 놀라움을 감추지 못했다고 한다.

고려인 지도자의 숙청: 김 아파나시의 경우

연해주에 살던 고려인들이 왜 무슨 이유로 스딸린 정권에 의해 중앙아시아 쪽으로 강제이주되었는가 하는 문제를 알아보기 전에, 고려인 사회의 많은 지도자들이 왜 그리고 어떻게 스딸린 정권에 의해 숙청되었는가를 알아보자.

1938년을 중심으로 하는 1930년대 후반기에 소련에서는 많은 사람이 숙청되었고 고려인의 경우도 예외가 아니었다. 숙청 경위를 상세히 밝히고 있는 김 블라지미르 씨의 『재소한인의 항일투쟁과 수난사』를 통해 그중 한두 사람의 대표적인 경우를 소개하려 한다.

고려인사회 지도자의 한 사람이었던 김 아파나시(김성우)는 1890년에 연해주의 뽀시에뜨 구역 수하놉까촌에서 출생했다. 그의 아버지는 16세 때 조선 회령에서 만주를 거쳐 러시아로 이주했었다. 김 아파나시가 니꼴스끄-우수리스끄 중학교에 다닐 때인 1917년에 러시아 2월혁명이 일어났고 그는 고려인 학생 써클을 조직해서 활동하기 시작했다.

이후 연해주 지역이 백군과 일본군에 점령당한 후에도 그는 일본군에 저항했고, 1920년 5월에 볼셰비끼당에 들어갔다. 그리고 1921년에는 이르꾸쯔끄파가 소집한 고려공산당대회에서 주석단 단원으로 선출되었다.

그는 곧 상해파 이동휘 등이 레닌과 회견할 때 통역으로 참석했다. 이때 레닌이 그에게 "한인들 사이에 당신과 같이 러시아어를 잘 아는 분들이 몇이나 되나요" 하고 물었다고 한다.

이후 그는 코민테른이 상해파와 이르꾸쯔끄파를 통일하기 위해 개최한 베르흐네우진스끄 회의에도 참가했으나 두 파의 통합에는 실패했고, 이후에는 주로 연해주 현당(縣黨)이나 현 공청(共靑)의 조서과와 선전부 등에서 근무했다.

1930년에 변강당(邊疆黨)위원회 대중선전부장, 31년에『태평양 별』주필, 뽀시에뜨 자동차 및 트랙터 보급소 정치부장, 전(全)러시아공산당 뽀시에뜨 구역 당위원회 제1비서 등으로 근무했다.

그동안 그는 1934년 1월에 진행된 제11차 원동(遠東) 변강당대표자회의에서 고려인으로서는 김 미하일과 함께 결의권을 가진 소련공산당 제17차 당대회 대표로 선발되어 당대회에서 명연설을 했다. 그리고 1934년 5월에는 자동차 및 트랙터 보급소 사업을 모범적으로 조직하여 농업발전에 크게 기여한 공로로 최고훈장인 레닌 훈장을 받았으며, 1936년에는 '명예표식' 훈장을 받았다.

김 아파나시에 대한 평을 몇 가지 들어보자. 1920년대 초 연해주 지역에서 빨치산에 참가했던 박청림은 "우리는 블라지보스또끄 현 당위원회 조선과에서 이전 빨치산들을 취직시켜주는 사업을 전개하고 있다는 소식을 듣게 되었다. 그 이튿날 젊은이들 거의 모두가 블라지보스또끄 현 당위원회를 찾아갔다. 그곳에서 우리는 젊고 아주 얌전하게 생긴 사람을 만났는데 그는 자신을 김 아파나시라고 소개했다. 특히 안경 낀 그의 얼굴이 인상적이었다"고 했다.

김 아파나시가 죽고 난 후에 나온 『레닌기치』는 그를 평하면서 "타고난 연설가, 재능 있는 선전원이었다. 그는 한인 대중 앞에서 연설할 적마다 청중의 감탄을 불러일으켰다"고 했다.

그런 그가 1936년 1월 24일에 체포되었다. 레닌 훈장을 비롯해서 그에 관한 모든 개인 문서들이 함께 압수되었다. 그리고 1938년 5월 25일에 하바롭스끄에서 진행된 비밀재판에서 내린 판결문의 발췌문은 다음과 같이 말하고 있다.

1921년부터 김 아파나시는 조선 상해반당파 지도자로 있으면서 조선공산당 대오를 붕괴시키기 위해 적극적인 반혁명 활동을 했고 혁명운동을 방해해왔다.

1929년에 김 아파나시는 일본 정보기관에 채용되어 일본의 밀정으로서 반혁명 활동을 해왔다.

1934년에 그는 관동군의 과제를 받아 원동 변강을 소련에서 떼내기 위해 조선인 폭동을 조직한 자의 무리에 속했다. 그해 김 아파나시는 원동 변강 반소 우익 트로츠키 테러단체의 한 지도자 제르바스(원동변강내무인민위원부 관국 국장)와 연락을 맺고 소베트 주권을 반대하여 조선인 폭동 준비를 계속해왔고 자신이 직접 폭동자들을 모집했다. 이리하여 러시아연방형법 58-1a, 58-2, 58-8, 58-11조에 따라 그의 죄가 판정되었다.

재판은 아래와 같이 판결한다.

김 아파나시 아르세니에비츠를 사형(총살)에 처한다. 개인소지품은 압수한다.

판결은 최종적이며, 소련중앙집행위원회의 1934년 2월 1일부 결정을 근거로 하여 판결을 그 즉시로 집행할 것.

여기에서 말하는 형법 58-1a조는 조국에 대한 반역을 의미한다. 소련 국민이 무력, 자주독립, 영토불가침에 해를 끼치면 이 법에 의해 처형되는 것이었다. 소련 국민이 군사 및 국가 비밀을 누설했거나 원수 편에 넘어갔거나 외국으로 도주한 경우 체포되면 이 법에 의해 사형을 면치 못하는 것이다.

『재소한인의 항일투쟁과 수난사』의 저자 김 블라지미르 씨가 백방으로 노력하여 1989년 3월에 소련 최고재판소로부터 편지로 받은 김 아파나시의 판결문은 좀더 구체적인 내용을 전하고 있음을 볼 수 있다.

김은 1929년부터 일본 정보부의 간첩으로 있으면서 관동군 참모부의 과제를 맡아 소련을 반대하는 폭동을 준비한 원동 변강 조선인 폭동센터의 한 지도자로 일했다는 죄로 공판정에서 유죄선고를 받았다.

김 아파나시가 체포되기 직전인 1935년 11월에 쓴 자서전에서는 다음과 같은 사실을 엿볼 수 있다. 아마 숙청이 가까워진 것을, 그리고 자신에게 씌워질 죄명이 무엇이 될 것인가를 알았던 것 같다.

반정부파에 가담한 적이 없었습니다. 1923~24년에 트로츠키파를 반대해 적극 투쟁했습니다. …

트로츠키와 시노비예프 반대파 그리고 우익 기회주의파를 반대해 적극 투쟁했습니다. …

당기관에 근무한 전 기간 동안 저는 언제나 당중앙위원회 노선의 정당성을 확신하고 있었으며 당중앙위원회의 결정을 관철하기 위해 적극 투쟁해왔습니다.

체포될 기미를 어느정도 알고 있었으나 그에게 씌워질 혐의가 일본군 밀정이리라고는 생각지 못했던 것 같다. 이른바 반당분자, 뜨로쯔끼스트이리라 짐작했던 것이 아닌가 한다.

김 아파나시의 부인 유 예까떼리나는 1901년생으로서 블라지보스또끄시의 원동종합대학 출신이었다. 그는 남편이 체포된 후 중앙아시아로 강제이주되어 한평생을 교원으로 지냈다.

그는 남편이 체포된 후의 소식을 전혀 알 수 없었다. 그러다가 스딸린이 죽은 후인 1957년 11월 28일에 연해주 당위원회로부터 "남편 김 아파나시는 당에 복귀했다"는 서신을 받았다.

유 예까떼리나는 그밖의 아무 소식도 못 들은 채 1971년 4월에 죽었고, 김 블라지미르 씨가 1989년 3월에야 다음과 같은 소련 최고재판소 군사법원 서기국 부국장의 통고를 받았다.

군법 총검사는 판결을 통하여 김 아파나시에 대한 기소 증거 근거가 없으며 추가적 검사에 의해 여실히 반박되었으니 김 아파나시는 죄없이 유죄선고를 받았음이 확증되었다. 이리하여 김 아파나시에 대한 사건은 범죄구성요건이 부재함을 인정하고 그에 대한 기소를 취소한다.

김 아파나시에게는 두 아들이 있었는데 큰아들은 그가 체포된 1936년에 죽었다. 작은아들 김 뗄미르는 학교를 최우등으로 졸업했는데도 아버지의 사망 원인이 분명하지 않다는 이유로 선원전문학교에 입학할 수 없었다. 결국 그는 선원 조수로 취직하여 선장까지 올라갔다. 그럼에도 연안 항해밖에 허용되지 않았다.

아버지 김 아파나시가 숙청된 이후 이같은 박해를 받고 살면서 1965년 현재 32세의 독신으로 연해주 상선 선장이며 고려인재생협회 회장

이기도 한 고려인 3세 김 뗄미르는, 다음과 같이 고국을 떠나 살게 된 조상들을 원망했다.

나는 생각에 잠길 때마다 부모님을 원망하곤 한다. 그들이 고국을 떠난 까닭에 후손들, 특히 러시아에서 태어난 후손들이 온갖 천대와 학대를 받게 됐다는 의미에서 그런 것이다.

자식이 이런 생각을 한다는 게 나쁜 일인지도 모르겠지만 이것은 진실이다. 누가 이 같은 진실에서 벗어날 수 있겠는가! 만무할 것이다.

그러면서도 그는 한편으로는 다음과 같이 조상들의 무덤에 성묘할 일을 걱정하지 않을 수 없는, 어쩔 수 없는 고려인임을 스스로 말하고 있기도 한다.

나의 부친은 하바롭스크시에 묻혀 있다. 어머니는 크림주 엡빠뜨리시에, 외할아버지는 타슈켄트주 미르자촌에, 친할아버지는 연해주 수하놉카촌에, 외할머니는 타슈켄트주 사마르스코예촌에, 그리고 친할머니는 카자흐스탄의 침켄트시에, 형님은 연해주 크라스키노촌에 안치돼 있다. 그러니 이 고인들을 누가 모셔서 성묘를 할 것인가. 기가 막힌다.

한 가족의 무덤이 연해주에서 중앙아시아에 걸쳐 흩어져 있는 사실 자체가 바로 구 소련 지역에 산 고려인들의 수난의 역사 그것을 말해주고 있다. 30세가 넘어도 아직 결혼도 못한 3세 고려인이 흩어져 있는 조상들의 무덤에 성묘 못하는 것을 안타까워하고 있는 사연이다. 조국을 떠나 살게 된 조상을 원망하기까지 하지만, 그 조상들이 죽지 못해 살길을 찾아 고국을 떠난 사실을 그도 모를 리 없을 것이다. 얼마나 고생스러웠고 한스러웠으면 그런 사실을 알고도 조상을 원망하게 되었을까. '회상의 열차' 안에서 그의 사연을 읽는 사람의 가슴을 미어지게 했다.

고려인 지도자의 숙청: 김 미하일의 경우

많은 고려인 지도자들이 숙청됨으로써 중앙아시아로 옮긴 후의 고려 인사회는 지도자 빈곤에 빠지게 되었다. 그 많은 희생자 중에서 김 아파나시와 함께 제17차 소련공산당 전당대회에 참가했던 또 한 사람의 고려인 김 미하일의 경우를 역시 김 블라지미르 씨의 책에서 들어보기로 하자.

그는 1896년에 연해주 뽀시에뜨 구역 찌진혜촌에서 출생했다. 그는 7남매 중 맏이로서 찌진혜촌에서 우수한 성적으로 소학교를 졸업하고 아미지의 2년제 전문학교를 마친 후 라스돌노예 교원학교를 졸업하여 교원자격을 받았다. 이후 그는 여러 곳에서 교원생활을 했고 제1차 세계대전 발발 후 군대에 소집되어 이르꾸쯔끄에서 사관학교를 마치고 전선에 나갔다.

전선에서 연해주 지역으로 돌아온 김 미하일은 곧 이곳의 조선독립 유격대에 가입하여 이 지역을 점령한 일본군과 싸웠다. 그는 곧 유격대의 지휘관이 되었고 1921년에 볼셰비끼당에 가입했다. 1922년에 니꼴스끄-우수리스끄 쏘비에뜨(시의회) 요원으로 선발되었고, 1923년에는 제5차 국제공산당대회 대표로 뽑혀 결의권을 가지고 대회에 참가했으며, 같은 해 원동종합대학 중국과에 들어가 1930년에 졸업하면서 경제 및 중국어 전문가 자격증을 받았다. 원동종합대학 재학 중에도 대학 내 조선어과를 지도했다.

이후 그는 블라지보스또끄주 검찰관, 변강 당위원회 조선문제 담당 전권대표, 하바롭스끄시 당위원회 대표자회의 대표, 원동 노농(勞農) 및 홍군 병사, 해병 쏘비에뜨 대의원 대표 등을 지내다가 모스끄바시 대학원에서 수학했고, 졸업 후 손일선(손문)협동조합 정치부장이 되었으며, 제17차 전소련공산당대회에 참가했다.

그런 그도 1937년 4월에 체포되어 1938년 5월 25일에 소련 최고재판소 군사법원에서 단 15분간의 재판을 받고 러시아연방 형법 제58-2, 58-4, 58-11조에 따라 유죄선고되었다. 그 결과 재산압수 및 사형언도를 받고 처형되었다. 그가 체포된 후 그 가족들은 악추빈스끄에서 250킬로미터 떨어진 궁벽한 까자흐촌에 강제이주 당했다. 그의 부인 김 웨라는 이곳에서 1992년에 죽었다.

김 미하일이 처형된 지 19년 후인 1957년 4월 9일부 소련 최고재판소 군사법원은 이 사건을 재심했다. 그 재심 판결문에서는 "김 미하일로비츠는 1934년부터 반혁명단체의 과제를 맡아 일본 첩보기관에 비밀자료들을 제공했고 원동에서 공작하는 반소 인물을 지도한 자로서 유죄 언도를 받았다"고 했다. 그리고 이어서 다음과 같이 판결했다.

군사법원 검찰관의 결론에 따라 김 미하일로비츠에 대한 유죄 선고를 취소한다. 그의 활동에는 범죄 사실이 없으며 첨부한 검열자료들은 그가 죄없이 처형되었음을 확인하고 있다. 이리하여 소련 최고재판소 군사법원은 1938년 5월 25일 소련 최고재판소 군사법원이 내린 판결을 취소하고 고(故) 김 미하일에게 사후 무죄선고를 한다.

김 아파나시와 김 미하일 등은 레닌 훈장을 받거나 소련공산당 전당대회에 참가했을 정도의 핵심 공산당원이면서도 스딸린의 '숙청 강풍'

에 휩싸여 처형된 것이다.

스딸린이 죽고 난 후 소련 군사법원은 이들이 죄없이 처형되었음을 인정하고 '사후 무죄선고'를 했으나 그것이 무슨 소용이 있겠는가. 억울하기 짝이 없는 일이지만 이때의 숙청 대상이 고려인사회의 지도자들뿐만 아니었던 것도 사실이다.

제17차 소련공산당대회에 참가했던 대표 1961명 중 1108명이 아무 죄 없이 총살당했거나 스딸린 강제수용소에서 숨졌다. 전 러시아 볼셰비끼 공산당위원들과 후보위원들, 당 및 쏘비에뜨 통제위원회 위원들이 거의 모두 숙청되었다고 하니 스딸린의 숙청극이 얼마나 가혹했는지 짐작할 만하다. 왜 이 같은 피의 숙청극이 자행되었는가 하는 문제는 앞으로도 더 밝혀지겠지만, 헬무트 알트리히터는『소련소사』에서 이 무서운 숙청극에 대해 이렇게 말하고 있다.

20년대 말에 스딸린은 반대파를 당으로부터 축출하는 데 만족했다면 이제는 그들의 목숨을 물리적으로 제거할 태세를 갖추었다. 스딸린은 레닌그라드 당조직 의장이었던 키로프(S. M. Kirow)가 살해되자 이를 기회로 예전에 '좌익 반대파'에 속했던 사람들을 다시 재판정에 세웠다. 1936년 8월 지노비예프, 카메네프 외 14명의 피고인에게 사형이 선고되었고, 모두 처형되었다. 1938년 초 부하린과 리꼬프를 선두로 '우파'도 이와 동일한 운명에 처했다. 저명한 정치인사에 대한 공개재판이 계기가 되어 번번이 당 하부 차원에서 '트로츠키주의자' '지노비예프주의자' 및 '우편향주의자'를 색출해내는 작업이 벌어졌다. 1934년 초에 열린 제17차 당대회의 대의원 1966명 중에서 1108명이 '반혁명 범죄' 혐의로 체포되었다. 그리고 1934년 초에 개최된 제17차 당대회에서 중앙위원회 후보로 선발되었던 사람들 중 70퍼센트, 즉 전체 139명 중 98명이 1937, 38년에 목숨을 잃었다. 1938년에 열린 제18차 당대회 대의원 1827명 중 5년 전에도 대의원직을 가지고 있었던 사람은 겨우 35명뿐이었다. 1933년과 1938년 사이에 당원 수는 3500만에서 1900만으로 감소하였으며, 수천 명에 이르는 사람들이 문자 그대로 자기 목숨으로 당에 소속된 대가를 치렀다. … 장군 5명 중 3명이, 군사령관 15명 중 13명이, 군단장 195명 중 110명이, 사단장 및 여단장급의 거의 반수가 투하체프스키(M. N. Tuchatschewski)처럼 체포되었고, 그 중 상당수가 처형되었다.

스딸린의 숙청이 대체로 '뜨로쯔끼주의자' '지노비예프주의자' '우편향주의자' 등의 이유로 단행되었던 것 같은데, 고려인들은 이 세 가지 혐의 외에도 일본의 스파이라는 또 하나의 혐의가 더 적용되었던 것이 아닌가 한다.

앞에서 든 것과 같이 김 아파나시가 체포되기 직전에 쓴 자서전에서 "뜨로쯔끼와 지노비예프 반대파 그리고 우익 기회주의파를 반대해 적극 투쟁했습니다" 한 것으로 미루어보아 그들 자신은 일본의 스파이 누명이 씌워지리라 예상하지 못했던 것이 아닌가 한다.

이같은 고려인 지도층에 대한 숙청은 전체 고려인을 중앙아시아로 강제이주시키는 일과 함께 이루어졌다. 강제이주가 무리하게 이루어졌던 것과 같이 숙청 역시 그야말로 불문곡직하고 이루어진 것이라 할 수 있다. 이 점에 대해 권희영씨는 자신의 책에서 이렇게 말하고 있다.

소비에트 당국은 극동의 한인들을 모두 중앙아시아로 강제이주시키는 데 만족하지 않고 한인사회에서 지도적 위치에 있던 인사들을 모두 숙청하고 처형하는 데 혈안이 되었다. 죄목은 가져다 붙이면 되었고 정식 재판은 필요없었다. 이렇게 하여 강제이주 전 체포된 인사들은 하바로프스크 등에서 약식으로 재판을 받고 즉결 처형되는 경우가 많았다. 처형된 사람은 약 18만이라는 한인사회의 규모를 감안할 때 엄청난 숫자인 2500명에 달하였다고 현지 지휘자였던 리슈코프는 술회하고 있다.

"숙청하고 처형하는 데 혈안"이 되었다는 표현이나 2천 5백 명이라는 숫자가 얼마나 정확한지 모르지만, 앞에서 든 김 아파나시나 김 미하일의 경우와 같이 많은 고려인사회의 지도층이 뚜렷한 죄목 없이 처형된 것은 확실하다. 스딸린 사후 이들이 모두 무죄판결되었다는 점이 그것을 증명해주고 있는 것이다.

고려인들은 왜 강제이주되었는가

스딸린시대의 1930년대 후반기에 이같이 무자비하게 단행된 숙청극은 또 고려인을 포함한 국경지역에 사는 소수민족에 대한 강제이주 정책을 수반했다. 그러나 여기서는 강제이주 원인 문제를 고려인의 경우에만 한정해서 살펴보기로 하자.

앞에서도 말했지만 고려인들이 연해주 지역에 이주한 당초에도 러시아인들은 "만약 러시아와 중국이나 일본 사이에 전쟁이 일어날 경우 러시아에 사는 고려인들이 이들 적국의 간첩망으로 이용될 가능성이 있다는 우려를 가지고 있었다."

이같은 생각이 바탕이 된 것이라 생각되지만, 러시아혁명이 성공한 후 러시아공산당은 이미 일본 영토가 된 한반도지역과의 접경지대에 사는 고려인들을 다른 지방으로 이주시키려는 계획을 가지기 시작했다. 권희영씨는 그 이유를 이렇게 말하고 있다.

이미 1922년 말부터 러시아공산당은 극동지방으로부터 한인들을 타지방으로 이주시키려는 계획을 세우게 되었다. 과연 이렇게 급하게 러시아가 한인들의 이주계획을 수립하게 된 이유가 어디에 있을까. 러시아 공산당은 소비에트의 승리가 분명해지자 다른 무엇보다도 토지문제 등 많은 문제를 가지고 있는 한인들이 극동지방에 거주하는 것을 좋지 않게 생각했던 것이다. …

그러나 1922년에 진행되었던 이 계획은 한인들의 강력한 반발로 말미암아, 그리고 대규모 이주계획을 실현시키기에는 아직 정치적으로나 경제적으로 그 여건이 마련되지 못한 단계라고 볼 수 있기 때문에 실행이 되지는 못하였다.

제정러시아 시대에도, 그리고 많은 고려인들이 협력한 볼셰비끼혁명이 성공하여 성립된 소연방시대에도 마찬가지였지만, 고려인들을 연해주의 국경지대에 그냥 둘 수 없는 이유로 '토지문제 등'을 들고 있다. 그러나 그보다도 역시 정치적 문제, 즉 고려인들과 일본의 관계가 더 근본적인 문제가 아니었던가 한다.

소련공산당이 연해주 고려인들의 이주문제를 다시 들고 나온 것은 1926년이었다. 고려인 이주문제가 다시 나오게 된 이유를 권희영씨는 소련의 기본적인 정책이 고려인들을 국경지대에 둘 수 없는 것이었기 때문이라 했다. 따라서 경제적 문제를 내세워 고려인들을 내륙 깊숙이 이주시키고, 국경지대에는 그들이 좀더 신뢰할 수 있는 러시아인을 포함한 유럽지역으로부터 이민을 받아들여 고려인들이 있던 자리를 메우게 한다는 계획이었다고 했다.

권희영씨의 책에 의하면, 1926년 12월 6일 전연방쏘비에뜨집행위원회 간부회가 고려인들의 토지정착 문제에 대해 네 가지 결정을 했다. 그리고 이 결정은 1927년 1월 28일부로 러시아연방 인민위원회 결정으로 확인되었다. 그 내용은 다음과 같다.

첫째, 한인들을 더 이상 우수리에서 하바로프스크 이남의 구역에 정착시키지 않겠다는 것.

둘째, 이 지역에 살고 있는 한인들 중 토지를 확보하지 못한 사람은 모두 북위 48도 5부의 이북 하바로프스크 구역과 블라고베셴스크 구역으로 이주시킨다는 것.

셋째, 한인들에 의해 경작되는 토지를 정리하기 위해 3년의 기한을 둔다는 것.

넷째, 한인 이민들로부터 자유로워진 땅은 중앙러시아의 이민들로 채운다는 것.

소련 당국은 이 계획에 의해 블라지보스또끄 구역에 있는 고려인 15만 명 중 약 10만 명을 구역 밖으로 이주시키려 했다. 그러나 고려인들의 반대와 소련 당국의 준비 부족으로 1928년에서 29년 사이에 1297명이, 1930년에 1625명이 이주했을 뿐이었다. 1930년에 이주한 고려인들 중 170명이 까자흐스딴으로 갔다. 이 이주 계획은 1931년 2월에 중단되었다.

1937년에 들어서서 숙청이 시작되면서 일본이 파견한 스파이가 한반도와 만주와 북부 중국과 소련에 퍼져 있다는 기사가 『쁘라우다』에 게재되었다. 일본이 이 해 7월에 중일전쟁을 도발하자 소련은 8월 21일 중국 국민당정부와 불가침조약을 맺었다.

중국과 불가침조약을 맺은 바로 그날 소련 인민위원회와 볼셰비끼당 중앙위원회는 극동 변경지역에서 고려인들을 이주시키는 결정을 채택했다. 그 공식적인 이유는 "극동지방에 일본 정보원들이 침투하는 것을 차단하기 위한 목적"이라 했다.

권희영씨는 "한인 강제이주의 실질적인 동기는 한인들을 극동에서부터 제거하려는 오래된 러시아 쇼비니즘의 발로였다고 보는 편이 타당할 것이다"고 했다.

러시아의 쇼비니즘이 적용된 면도 물론 부정할 수 없겠지만, 비극적인 고려인 강제이주의 중요한 역사적 원인의 하나는 조국의 식민지화에 있다고 할 것이다.

한편 김 블라지미르 씨가 쓴『러시아 대한민족의 항일독립전쟁사 실록』을 우리말로 번역한,『레닌기치』및『고려일보』의 전 사장 조영환(曺永煥) 씨는―1934년 사할린에서 나서 대학을 나온 후 사할린과 까자흐스딴에서 언론인으로 활동했다―블라지미르 씨의 책에 부록으로 실은「러시아 극동에로의 한민족 이민사 소고」라는 글에서 다음과 같이 썼다.

러시아는 한인 이주민을 교묘히 이용하여 연해주 일대의 미개간지를 개척한 후에는 이 개간지에 러시아인을 이주시킨 다음 한인들을 다시 오지인 미개간지대로 추방했다.

1935년 이후 연해주에 상주하는 한민족 수가 근 30만 명이었는데 그후에도 인구수가 증가하고 있었다. 조국이 인접한 이 지대가 장래에는 한민족의 자치지역으로 변할 수 있다는 점이다. 그래서 스딸린 체제는 1932년부터 한민족 중 인뗄리, 기술자, 농업전문가, 당 관리요원, 군무자 등 민족의 두뇌를 제거하기 시작했다. 이유는 일제 스파이라는 것이다.

한평생 조선의 독립을 위해 반일투쟁에 몸바쳐온 연해주 한민족들이 역사의 철천지원수인 일제의 스파이라는 혐의는 만인의 단죄를 받는 야수적인 행위였다. 그래서 1932~37년까지만 해도 한민족의 핵심지식인 2천여 명이 학살되었다.

그리고 중앙아시아로 강제이주된 후 독소전쟁 때 고려인의 처지에 대해 이렇게 쓰고 있다.

　　오직 소련이 승리해야만 우리 조국이 독립되어 귀향의 길이 열릴 것이라는
기대를 걸고 탱크, 비행기 생산에 자기 재산을 몽땅 국가에 헌납했다. 하나 자
신들은 여전히 일본 스파이라는 불온 인민의 자손으로 취급돼왔다.

　고려인들이 조국에서 가난을 피해 부득이 연해주 지방에 가서 살았
다 해도, 그들의 이주가 러시아 쪽에도 이익 되는 바가 있었기 때문에
러시아 쪽은 그들의 이민을 용납한 것이 사실이었다.
　이후 그들의 조국이 일본의 식민지가 되지 않았다면, 설령 소련과 일
본의 관계가 불편하고 또 중일전쟁이 발발했다 해도, 그 조국이 일본의
식민지가 아니고 독립된 주권국가인 고려인들이 일본의 스파이가 될
가능성이 있다 해서 강제로 이주되지는 않았을 것이다.
　그리고 또 가령 그런 오해가 있다 해도 고려인들은 조국 정부의 보호
를 받을 수 있었을 것이다. 연해주의 고려인들은 볼셰비끼혁명 과정에
적극적으로 협력했고, 러시아 국적을 가지고 그 국민이 되었으면서도
그들의 조국이 일본의 식민지가 된 죄로, 일본과 이해관계가 맞서게 된
소련 정부에 의해 강제이주된 것이라 해도 틀리지 않을 것이다.

신한촌과 블라지보스또끄의 한국학대학

　9월 10일이 밝았다. 오늘은 연해주 정부 청사에서 열리는 학술회의
에 참가하고, 신한촌(新韓村)의 기념비 건립 행사에 참석한 후 저녁에는
'회상의 열차'를 탈 예정이다. 주정부 건물 안에 있는 조그마한 극장에

서 10시부터 열린 구 소련 지역 고려인 강제이주 60주년 기념행사의 하나인 학술회의에 참가했다.

러시아 고려인협회 회장 이 올레그 씨가 학술회의에 참가한 연해주 관리들에게 앞으로 연해주에 고려인 자치주가 성립되기를 간절히 바란다고 말했다. 통역하는 맹동욱 교수가 자치주를 문화 중심지로 생각하는 것이 좋겠다는 자기 의견을 덧붙였다. 자치주 문제는 역시 예민한 문제임을 말해주고 있는 것이라 생각했다.

연해주의 우리 문화 부흥 집행위원회 회장이 인사말을 했는데, 영웅 칭호를 받은 고려인이 300명이나 된다고 한다. 우리쪽 이광규(李光奎) 위원장이 강연을 했다. 연해주의 고려인들은 북한에서 온 '조선치', 중앙아시아에서 온 '금단치'(?), 사할린에서 온 '화태치'가 모여서 산다고 한다. 붕괴 이전의 소련 영토 내에 거주하는 고려인은 약 45만 명이었다고 한다.

이어서 블라지보스또끄의 극동대학을 방문했다. 우리말을 유창하게 하는 러시아인 교수, 즉 극동대학교 안에 있는 한국학대학 학장이 나와서 학교 상황을 설명해주었다.

"한국학 교수는 몇 명이나 있습니까?"

"교수는 러시아인은 15명 정도 있고 한국에서 오신 교수는 5명이 있습니다. 한국의 각 재단, 예를 들어서 국제교류재단, 학술진흥재단, 그리고 배재대학교, 부산대학교에서 파견한 교수들입니다."

이광규 교수가 한국학과에 책을 기증했다. 이 대학에는 고려합섬의 장치혁 회장이 많은 도움을 주었다고 한다. 한국학대학의 한쪽 복도에는 장치혁 회장의 부친이며 단국대학교 교수를 지낸 역사학자요 일찍이 독립운동에 참가했던 장도빈(張道斌) 선생의 흉상이 있었다.

오후 4시경에 마침내 신한촌 자리에 도착했다. 지금의 신한촌 자리는 나무가 조금 서 있고 러시아식 건물들이 서 있는 하나의 평범한 지역에 지나지 않는다. 과거의 흔적은 아무것도 찾아볼 수 없다. 다만 그곳에다 이곳이 신한촌 자리였다는 기념비를 앞으로 세우기 위해 일종의 예비 비를 오늘 세우는 것이다.

신한촌 자리는 지금은 블라지보스또끄시의 한 부분을 이루었지만 19세기 말과 20세기 초에는 시의 변두리 지역이었다. 블라지보스또끄 지역으로 이주했거나 망명한 당시의 조선인들이 시베리아 철도 부설 후 이곳으로 옮겨오는 러시아인들에게 밀려서 이 변두리 지역에다 집단주거지를 마련한 것이다.

국내에서 3·1운동이 폭발하자 이곳 신한촌에서도 3월 17일 문창범(文昌範) 등의 주도로 대한민국의회가 성립되었고, 그 자리에서 독립을 선언했다. 신한촌의 교포들은 집집마다 태극기를 달고 시위를 벌이면서 이곳에 주재하는 일본을 비롯한 각국 영사관에 독립선언문을 전달했다. 그리고 이 만세시위는 니꼴라예프스끄 등 연해주 각 지역으로 확산되었다.

이 무렵 신한촌은 만주와 연해주 지방에서 활동하는 우리 무장독립군의 무기공급처 역할을 했다. 앞에서 말한『소련 한족사』에 의하면 1920년에 간도지방에서 500여 명의 병력으로 활약했던 무장독립단 북간도 국민회가 이 신한촌에서 5만여 원으로 무기를 구입했다.

이 밖에도 병력 200명을 지휘한 훈춘(琿春)사건 주동자의 한 사람이었던 윤동철(尹東哲)부대가 가진 소총 250정과 기관총 3정도 역시 신한촌에서 구입한 것이었으며, 김좌진(金佐鎭)부대가 1920년에 구입한 소총 70정, 권총 20정, 폭탄 60여 개도 모두 이 신한촌에서 나온 것이었다.

이보다 앞서 러시아혁명이 미처 정착되기 전인 1918년 8월에 일본이 혁명을 저지하기 위해 시베리아에 7만 3천 명이나 되는 군대를 파견했었고, 조선독립군 박 일리아 부대를 포함한 적군(赤軍) 게릴라가 이에 대항해서 싸웠다.

당시 니꼴라예프스끄에는 일본 영사관이 있었고 주민과 수비대를 합쳐 700명 가량의 일본인이 있었는데, 적군 게릴라의 습격으로 이들이 거의 전멸한 1920년 3월의 '니꼴라예프스끄 사건'이 발생하였다.

이 해 4월 이에 대한 보복으로 일본군이 블라지보스또끄를 공격했다. 시내의 볼셰비끼 기관을 모조리 섬멸했을 뿐만 아니라, 신한촌도 습격하여 조선인들을 보는 족족 죽였고, 조선인들이 세운 학교도 불태워버렸다. 이 사건을 '4월참변(慘變)'이라 부른다.

이때 불타버린 신한촌의 조선인학교는 대한제국 때의 주러시아공사 이범진(李範晉)과, 내장원경을 지낸 이용익의 손자 이종호(李鐘浩) 등이 세운 학교였다. 시베리아 주둔 일본군이 1922년 10월에 철수함으로써 일종의 완충국으로 성립되었던 극동공화국도 그 역할이 끝나고 소연방에 흡수되었다.

여기 신한촌이 있었던 언덕으로 올라오는 도중에 옛날에 조선인 사범대학이 있었던 자리인 3층 건물을 볼 수가 있다. 물론 '4월참변' 이후에 세워진 것이었다. 당시에 조선인을 가르치기 위해 조선인이 세운 대학은 전세계에 이것 하나뿐이었다고 해도 과언이 아닐 것이다. 왜냐하면 국내에 있는 유일한 대학이었던 경성제국대학은 일본인에 의해서 세워졌고, 일본식 교육을 하고 있었기 때문이다. 나머지 국내의 고등교육기관은 보성전문·연희전문·이화전문 등 모두 대학이 아닌 전문학교였다.

신한촌의 옛 사진을 보면 한옥들이 있다고 하는데 지금은 물론 그런 것은 없다. 나지막한 언덕 위에 아파트나 다세대주택식 건물들이 여기

저기 서 있다. 그 중간에 있는 조금 넓은 곳에 비를 세우기 위한 기초공
사를 하고 있는 중이다.

우리 일행은 신한촌 자리를 떠나서 현대재벌이 블라지보스또끄에 세
워놓은 호텔에 가서 커피 한 잔을 마셨다. 대단히 큰 규모의 호텔이다.
서울 비원 옆에 있는 현대재벌 건물과 비슷한 모양으로 지은 호텔이다.

뿌니꿀라 언덕이라는 곳에 올라가서 바다를 내려다보았다. 거기에서
보니까 블라지보스또끄가 천혜의 항구임을 알 수 있었다. 항구 안쪽은
저 밖에서는 아무리 폭풍이 불어도 전혀 문제없을 것 같은 아주 조그만
호수처럼 되어 있다. 뿌니꿀라 언덕에서 맞은편에 보이는 곳에 25층짜
리 건물이 세워지고 있는데, 그곳에 북한 노동자들이 와서 일하고 있다
한다.

부둣가에 내려갔더니 큰 잠수함을 하나 육지에다 올려놓고 한 사람
에 1만 루블씩 받고 관람을 시키고 있다. 그뿐만 아니라 돈을 주면 항만
안에 떠 있는 군함에도 들어가서 구경할 수 있다고 한다. 1만 루블을 내
고 잠수함에 들어가봤다. 안은 일종의 해군박물관으로 만들어놓았고,
나머지 부분은 수병들이 자던 침대, 의자 등을 그대로 두었다.

민족해방운동의
걸출한
지도자들

마침내 '회상의 열차'를 타다

블라지보스또끄 기차역 앞 광장에서 '회상의 열차'를 출발시키기 위한 행사가 벌어졌다. 밤 8시 30분에 열차가 출발할 예정이지만, 그전에 역 앞 광장에서 풍물놀이가 펼쳐졌다. 일행 중의 열성파들이 구경 나온 러시아인들과 고려인들을 끌어넣어서 같이 춤을 추었다.

서경석 목사가 아주 신이 나서 지금 한바탕 흥을 돋우었다. 러시아 시민들과 더불어 꽤 많은 사람들이 모여서 함께 놀고 있는데 성대경 교수도 같이 어울린 모습이 아주 흥겨워 보였다. 앞에서도 말했지만, '회상의 열차' 행사를 벌이는 이유는 60년 전 강제이주 과정에서 고통받고 또 희생된 우리 동포들의 문제를 부각시켜 현재 고려인들의 위상을 높이려는 데 있다. 다시 말해서 고려인명예법을 실행시키고 옛날 그들이 살던 자리에 고려인 자치주를 얻어내려는 데몬스트레이션의 일종이기도 하다. 어쨌든 러시아 땅에 와서 이렇게 성대한 행사를 벌일 수 있다니 격세지감이 든다.

구 소련 땅에 와서 역 광장을 차지하고 이런 놀이를 흥겹고도 자신있게 할 수 있다니, 러시아가 개방된 덕분이고 또 한국이 이런 행사를 할 수 있을 만큼 약간의 여유가 생긴 결과라 할 수 있을 것이다. 결국 모국이 잘되어야 해외동포사회의 사기가 오르고 활기차게 된다는 사실이 증명되고 있는 것이라 하겠다.

놀이꾼들에게 끌려서 이윤구 박사도 놀이판 속에 들어갔고, 놀이패들은 마지막에「아리랑」을 합창했다. 여러 번 느낀 일이지만, 또 우리 민요가 대개 그렇지만, 아리랑이란 노래는 분위기에 따라서 한없이 슬프게도 들리고 또 더없이 흥겹게도 들린다는 사실을 한 번 더 실감했다.

역 광장에서 연로한 고려인 한 분을 만났다. 이름이 박 표드르라고 하는 그는 지금 73세의 고려인 3세인데 13세 때 강제이주 당했고, 그후에 소련 군대 생활을 오래 했다고 한다. 오늘 '회상의 열차' 발대식에서 그가 증언을 하기로 되어 있다.

박 표드르 씨와 이야기를 나누고 있는데 블라지보스또끄 지방의 텔레비전 방송에서 인터뷰를 요청해왔다. 러시아인 기자가 박씨의 통역으로 나에게 '회상의 열차'를 타는 감상을 물었다. 내가 생각해봐도 꽤 외교적인 다음과 같은 대답을 해주었다.

"불행했던 지난 일을 체험하고 거울로 삼아 앞으로 고려인들이 러시아 땅에서 평화롭게 살기를 희망합니다. 또 이곳 고려인사회가 앞으로 러시아와 모국의 우호관계 증진에 도움이 되기를 바랍니다."

그러자 이번에는 옆에 있는 성대경 교수를 보고 러시아에 있는 고려인들을 본국으로 데리고 갈 생각이 없느냐는 다소 의외의 질문을 했다. 저의가 있는 것 같은 질문에 성대경 교수가 현답(賢答)을 했다.

"지금은 세계가 하나로 되는 시대요, 민족국가의 벽이 낮아지는 시대이며, 따라서 사람들이 모국을 떠나 외국에서 사는 일이 예사롭게 되는 시대이기도 합니다. 이 땅에서 뿌리 내리고 사는 고려인들을 구태여 모국으로 데리고 갈 이유가 없다고 생각합니다."

플랫폼에서 '회상의 열차' 발대식이 시작되었다. 예의 연해주 소수민족위원회 여성위원장이 인사말을 하고 박 표드르 씨가 강제이주 때의 일을 간단히 증언했다. 마침내 우리는 '회상의 열차'를 타게 되었고 열차는 정시에 출발했다.

'회상의 열차'는 러시아 당국이 특별히 내어준 임시 열차로서 — 임대료는 물론 우리 쪽에서 물었다 — 침대 차량 4량, 식당차 2량, 화물차 1량이며, 객실용 차량은 4인용 침대칸 9칸으로 되어 있어서 1량당 36명이 탈 수 있다. 식당차는 1량당 40여 석으로 되어 있다.

이 열차에는 한국인이, 중간에 들쑥날쑥 있어서 정확하지는 않지만, 80여 명 탔다. 일행은 50대 60대의 기독교 목사·실업인·대학교수·교사들이 많았고, 그밖에 의사·변호사·택시기사·연극인·소설가·사진작가 등이 있었으며, 보도진으로는 동아일보·한국일보·조선일보·기독교방송·서울방송의 기자들이 동승해서 취재했다.

함께 타고 가는 고려인들은 약 30명 정도 되었다. 러시아 고려인협회 회장 이 올레그 씨를 비롯하여 앞에서 소개한 러시아군의 차장군, 대학교수 맹동욱씨, 작품이 여러 나라 말로 번역되고 상당히 알려진 작가 김 아나똘리 씨, 시험비행기 조종사로 영웅 칭호를 받은 최씨, 오페라 가수 리나 김 등 다양한 직업을 가진 사람들이 참가했다.

중국 연변대학의 전 부총장 정판용 교수와 중국의 조선족사기피해자협회 회장 이영숙 여사가 '회상의 열차'를 함께 타기 위해 연변에서 이곳 블라지보스또끄로 왔으나, 비자 문제가 해결되지 않아 결국 되돌아가고 말았다.

　침대 차량은 한 칸에 양쪽 상하로 네 명이 타게 되어 있다. 여러가지로 불편하겠지만 60년 전에 중앙아시아로 강제이주 당했던 동포들의 고통을 생각하면서, 앞으로 열흘 동안 8천 킬로미터, 2만 리를 가는 동안 이 열차 안에서 생활하게 되었다.

　차량마다 화장실이 앞뒤로 두 곳밖에 없어서 승객 수에 비해 너무 적고, 물을 구하기가 어려우며 식당도 아주 비좁고 해서 여러가지로 불편하다. 그렇지만 60년 전 이것보다 훨씬 나쁜 조건에서 중앙아시아로 강제이주 당했던 고려인들을 생각하면서 이 길을 가보려는 것이다.

　우리 연배들이 대개 그렇지만, 철이 들면서 한때 러시아 문학작품에 심취했고, 그 속에 나오는 시베리아 벌판을 동경했었다. 1970년에 일본에 처음 가서 그때만 해도 우리나라에서는 전혀 볼 수 없었던 소련 영화 한 편을 보았다. 제목이 「집시 하늘로 사라지다」였다고 기억되는데, 끝없이 펼쳐지는 시베리아 벌판을 배경으로 해서 집시들의 생활과 사랑을 다룬 수준 높은 영화를 보고, 언제 이루어질지 전혀 예상할 수 없지만 시베리아에 꼭 한 번 가보고 싶다는 생각을 했었다.

　또 민족해방운동 좌익전선 투사들의 시베리아에서의 활동상을 알게 되면서, 또 그들이 쓴 시베리아 철도 탑승기 등을 읽으면서, 시베리아 철도를 타보고 싶은 마음이 더욱 간절해지기도 했다.

　소련과의 국교가 열린 다음에는 시베리아 철도를 타보고 싶은 생각이 더욱 절실했다. 그런데 비록 전체 구간을 타는 것은 아니지만—여행에서 타고 가는 시베리아 철도 구간은 블라지보스또끄에서 노보시비르스끄까지이며 거기에서는 남쪽으로 방향을 바꾸어 중앙아시아 쪽으로 가게 되어 있다—시베리아 철도를 타고 고려인 강제이주의 길을 답사하는 기회를 가지게 되었으니 행운이라 하지 않을 수 없다.

'회상의 열차'에서의 첫밤을 생각보다 편안하게 자고, 9월 12일 아침 이름 모를 작은 역에서 열차가 섰다. 이 '회상의 열차'는 각 차량마다 양옆에 한글과 러시아어로 '고려인 강제이주 60주년을 기념하는 열차'라는 큰 플래카드를 달고 이 광대무변한 시베리아 벌판을 달리고 있다.

이것은 러시아 사회에 대한 굉장한 데몬스트레이션이라고 할 수밖에 없다. 그리고 어제 저녁 블라지보스또끄 역전 광장에서 벌인 그 놀이판도 생각해보면 특별한 의미를 가졌다고 하지 않을 수 없을 것 같다.

지난날 이 땅에서 우리 민족이 피해를 입어서 실시되는 행사이긴 하지만, 그보다 훨씬 더 큰 피해를 입은 일본에 가서 이런 행사를 하려고 했다면 과연 가능하겠는가 하고 생각해봤다. 블라지보스또끄역 광장에서의 텔레비전 기자의 질문이 다시 생각났다. 그러면서도 한편으로는 러시아 사람들의 너그러움 같은 것을 생각하게 되었다.

이번 여행을 통해 일행 전원이 모이는 장소는 자연 식당차 칸이 될 수밖에 없었다. 일행 중에는 하바롭스끄에서 내릴 사람들이 있어서 열차가 블라지보스또끄를 떠나 하바롭스끄로 가는 도중에도 몇 번 모임을 가졌다.

첫번째 모임에서는 참가자 중 국제농업개발연구원 원장이라는 명함을 가진 이병화 박사의 이야기를 들었다. 그의 말에 의하면 연해주에는 강제이주 당하기 이전의 고려인들이 개척했던 농장들이 지금은 버려진 채로 있는데, 그것이 얼마 전 현대재벌이 아산만을 메워 만든 농장의 약 17배쯤 되는 넓이라고 했다.

고려인들이 중앙아시아로 이주한 후 소련에서 그 농토를 경작하기 위해 구획 정리를 한 일이 있었으나, 소련이 무너진 후 러시아가 인도·베트남 같은 나라에 무기를 공급해주고 그 댓가로 50년 동안 쌀을 들여오게 되어 있기 때문에 이 농장들을 다시 폐기해버렸다고 한다.

이병화 원장은 자신이 그 농토 가운데 일정한 부분에 대한 개발권을 확보해두고 있다 하고, 거기에 투자를 해서 북한 노동자들을 고용하여 농사를 지으면 당장에는 북한의 식량을, 나아가 한반도 전체의 식량을 해결할 수 있을 것이라 역설했다. 다시 말하면 연해주 땅에 남한에서 특히 '우리민족서로돕기운동'의 일환으로 투자를 하고, 북한 노동력을 이용해서 북한의 식량과 나아가 남한의 식량 문제까지도 해결한다는 원대한 꿈을 가지고 있다는 것이다. 우리 일행 중에서도 뜻있는 사람이 있으면 투자하기를 권한다고 했다.

이박사의 말을 들으면서 다시 느낀 점이지만, 20세기 우리 민족은 일제의 강제 점령과 민족분단, 그리고 민족상잔 등으로 어렵게 살면서 그 사고 영역도 자연히 한반도 내부 문제에 한정될 수밖에 없었다고 할 수 있다.

그러나 21세기를 바라보면서 세계 여기저기서 지역공동체가 발달해가는 지금, 유럽의 EU(유럽연합)가 지역 내 식량자급을 중요한 목표의 하나로 삼고 있다는 말을 들은 적이 있지만, 한반도와 중국·일본·시베리아 지역을 중심으로 하는 동아시아의 경우도 식량이나 에너지 문제 등을 공동으로 해결하는 방안을 구상할 때가 되었다고 생각한다.

다른 글에서도 이미 썼지만 말이 난 김에 여기서도 다시 한번 말해보자. 21세기에 들어가서 동아시아 지역이 침략과 전쟁으로 얼룩졌던 20세기적 역사를 청산하고 평화로운 '동아시아공동체' 같은 것을 성립시키기 위해서는 몇 가지 전제조건이 필수적이라고 생각한다.

그것은 첫째 일본이 전후 청산을 더 철저히 해서 20세기를 통해 그 침략을 받았던 동아시아 국가들로부터 진정한 평화주의 국가임을 인정받아야 한다는 점이다. 전후 반세기가 지나고 하나의 새로운 세기가 시작되려는 시점에서까지 아직도 전후 청산 문제가 운위되고 있는 일 자체가, 지금의 일본이 진정한 평화주의 국가인가를 묻게 하는 것이다.

둘째는 한반도지역이 평화롭게 통일되어야 한다는 점이다. 한반도의 통일 없이 '동아시아공동체'가 성립되기는 불가능하며, 그런 점에서 한반도의 통일은 동아시아 전체의 평화를 위한 과제임을 다시 한번 확인할 수 있는 것이다.

셋째 과거 동아시아 지역에는 중국을 중심으로 하는 '중화주의적 공동체'가 성립되었고, 제국주의 일본에 의해 '대동아공영권적 공동체'가 기도되었다. 21세기의 동아시아에 전망될 공동체는 제국주의는 물론 대국주의적·패권주의적 목적이 철저히 배제된 호혜평등 원칙의 공동체여야 함은 말할 나위가 없을 것이다.

1930년대의 시베리아에 고려인 부대가 있었다

학기 중인데도 학생들과 보강을 약속하면서까지 '회상의 열차'를 타게 된 목적이 여러가지 있었으나, 그중에도 중요한 학문적 목적의 하나가 1940년대 전반기까지 시베리아 지역에 고려인 무장부대가 있었는가를 확인하는 일이었다.

전에도 일부 알려졌던 일이기는 하나, 1995년에 이규태(李圭泰)씨가 쓴 일본 히또쓰바시(一橋)대학 박사학위논문「미소의 조선점령정책과 남북분단체제의 형성과정」을 읽고 한층 더 상세히 알게 된 일이다.

1940년대 전반기까지 즉 일제 말기까지 시베리아의 소련 군대 안에 고려인 부대가 있었다고 알려진 사실이, 이후의 우리 역사 전개과정에 상당한 영향을 끼쳤다고 할 수 있다.

미국이나 중국의 장 제스 정부에 1940년대 전반기까지 시베리아에 있었다고 알려진 조선인 부대가, 1930년대 만주지역에서 활동하다가 1940년경에 소련지역으로 들어가서 이른바 88여단이 된, 동북항일연군 속의 조선인 군사력을 가리키는 것인가, 아니면 그 이전부터 시베리아 지역에서 활동했던 고려인들로 구성된 부대인가 하는 문제가 있다. 후자일 가능성이 크지만 어떻든, 이 시베리아 지역 조선인 부대의 존재는 제2차 세계대전 당시 미국·영국·중국 등 연합국의 대한민국임시정부 승인 문제와 연결되어 있었다는 사실 때문에 매우 중요하다.

1942년경에 중국 국민당정부의 외무부장관 쑹 쯔원(宋子文)이, 전쟁 후의 조선 문제 처리에 관심을 가지기 시작한 미국 대통령 루스벨트에게 제공한 정보에서, 시베리아에는 극동 소련군에 편입되어 있는 2, 3개의 조선인 부대가 있다고 했다. 그리고 같은 시기 열린 중국 국민당정부의 최고국가방위협의회에서도 중국 정부가 대한민국임시정부를 승인하려 해도 걸리는 문제가 두 가지 있다고 했다.

하나는 시베리아의 소련군 안에는 조선인 부대 2개 사단이 있어서 만약 소일 전쟁이 벌어질 경우, 이들 사단이 소련군의 조선 진격에 투입될 수 있을 것이라고 봤다. 미국이나 중국이 중경에 있는 대한민국임시정부를 승인할 경우, 소련이 이 조선인 부대를 중심으로 또다른 임시정부를 만들 수 있기 때문에 미국이나 중국이 중경에 있는 대한민국임시정부를 승인하기 곤란하다는 것이었다.

다른 하나는 대한민국임시정부를 승인한다는 것은 전쟁 후 조선을 바로 독립시킨다는 뜻인데, 전승국이 될 영국이나 프랑스나 네덜란드가 가지고 있는 인도·버마·인도네시아·말레이시아·베트남 등 다른 아시아 식민지의 독립 문제와 연관되어 섣불리 승인할 수 없다는 점이었다.

결국 성사되지 않고 말았지만, 대한민국임시정부가 미국·영국·중국, 그리고 소련 등 연합국에 의해 승인되었을 경우, 해방 후의 우리 역사가 크게 달라졌을 것임은 말할 나위가 없다. 역사를 말하면서 가정을 하는 것은 쓸데없는 일이지만, 이해를 돕기 위해 한번 가정해보자.

제2차 세계대전이 끝나갈 무렵 중국지역에서 활동하던 우리 민족해방운동전선은 좌우익전선을 막론하고 대체로 임시정부 중심의 통일전선을 지향했다고 할 수 있다. 즉 통일전선을 이룸으로써 연합국으로부터 임시정부를 승인받으려 노력한 것이다.

이 노력이 주효해서 임시정부가 연합국의 승인을 받았다면, 우리 민족해방운동전선은 당연히 연합국의 일원으로 일본 제국주의의 항복 조인에 참가할 수 있었을 것이다. 그랬다면 해방 후 신탁통치 문제가 해소되고 즉시 독립이 이루어졌을 가능성이 크며, 따라서 분단문제도 해소될 수 있었을 것이다.

임시정부 승인의 걸림돌 중 하나였다고 알려진 시베리아의 고려인 부대가 정말 있었는가, 아니면 고려인 부대는 실제로 없었는데 미국·중국 등 연합국들이 임시정부 승인을 거부하기 위한 구실로 이용했을 뿐이었는가 하는 문제가 궁금하지 않을 수 없었다.

1920년대 초엽 연해주에는 이 지역에서 활동하던 조선 사람들의 게릴라부대가 많았고, 이들 군사력이 크게 대한의용군과 고려혁명군으로 대립하다가 하나로 통합되는 과정에서 저 불행한 '자유시사변'이 일어났다. 최근에 나온 임경석씨의 연구에서는 '자유시사변' 후 고려혁명군의 행적에 대해 다음과 같이 밝히고 있다.

고려혁명군은 1922년 2월에 연대 병력으로 축소 개편되었고, 그해 하반기에는 극동지역으로 출병하여 연해주 해방전쟁에 참전했다. 1922년 말 블라디보스토크가 러시아 적군(赤軍)에 의해 해방된 이후에는 이 부대는 해산되기에 이르렀다. 고려혁명군의 일부 구성원들은 러시아 적군에 정식으로 편입되어 재소 고려인으로 구성된 제76연대의 근간이 되었고, 또다른 일부 구성원들은 제대 후 한국 독립운동과 사회주의운동에 가담했다.

1920년대 초기 조선인 게릴라부대는 1922년에 해체되고 그 일부가 러시아 적군에 편입되었으며, 그들이 편입된 조선인 부대가 제76연대로 연결되는 것으로 파악하고 있는 것이다. 재소련 고려인 작가 김세일 씨가 쓴 「장편소설 홍범도」의 마지막 부분에서는 다음과 같이 좀더 상세히 말하고 있다.

   이 사변(자유시사변)이 있은 후 얼마 지나니 일본 출정군들이 쏘베트 원동에서 철병하겠다고 약속하였다. 이와 관련하여 국제공산당 동양비서국의 지시에 의하여 조선혁명군과 그 혁명군사위원회는 해산되고 그 부대들은 붉은 군대 제5군단에 편입되어 이르쿠츠크로 가게 되었다.
   이 부대들은 전부 붉은 군대 제5군단 조선특립저격여단에 편입되었다.

이상의 두 기록에 의하면 1920년대 초기 연해주 지역에서 활동한 조선인 게릴라부대는 시베리아에 출병했던 일본군이 철병함으로써 해체되었고, 그 부대원들이 소련 군대에 편입되어 '76연대' 혹은 '조선특립저격여단'이 되었다.

문제는 이 '76연대' 혹은 '조선특립저격여단'이 언제까지 있었는가, 언제 해체되었는가, 미국 등 연합국들에 의해 대한민국임시정부 승인이 거론되던 1940년대 초엽까지 이 부대들이 실제로 있었는가, 앞에서도 말한 것같이 이 부대가 이미 없어졌는데도 정보가 잘못되었거나, 혹은 한국 임정을 승인하지 않기 위한 구실로 실재하는 것처럼 말해졌는가 하는 점이다.

1937~38년에 걸쳐 재소련 고려인들이 스딸린 정권에 의해 대대적으로 숙청당했는데, 과연 1940년대 전반기까지 시베리아에 고려인 부대가 2개 사단이나 있었고, 그것이 미국이나 중국이 대한민국임시정부를 승인하지 않게 된 원인의 하나가 되었는가 하는 점이 대단히 궁금했다.

　'회상의 열차'를 타기 직전, 일본에 갔을 때 만났던 모스끄바대학의 박 미하일 교수에게서 약간 이야기를 듣기는 했으나, 서로의 일정이 바빠서 상세히 듣지 못했다. 따라서 이 사실을 확인하는 것이 이번 시베리아 여행의 중요한 목적의 하나였다. 그 때문에 그 사실을 알 만한 고려인을 만날 때마다 물어보리라 마음먹었다. 블라지보스또끄역에서 만난 소련군인 출신 박 표드르 씨에게도 이 문제를 물어봤다. 먼저 박씨의 말이다.

　"알고 계시는지 모르겠지만, 여기 러시아에서 이민 초기부터의 고려인 역사책들이 나옵니다. 지금 세 권이 나왔는가?…… 첫째 권은 원동의 사실이고, 둘째 권은 우즈베끼스딴 고려인들의 사실이고, 셋째 권은 보지는 못했지만 까자흐스딴 고려인들의 얘기가 나올 겁니다."

　"우리말로 되어 있습니까?"

　"아니, 여기 학자들이 썼으니까 러시아어로 되어 있습니다. 지금은 아주 종합된 자료들이 나오고 있습니다. 이전 구 소련 체제 때에는 고려인의 역사책을 쓸 수가 없으니까 간단하게 나왔지만, 그 세 권의 책은 아주 영웅적이라 할 수 있습니다."

　"그때는 잘못하면 감옥에 갔지요. 그 사람(고려인 역사책을 쓴 저자를 말하는 듯)은 본래 감옥을 갔다 온 사람인데도 불구하고 그 책이 나왔단 말이에요. 그러니까 그 책에는 상해파나 이르꾸쯔끄파 가리지 않고, 고려인들이 옛날에 가졌던 파벌심은 그대로 가질 수 없다 하고, 있은 역사를 그대로 쓰고 있어요."

"그런데 혹시 최고려(崔高麗), 오하묵(吳夏默) 이런 사람들이 언제 어떻게 되었는지 아십니까?"

"그 사람들 다 감옥 갔어요."

"몇년도쯤에……?"

"1937년도에 갔습니다."

"그러면 그들이 속해 있던 고려인 부대들은 어떻게 되었을까요?"

"고려인 독립운동 부대는 막상 운동이 끝나니까, 국민전쟁 — 러시아 혁명 후 적군(赤軍)과 백군 사이의 내전 — 이 1922년도에 끝나니까 다 해산되었지요."

"해산된 게 몇년도쯤이지요?"

"1922년입니다."

"모스끄바대학의 박 미하일 교수를 얼마 전 일본에서 만났는데 1935년까지 시베리아에 고려인 부대가 2개 연대쯤은 있었다고 합니다. 그런 일을 혹시 기억하십니까?"

"그런 부대? 독립운동이나 러시아의 국민전쟁 그 계통으로 내려온 부대들은 내가 역사가가 아니어서 모르겠습니다."

"선생님은 1935년 무렵에 어디에 사셨습니까?"

"35년에 화태(?) 근방에 살고 있었어요. 제가 열 살이었으니까."

"아, 그렇군요."

"그런데 그후에 책에서 보니까, 소련 군대 내에 편입된 고려인 부대가 하나 있었습니다. 우수리스끄 일흔여섯번째 연대 그러니까 제76연대에 고려인들이 다 복무를 했습니다. 그때 고려인 부대를 따로 둔 것은 아마 언어문제 때문이었을 겁니다.

그러니까 러시아 어느 부대에 편입되어 있던 고려인들이 러시아말을 몰라 지휘하는 데 어려우니까 별도로 고려인 부대를 만들어 복무하게 했는데, 연대장은 러시아 사람이고 부연대장은 김 표도르라고 합니다. 김 표도르는 독일과의 전쟁 때 저 우끄라이나 방면에서 전사했고……"

"그 고려인 부대는 대개 몇년도까지 남아 있었다고 생각됩니까? 그 김 표도르 부대 말입니다."

"1937년에 강제이주와 관련해서 폐지되었습니다."

"아, 그렇습니까. 그러면 그 부대의 위치는 어디였습니까?"

"우수리스끄에."

"왜 그것이 문제가 되는가 하면, 미국에서 중경에 있는 한국 임시정부를 승인해주지 않은 이유 중의 하나로 시베리아에 있었다는 고려인 부대 2개 사단이 문제가 되는 겁니다."

"사단이?"

"사단이란 잘못된 정보인 것 같은데, 1937년까지 고려인 부대가 있었던 것은 확실하군요."

"고려인 부대라고 이름짓기보다는 붉은 군대 내에 고려인 부대가 우수리스끄에, 76연대 즉 주로 고려인 청년들이 복무하는 부대가 한 연대 있었다는 겁니다. 두번째 연대는 어디 있었는지 잘 모르겠고……"

"76연대가 실재했군요. 아주 귀한 증언을 들었습니다. 감사합니다."

다음은 '회상의 열차' 안에서 만난 어느 고려인과 나눈 대화 내용이다.

"이름이 무엇입니까?"

"한 아나똘리 뻬뜨로이치입니다."

"몇 살입니까?"

"쉰일곱 살입니다."

"어디에 사십니까?"

"블라지보스또끄에 삽니다."

"아까 그 이야기 아시는 대로 해주세요."

무슨 말을 듣고 다시 설명을 요청한 것 같은데 한 아나똘리 씨가 앞서서 한 이야기는 녹음이 되지 않았다. 그러나 다음 이야기로 그 내용을 짐작할 수 있듯이 역시 1930년대까지 시베리아에 있었다는 고려인 부대 이야기를 그에게도 물었던 것 같다.

"나는 어떻게 되어서 알게 되었는가 하면, 지금은 한국 기업에 취직해서 임금 받고 생활하지만 1990년도까지 내가 안전국(KGB)에서 일을 했습니다. 일하면서 역사책을 보기도 했습니다.

1917년에 유격대, 조선 사람 군인들이 어떤 기록에는 1천 명 되었다고 하고 어떤 책에는 500명이었다고 하는데, 그것은 똑똑히 말할 수는 없습니다. 유격대가 싸우는데 이런 대장이 있었습니다. 홍범도라고, 그 사람이 우리 조선 사람들을 모집해서 일본 사람들과 싸움을 했습니다. 그러다가 쏘비에뜨 정부가 서니까 여기에 있던 빨치산 유격대들 다 집에 가라 하니까 조선 사람들 다 갔습니다. 하바롭스끄 등지로 갔습니다."

"그게 몇년도쯤일까요?"

"그게 30년, 35년. 그중에 일부는 남겨놓고 다 내보냈습니다. 그들이 러시아전쟁―독소전쟁을 말하는 듯―41년, 45년에 전쟁에 나가 싸우다가 소련 영웅이 된 사람도 있었습니다."

"그럼 35년까지 조선인 부대가 따로 있었다는 이야기입니까?"

"네."

"어디에 있었을까요?"

"잘은 모르지만 시베리아에 있었습니다."

"그럼 대체 그 수가 얼마나 되었을까요?"

"한 2천 명."

"그 지휘관이 오하묵(吳夏默)이나 최고려(崔高麗)는 아니었을까요?"

"잘 모르는 사람들이에요. 그 홍범도라는 노인은 내가 젊었을 적에 따슈껜뜨에서 직접 봤습니다. 홍범도라는 지도자가 1978년인가, 75년 인가까지 살았어요."

홍범도는 해방 전에 이미 작고했다.

"그러면 조선인 부대 2천 명이 언제 없어졌습니까?"

"내가 알기는 35년 중에……"

"없어진 이유는?"

"모르겠습니다. 어째서 그 내용을 대강 아는가 하면, 1935년 에―1940년을 잘못 기억하고 있다―자기 군인들을 데리고 여기에 왔 습니다. 시베리아 조선 사람들이 이 김일성의 군대에 들어가서 총기 쓰 는 법 등을 가르쳐주었습니다. 그래서 알게 되었습니다."

소련 땅으로 들어온 김일성부대 등이 속했던 이른바 88여단에 당시 의 재소 고려인들이 입대했음은 이미 알려져 있는 일이다. 그러나 이때 시베리아의 고려인들이 김일성부대원들에게 총기 쓰는 법을 가르쳤다 는 것은 잘못된 말인 것 같다. 그들은 만주에서 오랫동안 게릴라전을 하 다가 소련으로 들어간 전사들이다. 적진 침투를 위한 특수훈련을 받은 것은 사실이지만……

그가 알고 있는 내용은 불명확한 점이 있으나 소련국가안보위원회 (KGB)에 있었다는 점에 흥미를 느껴 '회상의 열차'를 타고 여행하는 중 여러 일들을 물어보리라 마음먹었다. 그의 우리말이 분명치 않아서 7,80퍼센트밖에 알아듣지 못했다.

김 알렉산드라의 얼굴 조각과 김유천거리

12시경 하바롭스끄에 도착했다. 화장실을 차지할 기회를 얻지 못해서 오늘은 결국 세수를 못한 채 하바롭스끄에서의 행사와 고적 탐방에 참가하게 되었다.

이 지역에 사는 고려인·러시아인을 합쳐서 한 100여 명의 사람들이 출영해주었고, 간단한 환영식도 열렸다. 하바롭스끄 역전에서 또 한번 풍물놀이가 벌어져서 춤들을 추었다. 여기의 고려인 동포, 특히 할머니들이 함께 춤을 추면서 감격의 눈물을 흘리는 것을 보았다.

시베리아 고려인 부대에 대해 증언해준 KGB에서 근무했다는 한 아나똘리 씨가 시내로 들어가는 버스에 같이 타게 되어서 여러가지를 물어볼 수 있었다. 역시 그의 우리말은 약 70퍼센트 정도만 알아들을 수 있었다.

그는 김일성부대 즉 동북항일연군 내 조선인 부대가 만주에서 하바롭스끄로 넘어갈 때 모두 합쳐서 200명 정도 되었다고 증언했다. 무슨 근거로 말하는지 모르지만 일본의 와다 하루끼(和田春樹) 토오꾜오대학 교수가 추정하는 수와 거의 같다.

한 아나똘리 씨('KGB 한')의 설명에 의하면 하바롭스끄에는 지금 고려인들이 약 2천 명 살고 있으며, 대개가 중앙아시아나 사할린에서 옮겨온 사람들이라 했다. 여기에 사는 고려인들은 장사하는 사람들이 많을 거라 했다. 그들은 한 달에 300만 루블 정도 벌며, 여기서는 중간 정도의 생활수준이라 했다. 그들이 장사하기 시작한 것은 대개 1994년부터라고 했다.

'KGB 한'은 할아버지 때 조선에서 간 고려인 3세지만, 그는 할아버지는 보지 못했다고 했다. 그의 할아버지는 아마 '만주'에서 의병부대원으로 활약했던 것 같은데, 일본군에게 잡혀서 어디에서 사망했는지도 모르고 할머니가 가족들을 데리고 러시아로 넘어왔다고 했다.

시베리아에 살던 그의 가족이 강제이주 때 중앙아시아로 갔고, 거기에서 홍범도 장군을 봤다는 것이다. 홍범도 장군은 수염이 많은데, 오른쪽은 많고 왼쪽은 적었다고 했다. 왜 그런가 하면 총질을 하느라고 한쪽 볼을 자꾸 개머리판에 대었기 때문이라 했다. (홍범도 장군은 1943년에 죽었다. 금년에 57세인 그가 만나봤을 것 같지 않다. 아마 어른들에게서 들은 이야기를 기억하고 있는 것일 게다.)

강제이주 때 고려인들을 집결시켜놓았던 장소에 지금은 기념비가 서 있다. 세상이 그만큼 변한 것이다. 다음은 맹동욱 교수의 설명이다.

이 기념비는 작년에 세웠는데, 희생당한 사람들의 공적을 기리기 위해 국가의 도움 없이 국민들이 자발적으로 돈을 내어 세웠다고 합니다. 구타당해서 감옥에 들어가고 유배당하고 행방불명된 그들의 희생을 추모해서, 10월 30일에는 여기에서 행사가 있어요. 금년에도 그 행사를 위해서 지금부터 많은 준비를 하고 있어요.

다음은 여기에서 만난 어느 고려인 여성과의 대화 내용이다.

"성함이 어떻게 되시죠?"
"손복남입니다."
"몇 살이시지요?"
"나이가 많습니다. 59세입니다."

80

"고향이 어디에요?"

"경남 하동 정남면입니다. 1943년도에 강제모집으로 가는 부모님을 따라서 사할린으로 갔지요."

"사할린에서 여기에는 언제 왔어요?"

"71년도에. 사할린에서 온 것이 아니라 레닌그라드에서 조금 살다가 왔어요."

우리식 이름을 말하는 고려인은 맹동욱 교수 이외에 손복남씨가 처음인 것 같다. 구 소련 때도 연방 내의 이주가 생각보다 쉬웠던 것 같았다는 생각이 들었다. 그는 이곳에서 만난 고려인 중 우리말이 가장 유창하다고 생각되었다.

우리 일행은 손복남 씨의 안내로 하바롭스끄 시내 구경을 나갔다. 처음에는 국립묘지 같은 데를 갔다. 그곳에 고려인들도 많이 묻혀 있다고 해서 갔으나 별다른 것을 보거나 느낄 수가 없었고, 고려인들이 묻혀 있는지조차 확인할 수 없었다.

그다음에는 2차 대전에 참가했다가 전사한 사람들의 이름을 많이 새겨놓은 기념탑을 구경했다. 그것도 역시 우리에게는 그렇게 큰 의미가 있는 것 같지 않았다.

두 곳 관광을 마치고 개점한 지 한 주일인가밖에 안 된다는 '코리아하우스'라는 식당에서 점심을 먹었다. 깍두기는 이곳에서 생산되는 무로 담아서 대단히 매웠고, 된장국에 아주 적은 양의 밥 한 그릇씩을 먹었는데 그게 15달러라는 데 너무 놀랐다.

저녁 6시 30분에 '회상의 열차'가 하바롭스끄역을 떠날 예정이라고 했다. 일행은 시내에서 여행 중 필요한 간단한 쇼핑을 하도록 되어 있었으나 성대경 교수와 나는 이미 책에서 읽어 알고 있던 김 알렉산드라의 얼굴 조각이 붙어 있는 건물을 찾아가고 싶었다(석여와 내가 김 알렉산드라의 얼굴 조각을 기어이 보고 싶어 한 이유는 다음에 말하겠다).

그러나 시간이 너무 촉박한 것 같고 열차를 놓칠까 걱정되어 몹시 아쉬워하면서도 중간에서 역으로 바로 돌아갈 수밖에 없었다.

그런데 역에 와서 물어보니 한 30분 정도 시간이 있다는 것이다. 김 알렉산드라의 얼굴 조각을 기어이 봐야겠다는 생각에서 사할린에서 왔다는 손복남씨에게 동행을 부탁하고, 전에 와서 그 위치를 확인했다는 우리 일행 중 이종훈 박사와 함께 택시를 잡아타고 찾아갔다.

하바롭스끄 중심가 맑스 거리에 있는 김 알렉산드라의 기념판을 겨우 찾았으나 그 규모가 너무 작고 허술해서 실망했다. 열차 출발시간에 맞추기가 너무 급해서 급히 사진 몇 장을 찍고 돌아섰으나, 그 옆에서 김유천거리를 발견하고는 바쁜 일정이 정말 원망스러웠다.

사회주의국가에 흔한 일이지만 큰 도시 중심부에는 대개 맑스 거리나 레닌 거리가 있게 마련이다. 하바롭스끄에도 그 중심부에는 맑스 거리와 레닌 거리가 있는데, 맑스 거리 옆에 바로 김유천거리가 있는 것이다.

여행기 등에서 하바롭스끄에 김유천거리가 있다는 사실을 읽은 것 같지만, 솔직히 말해 대학에서 우리 근대사를 가르치는 선생이면서도 러시아 땅에서 거리 이름으로 붙은 김유천이 누구인지 잘 몰랐다. 또 별로 관심을 가지지 않은 것도 사실이었다. 그러나 하바롭스끄 현지에서 맑스 거리 옆에 김유천거리가 있는 것을 실제로 보고는 우리가 러시아 고려인의 역사와 그 민족해방운동사에 대해 모르는 부분이 의외로 많았구나 하고 생각하지 않을 수 없었다.

여행에서 돌아와 『한국사회주의운동인명사전』(강만길·성대경 엮음, 창작과비평사 1996)을 들쳐봤으나 김유천이란 항목은 없고 김유경으로 잘못 알려져 기재되어 있었다.

이젠 국내에서도 전문가들은 다 알게 되었지만, 일반 독자들을 위해 우선 러시아의 하바롭스끄 중심가 건물에 얼굴 조각이 붙어 있는 김 알렉산드라의 행적부터 소개하기로 하자.

그는 1885년에 함경북도 경흥 출신으로 중동철도국에서 중국어 통역을 한 김두서(金斗瑞) 즉 김 뾰뜨르의 딸로 연해주에서 태어났다. 하얼빈의 소학교에 다닐 때 아버지 김 뾰뜨르가 죽고 알렉산드라는 아버지의 친구인 폴란드인 마르끄 스딴께비츠의 가정에서 자랐다.

블라지보스또끄에서 중등교육을 마친 후 니꼴리스끄 사범학교에 진학했고, 이때부터 제정러시아 체제에 반대하는 사람들과 교유하였다. 이후 스딴께비쯔의 아들과 결혼하여 두 아이를 낳았으나, 남편은 귀족 가문 출신으로 노름과 주정에 빠져 결국 정신병자가 되었다.

알렉산드라는 제정러시아체제 반대운동에 가담하는 한편 우랄지방에서 조선인과 중국인 노동자를 위한 통역으로 종사하면서 노동자들의 권익 보호에 힘씀으로써 크게 명성을 얻었다.

1917년에 러시아 사회민주당(볼셰비끼)에 가입하고 러시아인·조선인·중국인들을 모아 우랄노동자동맹을 창건했다. 혁명 후 블라지보스또끄에서 열린 제2차 러시아 사회민주당 극동지방 대표자회의에 지역 대표로 참가했다.

다음 해에는 하바롭스끄에서 볼셰비끼당 간부에 선임되고, 러시아극동 노농 및 병사 쏘비에뜨가 성립되자 그 외무인민위원으로 선임되는 한편, 하바롭스끄시 러시아 사회민주노동당위원회 비서를 겸했다. 그리고 이동휘·유동렬·오성묵·김립 등과 함께 최초의 조선인 사회주의 단체인 한인사회당을 창립했다.

1918년 9월 하바롭스끄가 일본 무장간섭군과 백위군에 의해 점령되자 그는 배를 타고 아무르강을 따라서 내몽골을 지나 중앙아시아로 가서 그곳에서 모스끄바와 연락하기로 했다. 그러나 볼셰비끼당 및 한인 사회당 간부들과 함께 배를 타고 아무르강을 거슬러올라가다가 백위군에게 체포되었다.

"외국인으로서 왜 러시아 내부의 일에 간섭을 하느냐"는 군법재판관의 심문에 그는 이렇게 대답했다.

"러시아사회민주당의 승리만이 우리 조국의 독립을 돕는다는 진실을 확신하고 있기 때문이다. 오직 쏘비에뜨 정권만이 조선독립을 도울 수 있다."

그는 결국 총살당했다. 우리가 찾아간 하바롭스끄시의 맑스 거리에 있는 그의 얼굴 조각이 붙은 집은, 바로 그가 러시아 사회민주노동당위원회 비서로 근무하던 건물이 아닌가 한다.

김 알렉산드라에 대한 기록은 이 정도라도 확인할 수 있지만, 그 이름이 하바롭스끄 중심가 이름으로 붙은 김유천에 대한 자료는 너무 없었다. 우리가 그만큼 시베리아에서 전개된 민족해방운동의 역사를 잘 모르고 있었던 것이라 할 것이다.

이름이 김유경으로 잘못 등재된 『한국사회주의운동인명사전』에 의하면, 그는 1900년에 연해주 수이푼구역 차피고우 마을에서 나서 1921년에 항일빨치산에 참가하여 일본군 및 백위군과의 전투에 참가했고, 1922년 말 시베리아 내전이 끝난 후 소련 적군에 계속 복무했다. 이후 1929년 만주 중동선(中東線) 철도사건 당시 소련군 장교로 참전했다가 전사했다.

김 블라지미르가 1997년에 낸 『러시아 대한민족의 항일독립전쟁사 실록』의 '발간사' 부분에는 다음과 같이 적혀 있다.

"하바롭스끄시에는 또한 게릴라부대장 김유천의 이름을 지닌 거리가 있다. 적기훈장 수훈, 원동특별군부대 지휘관으로 복무한 그는 1929

년 10월 중동철도사변 때 백군과의 전투에서 전사했다."

여기에서 말하는 '중동철도사변'에 대해 소련의 E. M. 주꼬푸는 『극동국제정치사』에서 다음과 같이 쓰고 있다.

1929년 8월 6일, 쏘비에뜨혁명군사회의에 의해 극동특별군(ODVA)이 결성되었다. 이 특별군은 1929년 8월 말에서 10월 초에 걸쳐 일어난 중국백위군의 쏘비에뜨 영토에 대한 반복 공격이 있은 후, 10월 12일 아무르 함대와 공동으로 결정적 반격을 가하여 라하수수 요새(송화강 하구)의 수비대를 무장해제했다.

11월 17일 극동특별군의 일부는 퇴각하는 백위군과 자바이갈과 연해주를 습격한 중국 군벌의 군대를 추격하여 병사 800명과 장교 300명을 무장해제시켰다. 적군(赤軍) 부대는 작전이 끝날 때마다 곧 쏘비에뜨 영내로 철수했다. 봉천(奉天)정부와 남경(南京)정부는 정전을 요청했다.

이에 답하는 협정은 동지(東支) 철도의 현상유지를 부활하고 국민당 중국이 1924년의 중소조약을 장차 완전히 지키는 의무를 질 것을 조건으로 하여 1929년 12월 22일에 하바롭스끄에서 조인되었다.

여기에서 말하는 동지 철도가 곧 소련 쪽에서 말하는 중동철도이리라 생각되며, 김 블라지미르 씨의 책에는 또 다음과 같은 김유천의 분전 상황이 설명된 자료가 실려 있다.

(김유천이) 중국어로 "중국군 병사들이여, 당신들은 고관들에게 속아 대포밥이 되지 말고 자신의 생명을 건지기 위해 싸움을 그만두고 우리 편으로 넘어오시오!"라고 호소하자 적 편은 맹사격을 개시했다. 그러나 김유천 소대장은 명중사격으로 적병을 하나하나 사살하였다. 적 편에는 야수가 된 러시아

백군 장병들도 많았다. 수적으로 우세한 적과의 전투에서 부하들이 모두 전
사하자, 김소대장은 참호에서 뛰어나왔다. 그때 포탄 파편이 그에게 치명상
을 입혔다. 이렇게 김유천은 영웅적으로 전사했다…

그리고 하바롭스끄에 그의 이름을 붙인 거리가 생긴 과정에 대해서
도 하바롭스끄시 쏘비에뜨 상임위원회 1930년 2월 21일자 결정문을 싣
고 있다. 그 내용은 다음과 같다.

적기훈장 수훈 원동 특수군 특무소대장 김유천이 중동철도사변 시에 영웅
적으로 전사했다. 그의 이름을 영구화하기 위해 하바롭스끄시 니꼴스까야 거
리를 김유천거리로 개칭한다.

김유천은 1920년대 초기 항일 빨치산에 참가한 후 그대로 적군(赤軍)
에 남았다가 결국 소련군 장교로 전사했다. 생각해보면 일제강점시대
에는 소련뿐만 아니라 중국 등지에서도 양림(楊林)·김산(金山) 등과 같
이 독립운동의 좌익전선에 참가했다가 중국공산군의 일원이 되어 전사
하거나 또 억울한 죽음을 당한 사람들이 많다.
소련에서나 중국에서는 그들의 활동과 희생에 대한 역사성을 인정해
서 혁명열사전에 넣거나 그 이름을 거리 이름으로 붙이기도 했다. 그러
나 국내에서는 남북을 막론하고 전혀 인정되지 않고 있다. 장차 통일이
되면 그들의 역사적 업적이 반드시 인정되어야 할 것이다.
김 알렉산드라의 얼굴 조각을 급히 사진에 담고 김유천 거리를 돌아
바로 역으로 달려갔다. 그러나 이곳도 교통이 혼잡해서 자동차가 잘 빠
지지 않았다.
간신히 역에 도착해서 조마조마하게 기다리는 일행에게 미안해할 겨

를도 없이 열차에 오르자마자 발차했다. 정말 아슬아슬한 순간이었다. 조금만 늦었으면 차를 놓치고, 낭패가 될 뻔한 상황이었다.

택시 값을 왕복 5만 루블이나 주고 다녀왔지만, 그래도 기분이 얼마나 상쾌했는지 모른다. 하도 기분이 좋아서 기차 식당에서 우리를 기다리고 있던 서경석 목사를 불러서 이종훈 박사와 넷이서 맥주를 마셨다.

어렵사리 김 알렉산드라 유적지를 다녀온 이야기를 했더니, 서경석 목사가 "역사학자들은 그런 스릴을 즐기는군요" 하고 한마디 했다. 모두들 한바탕 웃었다.

앞에서도 잠깐 말했지만, 강제이주 60주년을 기념하는 대형 플래카드를 객차마다 달고 시베리아 벌판을 횡단하는 일은 그야말로 예삿일이 아니다. 일본과 같은 나라에서는 불가능했을 것 같은 일이 러시아에서는 가능한 이유가 무엇인가를 생각해봤다. 거대한 나라 러시아가 가진 대국적인 대범함과 유럽적인 관용성 같은 것이 이 행사를 가능하게 한 것은 아닌지. 전후(戰後) 청산 문제에서 나타난 독일과 일본의 차이 같은 것을 다시 한번 생각했다.

이 행사를 주관하는 쪽 어느 분의 말에 의하면 '회상의 열차' 행사를 준비하면서 우리 대통령이 축하 메시지 같은 것을 주면 러시아 대통령에게서 메시지를 받을 수 있겠다고 교섭해봤으나 결국 안 되었다고 한다.

그런데 '회상의 열차'가 하바롭스끄에 도착했을 때, 러시아 정부는 대통령 비서실장 명의로 "러시아 문화를 부흥하는 데 러시아 고려인들이 모범과 열의를 보여 존경받았다. 이번 회상의 열차의 성공을 기원한다"는 축하 메시지를 보내왔다고 러시아고려인협회장 이 올레그 씨가 발표했다. 나중에 '회상의 열차'가 그 종착지에 가까운 까자흐스딴의 수도 알마띠에 도착했을 때에야 우리 김영삼 대통령의 메시지가 도착했다는 말을 듣게 되지만, 너무 늦은 것이 아닌가 생각되었다.

블라지보스또끄에서 출발할 때 현지의 우리 영사관에서 환송하지 못한 것과 같이 우리 정부로서는 외교적인 문제를 생각하고 신중히 했겠지만 피해를 입은 민족의 정부로서는 너무 소심한 것이 아닌가 하는 생각이 든 것도 사실이다.

'회상의 열차' 행사는 러시아의 고려인사회에서 먼저 계획되었고, 그것이 국내의 우리민족서로돕기운동과 연결되어 함께하게 되었다. 왜 고려인들이 이런 사업을 계획하게 되었을까.

프랑스 사람들이 2차 대전 때 독일에 많은 피해를 입었고 유대인들역시 독일에 참혹한 피해를 입었지만, 그들이 독일에 가서 이런 데몬스트레이션을 하려고 하지는 않았을 것 같다. 그런데 러시아의 고려인들은 기어이 이 '회상의 열차'를 운행하고 싶어했고, 그들의 모국에서도 우리들이 기꺼이 이에 호응했다. 무엇이 고려인들과 한국인들로 하여금 기어이 '회상의 열차'를 운행하지 않을 수 없게 했을까.

2차 대전 당시 유대인들이나 프랑스인들이 나치 독일에 당한 것이 하나의 피해였다면, 우리 국내외 동포들이 일본제국주의에 당한 것은 피해를 넘어서 한(恨)맺히는 일이 아니었겠는가 하고 생각해봤다.

우리 민족의 경우, 중세시대까지 비교적 높은 문화 수준을 가졌으면서도 한때의 실패로 식민지로 전락해버렸다. 이 때문에 많은 사람들이 고국을 떠나 남의 땅에 살면서 온갖 수모와 핍박을 당할 수밖에 없었다.

남의 땅에 살면서 받은 핍박과 그것에서 우러나는 한이라는 것이 있게 마련이며, 그것이 이 '회상의 열차'를 운행하게 한 하나의 원동력이 아니겠는가 하고 생각하게 된 것이다.

일본에서 이 한을 풀 수 있는 '회상의 열차'가 운행될 수 있었다면 열번이라도 운행했을 것이다. 그러나 일본의 '옹졸함' 같은 것이 그것을 가능하게 할 상황이 아니었고, 러시아의 '대범함' 같은 것이 그것을 가능하게 했기 때문에 '회상의 열차'가 운행될 수 있었던 것이 아닌가. 또한 우리 민족이 가진 이 한은 국내외 동포를 막론하고 그들의 조국이 분단 상태에 있는 한 결코 가실 수 없는 것이 아니겠는가. 식민지배에서 벗어난 지 반세기가 지났는데도 역사학 전공자의 생각이 어쩌다가 여기까지 가게 되었는지 모를 일이다.

밤에는 식당차에서 고려인 동포들과 한국인들이 어울려 노래 부르는 기회가 만들어졌다. 「타향살이」 등의 노래가 이어지고 맹동욱 교수가 맹활약을 했다. 예술가다운 그의 '일장 연설'을 들어보자.

이분들이 우리의 얼을 가졌기 때문에 우리와 함께 동행합니다. 이름은 전혀 몰라도 좋습니다. 그저 음성만 듣고 이런 분이구나 알고 그리고 나보다 젊은 사람이기 때문에 내가 죽고 난 다음에 나에 대해서 말을 할 수 있을 것 같아서 내가 좋아합니다. 이분도 역시 여기 고려인입니다.

어제까지만 해도 전혀 만난 적이 없고 따라서 누구인지 몰랐던 사람들 사이에, 사심 없고 목적의식 같은 것이 전혀 없는 순수한 인간애·동포애로만 가득 찬 것 같은 분위기가 즐겁게 그리고 아름답게 계속되었다.

해외동포와 모국의 관계가 소원해진 이유

9월 13일 아침이 밝았다. 아침 운동을 하면서 차창 밖을 내다보니 끊임없는 자작나무숲이 연속되는 중간 중간에 밀짚을 쌓아놓은 것 같은 무더기들이 더러 보인다. 그렇다고 농사를 지은 흔적이 보이지는 않는데 그 밀짚은 어디서 나왔으며 왜 쌓아두었는지, 아마 퇴비를 만들려고 쌓아둔 것이 아닌가 생각되지만 그렇다고 농토가 보이는 것도 아니다.

밖에는 공기가 상당히 차졌고, 자작나무와 측백나무 숲이 끝없이 펼쳐지는 광대무변한 시베리아의 대지를 열차가 지나가고 있다. 우리는 이 속에서 마치 감옥에라도 갇힌 것처럼 제한된 생활을 하면서 나날을 보내고 있는 것이다.

오늘은 정차해서 내리는 일 없이 열차가 하루 종일 계속 달릴 예정이다. 어제 저녁에는 혈압이 180에 125까지 올라가서 동행한 중앙성심병원장 류근상 선생에게 의논했더니 하루 저녁을 자고 다시 조치를 해보자고 했다.

아침에 일어나서 혈압을 재어봤더니 역시 같은 수치여서 생전 처음으로 혈압강하제를 먹었다. 매일 하던 아침 등산과 체조를 못해서 그런 것이 아닌가 생각되었다. 오늘부터 아침에는 좁은 복도에라도 나와서 불편하나마 몸을 흔들고 체조라도 하기로 했다.

끝없는 대륙을 횡단해 가다가 중간 중간에 조그마한 마을들을 만나게 되는데, 겉으로 보기에는 마치 나무판자를 붙인 것 같은 가파른 지붕의 조그만 집들이 옹기종기 모여 있는 것을 볼 수가 있다.

시베리아 대지 위에는 벌써 서리가 하얗게 내렸다. 추위가 닥쳐오는 바로 이 계절에, 바로 이 길을 따라 지금 우리보다 훨씬 나쁜 시설의 기차를 타고, 어디로 가는지도 모르고 그냥 끌려갔을 60년 전 동포들의 심정이 어떠했을까 다시 생각하지 않을 수 없다.

얼마나 불안했을까. 마치 사지로 끌려가는 심정이었을 것이다. 비록 그 길을 따라 가본다 한들 조국을 잃고 누구의 보호도 받을 수 없었던 그들의 절망과 비애를 만분의 일이라도 느낄 수 있을까. 어림없는 일일 것 같다.

지금 우리에게는 불과 10일간의 여행이지만 그들은 근 한 달이나 걸려서 알마띠와 따슈껜뜨에 도착했다고 한다. 우리가 타고 가는 열차의 이름을 공식적으로는 '회상의 열차'라고 지었고 그 위에 '환상의 열차'라는 말까지 나오기도 했지만, 어쩐지 '비애의 열차'로 생각되기도 한다.

식민지배에서 벗어난 지도 벌써 반세기가 넘었고, 그동안에 많이 나아진 모국의 경제력을 배경으로 하여―이 여행에서 돌아온 지 불과 두 달 뒤에 우리 경제가 IMF(국제통화기금)체제로 가고 말았다. 나아졌다고 생각했던 경제력도 지금에 보면 하나의 거품에 지나지 않았던 것 같지만―고려인 동포들과 함께 시설 좋은 객차를 타고 이런 여행을 하게 된 것이 흐뭇한 것도 사실이다.

그런 점에서는 이 열차가 '회상의 열차'일 수도 있겠다. 그러나 이 열차를 '비애의 열차'로 생각할 것은 아니라 해도 '회상의 열차'로 끝나게 할 것이 아니라 '희망의 열차'가 되게 하는 것이 내외를 막론한 우리 민족의 과제가 아닌가 하고 생각해본다.

12시 조금 전에 스꼬보로디노라는 시베리아의 아주 한적한 한 도시 앞에 열차가 도착했다. 지도상으로 보아 블라지보스또끄를 출발한 열차가 여기까지는 계속 북상했다가 여기서부터 남쪽으로 내려가는 것이 아닌가 싶다. 이 지역에서는 벌써 나뭇잎이 노랗게 물들어가고 있다.

역 앞에는 시베리아 벌판 여기저기에서 볼 수 있는 예의 조그만 집들이 옹기종기 모여 있는 작은 마을이 있다. 과일이 하도 먹고 싶어 내려서 조그마한 옛날 토종 사과 몇 개를 사서 깎았더니 벌레가 잔뜩 들어 있었다. 그래도 걷어내고 나누어 먹었다.

오후 3시부터 일행들에게 우리 시베리아 독립운동사를 이야기하기로 되어 있다. 그러나 동행하는 의사 류근상 선생이 혈압을 재보고는 말리면서 약을 먹고 누워 있으라 했다.

강의를 구 소련동포문제 대책위원회 사무국장 이종훈 박사에게 맡기고 오후에는 자리에 누워 좀 안정하려 했다. 그러나 이종훈 박사가 구 소련 지역 고려인들의 현황에 대한 강의를 하고, 그 역사에 대해서는 나에게 미루는 바람에 강의를 하지 않을 수 없게 되었다.

맹동욱 교수의 통역으로 고려인 일행들과 한국인들에게 연해주를 중심으로 하는 구 소련 지역 고려인들의 역사를 러시아혁명 이전과 이후 그리고 강제이주 이후의 시기로 나누어서 대강 설명을 했다. 그러나 어찌 된 건지 강의의 중요 내용은 전혀 녹음이 안 되었고 다음과 같은 결론적인 부분만 녹음이 되었기에 여기에 옮겨둔다.

그동안 모국과 해외 동포사회의 관계가 소원해진 원인을 생각해보면 대체로 세 가지를 들 수 있습니다. 그 첫째는 무엇보다도 모국이 일본의 식민지가 되었기 때문이었습니다. 주권을 잃어버린 민족사회가 이미 해외에 나가 살고 있거나 또 계속 해외로 나가는 동포들과 연락을 취하면서 그들을 보호하기는 어려운 일이었습니다.

그리고 두번째는 해방이 되면서 모국이 분단되었기 때문입니다. 모국의 분단국가 권력들이 서로 대립하여 해외동포사회에 도움을 줄 형편이 못 되었을 뿐만 아니라 일본에서와 같이 해외동포사회까지도 분단시켰습니다. 그리고 그 일부만을 제 동포로 삼고 다른 한쪽과는 소원해지게 마련이었던 것입니다.

세번째는 모국 분단의 원인이 이데올로기적 대립에 있었고, 그 대립을 바탕으로 해서 두 분단국가가 전쟁을 했기 때문입니다. 이런 과정에서는 어느 쪽을 막론하고 해외동포사회와 긴밀한 관계를 유지하기 어려웠던 것입니다.

해외동포사회가 모국과의 관계를 밀접히 하기 위해서는 우선 모국이 정상적인 발전을 해야 합니다. 식민지가 된 모국이 해방이 되고 분단된 모국이 통일이 되고 또 경제발전을 하게 되면, 자연히 해외에 나가 있는 동포사회에 대한 관심이 많아지게 되고 따라서 서로의 관계도 깊어지게 됩니다.

모국 쪽에서도 해외동포들에 대해 더 관심을 가지게 되고, 동포들도 모국에 대해서 더 깊은 관심을 가지게 되는 거지요. 앞으로 통일이 되어가는 과정으로 들어서게 되면, 특히 중국에 있는 동포들이나 러시아에 있는 동포들 즉 일제강점시대나 그 이전에 혹은 못살아서 갔던 사람들, 또 독립운동 하러 갔던 사람들, 이런 사람들 및 그 후손들과의 관계는 훨씬 더 밀접해질 겁니다.

지금 해외에 사는 1세·2세·3세 동포들은 모국이 못살기 때문에, 독립이 안 되었기 때문에, 또 통일이 안 되었기 때문에 서로의 관계가 너무 소원해졌습니다. 그래서 해외동포들이 우리 문화를 다 잊어버리고 말도 잊어버리게 되었습니다. 그러나 앞으로 모국이 통일이 되고 경제적으로 발전하게 되면, 해외동포 4세·5세·6세·7세들은 다시 모국의 말을 배우고 문화를 배우게 될 겁니다. 왜 그런가 하면, 앞으로 우리 해외동포들이 사는 그곳 사회에서는 모국의 언어와 문화를 아는 사람들이 모르는 사람보다 훨씬 필요해질 것이며, 또 쓸모있게 될 것이기 때문입니다. 예를 들면 러시아 사회에서는 앞으로 우리말이나 우리 문화를 익힌 고려인이 그렇지 못한 고려인보다 훨씬 더 필요할 것입니다. 모국어나 문화를 모르는 고려인은 러시아인들과 다를 바 없습니다.

그 경우 러시아 사회에서는 순수 러시아인의 존재가 더 귀하지 러시아인과 다르지 않은 고려인이 같은 수준으로 귀해질 수 없을 것입니다. 러시아 사회에서 고려인이 귀한 이유는 그들이 러시아인이 못 가진 고려인 특유의 문화를 가졌기 때문일 것입니다. 그것을 아는 일이 중요합니다.

이상과 같은 나의 말을 받아 고려인 소설가 김 아나똘리 씨가 "우리 아이들은 모국에 보내야지요. 가서 공부를 하게 해야지요" 하고 말했다. 나의 이야기를 받아서 이윤구 박사가 또 이렇게 말했다.

"지금 강선생님 말씀대로 모국이 식민지 노릇하고 분단되고 그래서 미처 해외에 있는 동포들과 교류할 형편이 못 되었으나 앞으로는 될 텐데, 거꾸로 해외 동포사회가 시원찮은 뿌리보다 훨씬 훌륭한 열매를 맺어주어서 그렇게 고마울 수가 없습니다. 그래서 오히려 분단이 된 조국이 시원찮을 때, 밖에 뿌려놓은 씨로서 거꾸로 모국에 대해 자극을 주어야 할 책임도 있다고 생각합니다."

이때 우리 일행 중 한국인 누군가가 고려인 동포들에게 남한과 북한을 보면서 생각하는 것이 무엇이냐 하는 다소 목적성이 있는 것 같은 질문을 했다. 그 질문에 대한 맹동욱 교수의 답이다.

"남북으로 가르지 않습니다. 조국은 하나이며 그것이 아버지 조국입니다. 그 때문에 내 상상의 눈앞에는 조국은 언제나 하나로 되어 있습니다. 남북분단이라는 것은 임시적인 현상이고 수천 년 내려오면서 하나의 나라였기 때문에 이 시기가 지나면 또 하나의 통일국가로서 오랫 동안 존재할 것을 나는 믿습니다."

다음에 말하겠지만, 그의 특별하고도 기구한 경력을 알게 되면 이 말이 특별한 의미를 가지고 있음을 알게 될 것이다. 석여와도 의견일치를 봤지만, 어떻든 이번 여행 중에서 특히 인상이 깊었던 인물은 이 맹동욱 교수였다.

우리 일행 중 어느 한국인이 말했다.

"아나똘리 김께서는 두 번 말씀할 기회가 있었는데 두 번 다 성경 말씀의 일부를 인용했어요. 지난번에는 '출애굽'의 과정을 잠깐 언급했고 오늘은 아벨과 카인에 대한 말씀을 했습니다. 성경 말씀을 얼마나 보셨고 그것이 아나똘리 김 자신의 문학생활에 얼마나 영향을 주었는지 말씀해주시기 바랍니다."

여기에서 김 아나똘리에 대해 동행한 김동국 기자가 취재한 내력을 소개하기로 한다. 금년 58세의 그도 어릴 때 강제이주 당한 고려인이다. 지금 85세인 그의 아버지 김 알렉셰이비치는 블라지보스또끄 조선사범대학 2학년 때인 37년에 까자흐스딴으로 강제이주되었다. 그의 가족들은 1948년에 블라지보스또끄로 돌아올 수 있었고, 김 아나똘리는 하바롭스끄와 사할린 등지에서 어린 시절을 보낸 후 17세 때 모스끄바로 가서 미술학교를 다니면서 똘스또이에 심취하여 문학의 길을 걷게 되었다고 한다.

장편소설 「다람쥐」「아버지의 숲」 등이 세계적으로 평가받으면서 대가의 반열에 오른 그는 최근에도 「바흐음악을 들으면서 버섯을 뜯다」를 써서 또다시 주목을 받고 있다고 한다.

아이들에게 자기 집안이 '강릉 김씨'임을 잊지 않도록 가르치고 있다는 그는 "내 작품이 24개국에서 번역되어 알려졌지만 정작 러시아에서는 그만하지 못한 것은 내가 소수민족이기 때문"이라며 "가장 슬픈 것 중 하나가 자기의 뿌리를 잃는 것"이라고 말했다 한다.

김 아나똘리는 구 소련이 해체된 후 1991년에 한국에 와서 3년여 동안 중앙대학과 연세대학에서 러시아어와 문학을 강의했고, 족보를 찾아 아버지와 아들까지 3대를 올렸다고 한다.

그의 궁극적 소망은 한국에서 뿌리를 내리는 일이며, 그것을 위해 자기보다 한국말을 더 잘하는 것이 자랑스러운 열여섯 살 난 아들 알로샤가 고등학교를 졸업하는 대로 한국의 대학에 유학 보낼 것이라 했다고 한다.

맹동욱 교수의 통역으로 김 아나똘리 씨가 대답했다.

"40세까지는 나는 비종교인이었습니다. 그러나 갑자기 40세 지나서 종교에 대한 관심이 커졌고, 그것을 전적으로 받아들여서 나는 지금으로 말하면 종교에 침몰되어 있습니다. 러시아정교의 세례를 받았습니다."

세례 받은 연도가 언제냐는 질문이 있었고, 그는 1979년도였다고 대답했다. 일행 중 누가 이렇게 물었다.

"한국 사회가 폐쇄적이었다고 말씀하셨는데, 인정합니다. 왜 폐쇄적인가 하는 점은 못 느꼈습니까?"

김 아나똘리 씨의 대답은 이러했다.

"모든 문화가, 과학이라든지 문학이라든지 연극이라든지 또다른 문화를 포함해서, 그 전에 알려져 있지 않던 중국인이나 일본인은 지금은 온 세계에 알려져 있는 사람들이 대단히 많습니다. 그런데 한국은 문화적인 면에서 전세계에 아직 알려져 있지 않습니다. 그 현상만 알지 왜 그런가 하는 것은 모르겠습니다."

질문했던 한국인의 의견 개진이다.

"우선 먹고 살기 바빴고, 또 하나 큰 이유는 영토도 좁은데다 우리는 단일민족입니다. 러시아처럼 다양한 민족에 의한 다양한 문화를 접할 기회가 없었습니다."

김 아나똘리 씨의 의견이다.

"간단히 말해서 우물 안의 개구리가 그 세계에서 만족을 느끼고 있는 것 같습니다. 전세계를 내다보고 그곳으로 나아가려는 지향성이나 의지가 아직 부족하기 때문에 그런 것이 아닌가 생각합니다."

서경석 목사가 질문을 했다.

"스딸린이 고려인사회의 지식인들을 전부 처형했습니다. 그러고 나니까 강제이주 당한 사람들은 말하자면 지도자 없는 민초들의 이주였지요. 그렇게 되니까 이주지에서 고려인사회의 문화적 전통을 이어나가고 또 상부상조의 정신을 이어나가는 데 굉장히 어렵지 않았을까 하고 추측을 해봅니다. 아나똘리 선생은 그 점에 대해서 지금의 고려인사회가 정상적으로 가고 있다고 생각하는지 그것을 좀 알고 싶습니다."

김 아나똘리 씨의 대답이다.

"강제이주 전이나 후에 고려인 인뗼리들이 거의 다 죽었습니다. 강제이주 후 인뗼리들을 빼앗긴 우리 고려인들의 문화는 말살된 것이나 다름없었습니다. 그러나 그 후세들이 러시아 문화를 가지게 되었습니다. 러시아 문화를 이용해서 고려인사회에 복무하고 또 고려인 문화에 기여합니다."

또 한국인 누군가의 질문이다.

"러시아 고려인사회의 리더십은 상해파 김만겸 선생하고 이르꾸쯔끄파 한명세 선생하고 있었는데, 둘 다 강제이주 후에 처형되었지요. 그러나 그 파의 그 잔재의 나뉨이 있었는지 없었는지 알고 싶어요."

맹교수의 답이다.

"없어요. 그 대립은 완전히 사라졌어요."

어느 한국인의 질문이다.

"러시아인들이 고려인사회를 경계한다든지, 러시아인과 고려인들이 융화하는 데 혹시 장애되는 일이 있지는 않은지, 있다면 어떻게 해결할 것인지에 대해서 말씀해주시기 바랍니다."

맹교수의 답이다.

"우리의 지향에 따라서 모든 것이 결정되지 러시아 인민이 그것을 해야 된다 안 해야 된다 하는 것은 아무 관계도 없습니다."

김 아나똘리 씨가 말했다.

"만약에 내가 노벨상을 탔다고 합시다. 그러면 그것은 러시아말로 썼으니까 러시아의 긍지요 나는 또 고려인이니까 한국의 긍지입니다."

그럴듯한 말이라 생각되었다. 그러나 앞으로 세계가 더욱 좁아져서 제가 태어난 땅에서 살지 않고 남의 땅에 가서 사는 사람들이 더 많아지게 되겠지만, 그들은 옮겨가서 사는 땅의 문자로만 작품활동을 하는 것이 아니라 제 모국어로도 작품을 쓸 수 있게 되어야 할 것이다.

20세기까지 제국주의적 문화체제에서는 거의 대부분의 나라들이 제 땅에 와서 사는 다른 나라 태생의 사람들을 제 나라 문화에 동화시키려는 정책들을 썼다. 그러나 앞으로 제국주의가 아닌 평화주의적 문화체제가 되면서 모든 나라들이 제 땅에 와서 사는 이민족의 문화를 그대로 살림으로써 제 민족의 문화를 더 다양하게 발전시키려는 지혜를 터득하게 될 것이라는 생각을 하게 되었다.

고려인사회의 걸출한 지도자들을 대면하다

혈압이 조금 높다는 것을 알고 떠났지만, 열차 안에 갇혀만 살게 되자 더 높아졌고, 동행하는 의사 류근상 원장은 술을 못 먹게 했다. 그러나 창밖에 벌어지는 풍경이 너무도 좋았다.

강이 흐르고 그 너머로 자작나무가 노랗게 물들어 있으며, 그 중간 중간에 파아란 소나무가 서 있는 아주 평화로운 풍경이다. 언제 내가 이곳에 또 와서 이 아름다운 풍경을 또 볼 수 있겠는가 생각되어 '할수없이' 가져온 소주팩을 하나 따서 혼자 마시면서 이 풍경을 즐기기로 했다.

아직 혈압강하제를 상복하지 않았고 따라서 약 준비도 없는데 혈압이 상당히 오르는 것이 걱정되지 않을 수 없었다. 그러면서도 술 없이 이 풍경을 감상하는 일이 참을 수 없어서 마실 수밖에 없었다. 몇 년 전부터 술을 끊어 대작할 수 없는 석여(石如)를 원망하면서.

차창 밖에 벌어지는 풍경 하나하나가 모두 한 장의 풍경화라는 생각이 들었다. 특히 활엽수 숲에 단풍이 들어 노랗게 펼쳐져 있는 옆으로

잔잔한 강물이 흐르고, 멀리 자그마한 마을이 보이는 이런 풍경은 그 자체가 곧 아름다운 한 폭의 그림 그것이다.

열차가 힐로끄(Khilok)라는 자그마한 역에 일시 정차했다. 여름용 운동복만 입고 플랫폼에 내렸는데도 전혀 한기를 느낄 수 없을 만큼 따뜻했다. 오랫동안 열차 안에 갇혀 지낸 일행이 모두 이 작은 역 플랫폼에 내려 가볍게 운동을 하는 모습들이다. 그 광경을 이곳 러시아 사람들이 재미있는 듯이 보고 있다.

김 아나똘리 씨하고 이야기를 하다가 그가 한국에 와 있을 때 안성 대림동산에 있었다기에 고은(高銀) 시인과 사귀었는가 하고 물었더니 바로 고은 시인의 집 옆에 있었고, 그의 아들은 그후에도 계속 그 집에 있었다고 했다.

시베리아의 한적한 도시에서 친구의 이야기를 나눌 수 있는 일이 무척 즐거웠다. 돌아가면 고은 시인에게 안부를 전해달라고 김 아나똘리 씨가 신신당부를 했다. 그와 다정하게 사진을 몇 장 찍었다.

치따를 지나서 이르꾸쯔끄로 가는 길의 거의 대부분은 철로 연변에 강이 따라오고 있다. 강의 흐름과 그 맞은편에 보이는 숲의 노란 단풍과 중간 중간에 끼여 있는 상록수의 조화가 볼수록 아름답다.

가져간 테이프를 통해 차이꼽스끼의 바이올린 협주곡을 들으면서 시베리아 벌판을 여행하는 기분은, 경험해보지 않은 사람에게 말이나 글로써 전해주기는 어렵다. 거기에다 약간의 주기(酒氣)까지 겹쳤으니 요즈음 젊은 사람들이 잘 쓰는 말로 정말 환상적이다.

세상의 모든 번뇌를 다 잊어버리고 즐기는 음악을 들으면서 이 아름다운 시베리아 벌판을 며칠 동안 달리는 이런 일은 아마 다시는 경험하지 못할 것이다. 이때만은 열차 안 생활이 지루하기는 고사하고 시간이 흐르는 것이 아깝게 생각될 정도였다.

블라지보스또끄에서 노보시비르스끄까지 우리가 타고 가는 이 시베리아철도는 모두 전철 복선으로 되어 있다. 처음 부설할 때는 물론 전철이 아닌 증기기관차 선로였고 복선이었는지도 의문이다. 언제 전철로 바뀌었는지 모르지만, 전철화 공사도 처음 부설할 때에 못지않은 대공사였으리라 생각된다. 지금은 완전한 복선 전철로 되어 있다.

자작나무숲이 끝없이 계속되다가도 가끔 가다가 꽤 넓은 농토가 개간되어 있는 것을 볼 수 있고, 농토 곳곳에 밀짚 무더기로 보이는 것들이 드문드문 쌓여 있다. 이같은 경작지는 가끔 나타날 뿐이고 나머지 광활한 벌판의 대부분은 구릉지요, 자작나무와 소나무 그리고 측백나무로 보이는 상록수의 숲이다.

자작나무숲과 상록수숲이 따로 있는 경우도 있지만, 노랗게 물든 자작나무숲 곳곳에 파란 상록수가 조화롭게 섞여 있고, 그 앞으로 맑은 강물이 조용히 흐르는 평화로운 풍경, 그것이 곧 시베리아 벌판 전체를 그린 한 장의 그림이 될 수 있지 않을까 생각될 정도다.

수천 년간의 역사시대를 통해 인간들이 자연에 대해 상당한 도전을 했고, 그 때문에 자연의 상당한 부분이 변했다고 생각했거나 훼손되었다고 우려해온 것이 사실이다. 그리고 20세기를 넘기는 시점에서 인류사회가 당면한 최대의 난문제가 자연 훼손과 공해 문제임도 누구보다 공감하고 있다.

그러나 이 시베리아 벌판을 지나면서 보면 인간의 자연에 대한 도전이라는 것이 실제로는 아무것도 아니며, 자연은 전혀 영향받거나 상처받지 않고 자연스러운 본래 모습 그대로 고스란히 제 자리에 있는 것 같은 '착각'을 하게 된다. 그리고 이 너무도 거대하고 중후하고 의연한 자연 앞에서는 인간의 도전이라는 것이 서툰 집적거림에 지나지 않는다는 생각도 든다.

그런 중에도 반대 방향에서 오는 객차와 화물열차들이 그런 풍경을 꽤 자주 가로막기도 하여 빨리 지나가기를 기다린다. 느긋하게 흐르는 강이 가까이 썩 다가왔다가는 차가 지나감에 따라 슬그머니 멀어져서 안 보이다가 조금 지나면 또 슬그머니 다가오고 하는 것이 대단히 정겹게 느껴진다. 석여는 그것을 마치 잠깐 멀어졌다가 다시 다정하게 다가오는 친구 같다고 했다.

넓은 벌판에 나무가 많고 강이 계속 흐르고 있으나 사람은 거의 살지 않는 것 같다. 이런 천혜의 땅을 멀리하고 나를 포함해서 인간들은 왜 좁은 도시에 옹기종기 모여 살고 있는 것일까. 답답한 일이다. 단풍이 전성기인 가장 좋은 철에 우리가 이 여행을 하고 있는 것 같다.

잠깐 잊고 있었지만, 어제부터 식당차에는 맹동욱 교수가 제공했다는 옛날 재소련 민족해방운동가들의 사진들이 걸려 있다. 우선 카이저 수염이 좋은 이동휘(李東輝)의 사진이 눈에 띄었는데, 실무자들이 붙인 사진 설명에는 홍범도라 써놓아서 석여와 함께 웃었다. 역사선생인 우리야 쉽게 알아보지만, 일반인들에게는 쉽지 않은 일일 것 같다.

사진은 한명세(韓明世)와 그의 가족들, 김만겸(金萬謙)과 그의 가족들의 것이 주로 걸려 있었다. 분명히 김만겸일 것 같은데, 누가 썼는지 모르지만 사진 설명에는 '김만금'으로 표시되어 있다. 사진 제공자인 맹교수에게 '김만금'의 '금'자는 한자로 무슨 자냐고 물었더니 잘 모르겠다 했고, 김만겸이 아니냐고 했더니 자기들은 '겸'을 '금'으로 발음하는 경우가 많은데 그렇게 듣고 쓴 것 같다고 했다.

맹교수는 바로 김만겸의 손자 사위이고 또 김만겸과 한명세는 사돈 간이었다고 한다. 그밖에 1920년대 초엽 시베리아에 출병한 일본군과 싸운 빨치산 대장 한창걸(韓昌杰)의 사진도 있었다. 정말 귀한 사진들이다. 이 사진들은 가져가 복사해서 나누어 가지기로 하였다.

뒷날 우리 일행이 따슈껜뜨에서 강제이주 60주년 기념식에 참가하고 모스끄바의 학술회의에 참가한 후, 귀국하기 위해 공항으로 가는 길에 모스끄바시 교외에 있는 맹교수의 집에 초대받아 점심 대접을 받았는데, 그때 그의 부인 즉 김만겸의 손녀를 만났다. 그 부인에게 물어보고 싶은 말이 많았으나, 갑자기 닥친 많은 손님 접대에 바쁘기도 했지만 초로의 그 부인이 우리말을 전혀 할 수 없어서 이야기를 나눌 형편이 못되었다.

이야기가 나온 김에 이동휘·한명세·김만겸·한창걸 등의 활동상을 잠깐 소개하기로 하자. 앞으로 구 소련 지역 우리 민족해방운동사가 종합적으로 쓰여져야겠지만, 우선 이 지도자들 몇 사람의 행적을 통해서도 구 소련 지역 고려인들과 우리 민족해방운동이 어떻게 연결되었는가를 어느정도 이해할 수 있을 것이다.

이동휘는 비교적 널리 알려진 사람이다. 1873년 함경남도 단천 출신으로 군청의 통인(通引)으로 일하다가 군수의 탐학에 분개하여 불화로를 뒤집어씌우고 도망하여 한성 무관학교를 졸업하고 대한제국의 장교로 근무했다.

기독교로 개종한 그는 애국계몽운동에 참가한 후 구금되기도 했고, 일제강점 후에는 '105인 사건'에 연루되어 유배되었다가 간도지방으로 탈출하여 교육활동을 했다. 활동무대를 연해주로 옮긴 그는 1918년에는 우리 역사상 최초의 사회주의 정당 한인사회당을 조직했다.

3·1운동 후 상해에 임시정부가 세워질 때 이에 참가하여 초대 국무총리가 되는 한편 상해파 고려공산당을 주도했다. 1921년에는 모스끄바에 가서 레닌을 만났다. 고려공산당 통합대회라 할 수 있을 베르흐네우진스끄 회의에도 참가했으나 통합에 실패하고, 코민테른 산하 꼬르뷰로 위원이 되었고 적기단(赤旗團)을 조직하여 활동했다.

이후 블라지보스또끄 신한촌의 도서관장이 되었고, 1927년 이후에는 국제혁명자후원회(모플)에서 활동하다가 1935년 블라지보스또끄 신한촌에서 사망함으로써 스딸린의 숙청은 면했다.

한명세는 연해주 니꼴리스끄·우수리스끄 포세트 구역에서 1885년에 출생한 고려인 2세이다. 러일전쟁 때 러시아 군대에 징집되어 통역으로 활약했고, 러시아혁명 이후에는 러시아공산당에 입당해서 활동했다.

1921년 이르꾸쯔끄에서 고려공산당 창립에 참가하여 중앙위원 겸 코민테른 파견대표가 되었고, 1922년 극동민족대회에 참가하여 레닌을 만났다. 1922년 베르흐네우진스끄 고려공산당 연합대회에 참가했으나 이르꾸쯔끄파 대의원들과 함께 집단퇴장하여 치따에서 별도로 당대회를 개최했다.

이르꾸쯔끄파 대표로 1923년 꼬르뷰로 위원이 되었고, 1929년에 소련공산당에서 제명되었으며, 잠깐 복당되었으나 1936년의 숙청 때 제명되고 처형되었다.

김만겸은 1886년 블라지보스또끄 근교 농촌에서 태어나 조선인 학교를 다닌 후 러시아혁명에 참가했다. 러시아의 중등학교를 졸업한 후 조선인 소학교의 교원, 러시아신문 『변경』(邊境)의 서울 주재 특파원, 『청구신보』 편집인 등에 종사했다. 3·1운동 때 독립선언문을 러시아어로 번역하여 배포했다.

코민테른에 의해 상해에 파견되었고, 재상해 한인공산당을 조직했다. 1921년 이르꾸쯔끄파 고려공산당 창립대회에 참가하고, 베르흐네우진스끄 고려공산당 연합대회에 참가했다가 이르꾸쯔끄파 대의원들과 함께 퇴장하고 치따에서 따로 대회를 개최했다.

코민테른 제4차 대회에 참가하고, 조선문제위원회 위원이 되었으며, 연해주쏘비에뜨 집행위원이 되었다. 1929년에 소련공산당에서 제명된 후 소련 경찰에 체포되어 옥사했다고 알려졌을 뿐, 그 상세한 내용은 잘 알려져 있지 않다.

한창걸은 1892년에 연해주 뽀시예뜨 구역 한청거우 마을에서 태어나 러시아의 중등교육을 받았다. 제1차 세계대전이 발발하자 러시아 군대에 징집되어 독일전선에 참가했고, 사관학교 속성과를 졸업했다. 러시아 혁명 과정에서 적군과 백군 사이에 전쟁이 일어나자 니꼴라옙까에서 자위대를 조직하고 빨치산부대와 연합하여 백군과 싸웠다. 1919년 백군에 체포되어 일본군에 인계되었으나 탈옥에 성공하여 러시아공산당에 입당하고 조선인 빨치산부대를 조직했다.

이 부대는 제1극동연대 산하의 대대가 되어 올가만 해방전투에 참가했다. 노령지방에 흩어져 있는 조선인 빨치산부대를 망라하여 고려혁명군이 성립되자 그 위원이 되었고, 그 제2고려혁명군의 지휘를 맡았다.

시베리아 내전, 즉 국민전쟁이 끝난 뒤에는 농업조합 '붉은 별' 건설에 참가했고, 그후 소련 내무부 기관과 비로비잔 유대인 자치주 내무부장 등을 지냈으나 역시 1930년대 후반기에 숙청되었다.

우리 일행은 한 객차에 약 40명 가량 타고 있는데, 화장실이 앞뒤 두 곳밖에 없는데다 남녀용을 구별할 형편이 못 되어서 처음에는 대단히 불편했고 민망한 경우도 많았다. 그러나 열차 안에서의 생활이 한 이틀 지나고 나니 각자 그런대로 요령이 생겨서 화장실 사용과 양치질과 세수까지 별 충돌 없이 해나가게 되었다.

40여 년 전 군대생활을 하면서 사람이란 참으로 환경에 대한 적응력이 높은 동물이라는 생각을 했던 기억이 있는데, 그 일이 생각나면서 저절로 웃음이 나왔다. 나의 경우 새벽 3시쯤 누구보다도 먼저 일어나서 해결하는 방법을 '개발'했다.

이름을 전혀 알 수 없는, 경비행기가 10여 대 놓여 있는 곳을 지나가게 되었다. 군사용 비행기 같기도 하지만 비행장은 눈에 띄지 않는다.

우리 일행 가운데에는 동아일보 청탁을 받고 동승한 중견 소설가 한수산씨도 있다. 동아일보 기자들도 동승하고 있지만 그들은 사실 보도를 하겠고 작가 한수산씨는 '느낌'을 써달라는 청탁을 받았다고 한다.

그가 중간 중간 송고해서 동아일보에 실리고 있다기에 나도 돌아가서 여행기를 쓰고 싶은데, 당신의 글에 담긴 그 '느낌'을 인용할 수 있게 해달라 했더니 기꺼이 승낙했다. 그러나 막상 이 여행기를 쓰는 데는 전혀 참고하지 못했다. 일행이 따슈껜뜨에 도착하면 우리 일행이 이 열차를 타고 오면서 느낀 감상과 러시아 사회 및 우리 사회에 남기고 싶은 말들을 남겨야겠다는 이윤구 박사의 제의가 있어서 모두 동의했다.

그 글을 이종훈 박사와 한수산 작가 등 몇 사람이 기초하고 내가 읽어보기로 했다. 나보고 그 '선언문' 기초위원장이라기에 어마어마한 감투를 썼다 하고 모두 웃었다. 열차 안에 오래 갇혀 있다 보니 작은 일이나마 '사건'을 만들고 그 일로 해서 또 한바탕 웃고 하는 것이 즐겁다.

의사 류선생의 경고를 받으면서도 너무 흥에 겨워서, 그리고 두 번 다시 볼 수 없을 것 같은 이 기막힌 풍경을 맨송맨송한 상태로 감상하기가 너무 아까워서, 준비해 온 팩 소주를 마셨다고 앞에서 고백했지만, 또 한 팩을 마시고 얼큰하게 취해서 이번에는 모짜르트의 40번과 41번을 듣는다.

좋아하는 음악을 들으면서 광활한 광야를 달리는 기분은 무엇에도 비길 수 없다. 혼자서 창밖 풍경과 음악에 도취해 있는데 작가 한수산이 지난 역에서 산 자두와 포도를 가지고 와서 권했다.

경작지로 보이는 땅의 중간 중간에 이음 무더기가 쌓여 있으면서도 무엇을 심었는지 전혀 알 수 없겠더니, 멀리서 봐서 겨우 밀이라고 생각되는 작물들이 끝없이 심어져 있는, 그리고 이젠 거의 수확기가 된 것 같은 풍경을 볼 수 있다.

이름 모를 아주 한적해 보이는 작은 마을을 지나게 되었는데, 오랜만에 자동차가 한 대 서 있는 것을 볼 수 있고, 또 모터사이클을 타고 가는 젊은이를 볼 수 있다. 넓은 평원에 노란 유채꽃 같은 것이 많이 피어 있는 곳을 지나갔다.

'KGB 한'이 말한 사회주의가 붕괴한 원인

KGB에서 근무했다는 한 아나똘리 씨와 같은 자리에서 저녁 식사를 하게 되어 여러 이야기를 나눌 수 있었다. 지나가다 보면 벌판에 울타리를 친 곳들이 보이는데 그것은 개인 소유의 땅이라 했다. 집이 있는 울타리도 집이 없는 울타리도 모두 그 안의 땅은 개인 소유지라 한다.

그는 따슈껜뜨에서의 꼴호스 즉 집단농장 생활에 대해 이야기를 했는데 녹음 상태가 나빠서 재생할 수 없었다. 다만 일을 많이 하는 사람에게는 분배도 많았다는 말과 같은 꼴호스에 고려인도 있었고 러시아인도 있었다는 내용이 재생되었다.

'KGB 한'은 지금 블라지보스또끄에서 한국 회사의 통역으로 일하고 있다 한다. 다음은 그와 우리 일행의 대화 내용이다. 장시간 여러 이야기를 했으나 그의 우리말 발음과 억양이 이상하고 또 함경도 사투리, 그것도 '러시아식 함경도 사투리'가 많아 녹음을 풀어 못 알아들을 부분이 많았다. 풀어낼 수 있는 부분을 보면 대체로 다음과 같은 내용이다.

"당신은 고려인 몇세입니까. 러시아에는 할아버지 때 왔어요, 증조할

아버지 때 왔어요?"

"할아버지 때 처음 왔어요."

"조선에서의 고향은 어디입니까?"

"함경남도 단천(端川)입니다. 할머니 말씀에 단천과 명천에는 우리 친척이 많았다고 했습니다. 할아버지는 7형제였다고 합니다. 할아버지 형제들이나 그 후손들이 지금도 그곳에 살고 있는지는 모릅니다."

"몇년생입니까?"

"쉰일곱입니다. 1940년생입니다."

"고려인이 어떻게 해서 안전요원(KGB)이 될 수 있었습니까?"

"나는 20세에 공산당원이 되었습니다. 나의 할아버지와 아버지는 공부를 못했습니다. 자기 싸인도 못했습니다. 그래서 나를 앉혀놓고 공부 열심히 하라 했고 나도 어려서부터 열심히 공부했습니다. 군대에 갔다 와서 공부할 형편이 못 되었는데 아버지의 권유로 대학교에 입학해서 건축기술을 배웠습니다.

졸업하고 나호드까에 가서 건축기사로 2년 반 일했습니다. 당원이었기 때문에 당에서 불러서 갔더니 KGB가 너를 요구한다고 했습니다. 당원이었기 때문에 말없이 응했습니다. 그것이 1969년도입니다.

고려인, 독일인, 그리고 밝히기 어려운 나라 사람들이 있었습니다. 안전부에 29세에 들어갔는데 건축기술자·자동차기술자 등이 있었습니다. 거기서 일하다가 그다음에는 안전대학에 들어가서 2년 동안 공부를 더 하고 돌아가서 일했습니다.

그후 다른 기술도 알아야 한다고 해서 2년간 로켓 기술을 배웠고 맑스주의 이론 공부도 더 했습니다. 그후 같은 근무지의 소령과 쌍말을 하며 싸웠는데 그 때문에 나가라 해서 나왔습니다."

"몇년도에 나왔습니까?"

"90년도에 나왔습니다. 69년도에 들어가서 90년에 그만두었으니 21년간 있은 거지요. 3년 군대생활 했으니까 공직생활 24년이 되지요. 25년이라야 연금을 받습니다. 1년이 모자랐는데 대학교에서 공부한 기간 1년 반을 연금기간으로 인정해주어서 연금을 받을 수 있게 되었습니다."

"이것 좀 어려운 질문인데요. 지금 한 선생 같은 분이 생각하기에 사회주의체제가 왜 무너졌다고 생각하십니까? 간단하게 말씀해보세요."

"사회주의가 실패한 이유는 한마디로 말해서 이윤 추구가 없었기 때문입니다. 고르바초프가 들어서서 뻬레스뜨로이까를 하면서 이윤 추구를 인정하겠다 하기에 모두 찬성했습니다. 그러나 역시 실패하고 그보다 개인의 이윤 추구를 더 주장한 옐찐이 나서서 이기게 되었습니다."

"한 선생 생각에는 이제는 러시아에도 사회주의가 영영 다시 들어설 수 없다고 생각하십니까?"

"예 그렇게 생각합니다. 설령 사회주의라 할 수 있다 해도 그대로는 안 된다고 생각합니다."

"만약 사회주의가 들어선다면 어떤 사회주의라고 생각합니까?"

"내 생각으로는 유럽의 스위차리아 비슷하게 되어야 한다고 생각합니다. 스위차리아는 자본주의국가라 하지만 자본주의도 있고 사회주의도 있습니다. 이 스위차리아와 비슷하게 되지 않을까 합니다."

"스위차리아? 그게 어디입니까?"

"제네바가 있는 곳."

"아아 스위스 말이군요."

"아이는 몇이나 됩니까?"

"딸 셋 아들 하나, 넷입니다."

"아들은 무엇을 합니까?"

"블라지보스또끄에서 코리아하우스에 다닙니다."

"한국에 가보았습니까?"

"못 가봤습니다. KGB 그만두고 5년간은 외국에 못 나가게 되어 있습니다. 비밀을 지키기 위해서입니다. 지금은 7년이 지나서 말하기가 조금 자유스럽습니다."

"한국에 대해서 어떻게 생각하십니까?"

"발달하고 있는 것이 기쁩니다. 조선 민족이 나라 잘 운영하고 있는 것이 좋습니다. 남북이 통일되었으면 더 좋겠습니다."

"혹시 통일이란 것이 어떻게 되겠다든가, 또 어떻게 되었으면 좋겠다든가 하는 생각이 있습니까?"

"있지만 말하기 어렵습니다. 김정일정권과의 사이에 통일이 되겠는가 하는 의문을 가지고 있습니다."

"그러면 김정일 이외에 정권을 쥘 만한 사람이 있다고 생각합니까?"

"그것은 잘 모르겠습니다."

"또 하나 물어봅시다. 중앙아시아에 있는 우리 동포들이 연해주 지방으로 오는 것에 대해 연해주 정부 쪽은 전혀 문제가 없고 자금만 있으면 올 수 있다 했는데, 정말 그들이 연해주로 옮겨와도 연해주 정부나 러시아 사람들이 문제없다고 생각할까요?"

"전혀 문제없습니다. 아무 일 없습니다."

"중앙아시아 고려인들이 연해주로 옮겨온다 해도 농사를 지을 사람은 그다지 많지 않겠지요?"

"있습니다. 대학을 졸업하고도 그대로 농장에서 농사하는 사람들이 있습니다. 그들은 옮겨오더라도 농사를 할 것입니다. 그리고 그들은 중앙아시아 지역에 살기보다 러시아 영토 안으로 옮겨 살기를 원합니다."

"지금 블라지보스또끄에 한국기업들이 많이 진출해 있고, 한 선생과 같은 우리 고려인 동포들이 거기에 취직해 있지 않습니까. 어떻습니까,

직장생활하기가 괜찮습니까?"

"좋지 못합니다. 말이 통하니까 우리 동포들에게 일은 오히려 많이 시키면서도 월급은 러시아인과 같다는 점에서 불평입니다."

중앙아시아 고려인의 러시아 영토 안으로의 이주문제와 고려인의 한국기업 취직문제에 대해 'KGB 한'은 그 이유를 여러가지 말했으나 녹음을 풀었을 때 알아들을 수 없었다.

"한국에서는 연해주에 한인 자치주를 만들어야 한다고 말하는데 한 선생 생각에는 그것이 가능하다고 생각합니까?"

"네, 가능하다고 생각합니다. 처음 만들 때는 러시아 쪽의 반대가 있을 수 있습니다. 그러나 자치주의 설치가 고려인과 러시아를 위해서도 도움이 된다고 생각하게 됨으로써 가능해질 것입니다."

"그러기 위해서는 한국 기업체들이 연해주에 많이 나와야 한다는 말이 될 수 있을까요. 한국 공장들이 연해주에 많이 진출하는 것을 러시아에서는 좋아합니까?"

"네, 좋아합니다. 지금 러시아 공장들이 어디에 가서 보아도 모두 넘어졌는데 이것을 다시 세우려 해도 자금이 없습니다. 미국에서 도와준다 하면서도 지금은 가만히 보고만 있어요. 그리고 러시아가 빚을 많이 졌습니다. 외국자본 없이는 다시 일어서기 어렵습니다. 일어선다 해도 시간이 많이 걸릴 겁니다. 20년은 걸릴 것입니다."

"예를 들면 한국의 현대재벌인가가 들어와서 큰 공장을 세웠습니다. 러시아인 약 3천 명이 일을 하고 있습니다. 차를 고치고 하는 공장인데 길도 내고 해서 러시아에 큰 도움이 되고 있지요. 전에는 일본기업의 진출이 많았는데 요즈음은 한국기업이 많아졌습니다."

"전에는 부산 등지에 러시아 사람들이 장사하러 많이 왔는데, 지금은 중국으로 가는 경우가 많다고 하던데, 어떻게 생각합니까?"

"나는 그렇지 않다고 생각합니다. 중국도 가지만 역시 한국 쪽이 더 많다고 생각합니다."

그는 한국과 러시아의 관계가 깊어진다고 말하는 데 열을 올리고 있었다.

"연해주 지방 러시아 사람들의 경우 한국·중국·일본 등 아시아 사람들을 대할 때 어느 쪽을 더 친근하게 느낀다든지 하는 차이가 있을까요?"

"차이가 없습니다. 그러나 중국 사람들을 잘 받아들이지 않는 경향입니다. 그 이유가 무엇이냐 하면 중국 사람들이 마음을 너무 안 주기 때문이라 봅니다. 믿는다 하면서도 마음을 잘 주지 않습니다. 그래서 같이 일하기 바쁩니다."

바쁘다는 것은 어렵다는 말이다.

"일본 사람과 한국 사람 사이에는 별 차이가 없습니까?"

"별 차이가 없습니다."

그의 연금은 한 달에 약 170달러라 했다.

"KGB에 있을 때도 계급이 있습니까, 군인 계급입니까? 나올 때 계급이 무엇이었습니까?"

"모두 장교 계급인데 마이요라(소령?)였습니다."

"KGB에 고려인들도 많이 있었습니까?"

"우리 부대에는 둘밖에 없었습니다. 나하고 또 한 사람 이번에 면역했습니다. 그는 사할린 사람이었습니다. 그는 일본어·한국어 선생을 했습니다."

"KGB 요원은 모두 대학을 나와야 합니까?"

"반드시 대학을 나와야 합니다."

"지금도 KGB가 있습니까?"

어리석은 질문을 한 셈이다.

"있습니다. 그것이 없으면 나라가 되겠습니까?"

러시아 고려인의 95퍼센트는 동포끼리 결혼을 하고 나머지 5퍼센트는 외국인과 결혼하는 비율이라고 한다. 그의 둘째딸은 러시아인과 결혼했다가 남편이 술을 너무 많이 마셔서 이혼했다고 한다.

이보다 앞서 꼴호스에서 작업 능률이 오르지 않은 이유를 'KGB 한'이 말했으나 미처 알아듣지 못했다. 석여가 알아들은 대로 다시 말한 바에 의하면, 전체적으로 말해서 꼴호스에서 전에는 일하는 능력에 따라 보수를 주어 경쟁이 굉장히 심했다던데, 흐루시초프 때부터인가 능률에 관계없이 일정하게 보수를 주게 되었고, 그때부터 능률이 떨어지기 시작했다고 한다. 능률에 따라서 주던 보수를 왜 일률적으로 주게 되었는가 하는 이유는 잘 못 알아들었다.

시베리아에
묻힌
유격대원들

이르꾸쯔끄에서 북한 노동자를 만나다

9월 15일날 아침이 밝았다. 오늘 새벽에 열차가 바이깔 호수 옆을 지나왔는데 어두워서 전혀 볼 수 없었다. 열차 안에서 나흘 밤을 잤기 때문에 열차 안 생활에 어느정도 익숙해지기는 했지만 불편한 것이 많다.

화장실에 갔다가 한참 순서를 기다려서 겨우 세수를 한 석여가 이럴 줄 알았으면 부인의 콜드크림을 좀 가져와서 얼굴을 닦을걸 하고 농담을 해서 모두 또 한바탕 웃었다.

그럴 정도로 세수하고 양치질하기가 여간 불편하지 않고, 화장실 이용은 정말 불편하다. 이런 차내 생활을 앞으로 닷새나 더 해야 한다니 그야말로 보통 일이 아니다. 60년 전에 강제이주 당한 동포들에 비하면 초호화판 여행임을 잘 알면서도 당장 불편한 것은 숨길 수 없다.

이르꾸쯔끄가 가까워지고 있다고 생각되는데, 열차가 꽤 큰 마을을 지나가고 있다. 벽돌로 쌓은 집이건 나무판자를 벽에 붙인 집이건 지붕은 모두 슬레이트 지붕이다.

지난 밤중에 도착한 울란우데역에 몇 사람이 내려서 환영 나온 고려인들을 만났다고 한다. 석여와 나는 잠이 깊이 들어서 열차가 정차하고 사람들이 일부 내린 줄도 모르고 지나버렸다.

울란우데는 한때 극동공화국의 수도였던 곳이며, 몽골 쪽에서 시베리아철도를 타려 할 때는 이곳에 와서 바꾸어 타게 되는 교통의 요지이다. 울란우데의 옛 이름은 베르흐네우진스끄이며 우리 민족의 해방운동과도 연고가 깊은 곳이다. 「고려공산당연구」로 박사학위를 받은 임경석씨의 논문을 심사하면서 정확하게 알게 된 일이지만, 1922년 10월 15일에 이곳에서 상해파와 이르꾸쯔끄파의 두 고려공산당을 합치려는 대회가 열렸었다.

이 고려공산당 대회는 당초 이르꾸쯔끄에서 열릴 예정이었다. 그러나 당시 극동공화국의 수도이던 이르꾸쯔끄에서 조선 사람들의 공산당 대회가 공공연하게 열리면 극동공화국과 일본의 외교관계에 영향이 있으리라는 우려 때문에 베르흐네우진스끄, 즉 지금의 울란우데에서 열리게 되었다.

이 대회는 코민테른 제2차 조선문제결정서에 의해 소집되었고, 상해파의 이동휘·김 아파나시·윤자영·장덕수·최팔용 등과 이르꾸쯔끄파의 남만춘·한명세·김만겸·장건상·오하묵 등 총 120여 명이 참가해서 두 고려공산당의 통일 문제를 다루었다. 그러나 참석자의 자격 심사에서 불리해진 이르꾸쯔끄파가 대부분 탈퇴한 후 이르꾸쯔끄에서 별도의 대회를 엶으로써 결국 두 고려공산당의 통일은 실패하고 말았다.

울란우데에서는 또 몽골공화국에 사는 동포들이 약 20명 나와서 환영했던 것 같은데, 나가지 못해서 안타까웠다. 열차가 곧 이르꾸쯔끄에 도착한다고 해서 식당차에 가서 아침을 먹고 말로만 듣고 동경해오던 바이깔호를 본다는 설레는 마음으로 내릴 준비를 했다. 이윤구 박사가 이르꾸쯔끄에 내려서 만날 동포들에게 인사말 대신 읊을 시를 밤새워 지었다기에 낭송하게 하고 들었다.

그는 물론 전문적인 시인은 아니다. 그런데도 70객이 이 먼 곳에서 동포들을 만나고 또 바이깔호를 본다는 감상에 젖어 밤을 새워서 열정적인 시를 써서 읊는 것을 듣고, 젊은이 못잖은 그의 정열에 감탄했다. '회상의 열차'를 탄 의미있는 여행이 그렇게 만든 것일 게다.

이윤구 박사의 시를 듣고 느낀 점이다. 500만 내지 700만 명이나 되는 우리 민족이 전세계에 흩어져 살게 된 것은, 물론 중세사회 말기의 생활고와 그후 일제강점시대의 박해 때문이었다.

굶주림에서 벗어나기 위해 새로운 생활 터전을 찾아갔고 또 민족해방투쟁을 하기 위해 해외로 나가기는 했지만, 그것만이 이유가 아니라고 생각했다. 우리 민족에게는 그만한 진취성·모험성·개방성 등이 있었으며, 그것이 폭넓은 해외동포사회를 형성하게 한 저력이 아닌가 생각해봤다.

일제강점시대와 분단시대를 차례로 겪으면서 동족상잔까지 치른 20세기는 민족사적으로 전에 없이 불행한 세기였다. 그 때문에 많은 동포들이 해외에 흩어져 살면서 온갖 고통과 수모를 겪어야 했다. 그러나 21세기에 들어서게 되면 불행한 역사의 소산물만이 아니라 민족적 진취성과 모험성의 소산물이기도 한 해외동포사회가, 오히려 전체 민족사회의 한 활력소가 되어 국내외를 막론한 우리 민족사 전체를 진취적인 방향으로 끌고 갈 수 있는 힘의 일단이 되리라 생각해보기도 한다.

더구나 인류의 역사가 발달할수록 그렇다고 생각하지만, 21세기는 20세기보다 국경의 벽이 훨씬 더 낮아지게 될 것이다. 따라서 세계사적으로도 정치적 부분의 기능은 점점 약해지는 반면 각 민족사회가 가진 문화적 부분의 기능이 점점 강화되어간다고 생각할 수 있다.

정치성이 강한 시대에는, 특히 제국주의가 날뛴 시대에는 어느 한 민족이 다른 민족사회에 옮겨가서 살게 될 때, 그 고유의 문화를 유지하기보다 옮겨가서 사는 사회의 정치적 압력에 의해 그곳 문화에 쉽게 동화되게 마련이었다.

그러나 정치성보다 문화성이 강하게 작용하게 되는 시대에는 다른 나라에 옮겨가서 사는 사람들도 그 고유의 모국 문화를 그대로 유지하면서 살게 되고, 그것이 옮겨가서 사는 지역의 문화를 다양하게 하는 데도 도움을 주게 될 것이다.

어제 식당차에서 고려인 작가 김 아나똘리 씨와의 대화에서도 말한 것과 같이, 일제강점시대나 민족분단시대에는 해외동포들, 특히 중국에 사는 동포나 구 소련권에 산 동포는 모국과의 관계가 소원해진 속에서 모국 문화를 거의 잊어버리고, 이주해 사는 현지 문화에 동화되는 경우가 많았던 것이 사실이다.

모국이 통일되고 경제적으로 또 문화적으로 발전하게 되면 특히 젊은 해외동포들의 모국 문화를 배우려는 열의가 자연히 높아질 것이라고 생각한다. 당장 김 아나똘리 씨가 자기 아들을 한국에 보내어 모국말과 문화를 배우게 하겠다고 한 일들이 그것을 잘 말해준다.

이르꾸쯔끄역에서 이곳 고려인 동포들의 환영회가 있었다. 다음은 고려인이 아닌 한국인이라 생각되는 젊은이에 의해 — 확인하기 어려웠다 — 통역된 이곳 고려인 대표의 환영사다.

존경하는 여러분, 이곳 이르꾸쯔끄시에 오신 것을 러시아에 사는 모든 고려인들을 대표하여 진심으로 환영합니다. 이곳 이르꾸쯔끄는 처음으로 항일투쟁 독립운동부대가 창설된 곳이며, 러시아 시베리아의 원수이자 조선의 원수였던 일본에 맞서 투쟁한 도시이기도 합니다.

이곳 이르꾸쯔끄는 아름다운 앙까라강이 흐르고 있으며, 또 바이깔 호수가 있는 아주 아름다운 도시입니다. 이 도시는 1937년 가을에 고려인들이 극동에서 중앙아시아의 까자흐스딴으로 옮겨갈 때 잠시 들른 곳이기도 합니다.

'회상의 열차'에 참가하신 여러분들과 세계에 있는 모든 한인들 그리고 한국 국민과 러시아 국민들은 이것을 좋은 계기로 해서 모두 화합할 수 있게 될 것이라 생각합니다.

또 오늘은 러시아의 다른 여러 민족과 세계의 모든 다른 국가가 화합하여 러시아의 정치발전과 경제발전에 기여하리라는 것을 다시 한번 확인할 수 있습니다.

러시아 국민으로서 러시아에 살고 있는 한인이 '회상의 열차'를 타고 온 모국 동포에게 할 수 있는 내용을 대체로 갖춘 환영사라고 생각되었다.

다음에는 이르꾸쯔끄시의 관리라고 생각되는 사람의 환영사가 있었는데, 고려인 여성의 통역이 아주 서툴러서 의사전달이 잘 되지 않았다. 녹음된 그대로를 옮겨보면 다음과 같다.

한국에서 미국에서 그리고 일본에서 온 한국 사람들에게 감사의 말씀을 드립니다. 조상들이 고생한 것을 기념하기 위해 이르꾸쯔끄에 오신 것을 환영합니다. 앞으로는 우리 러시아에서 그런 일이 —강제이주— 생기지 않기를 바라고 있습니다.

우리 이르꾸쯔끄에는 우리 러시아 사람들과 함께 고려인들이 살고 있는데, 그 고려인들 중에는 큰일을 많이 하고 성공도 많이 한 뛰어난 사람들이 많습니다. 그중에 한 사람은 여기에 나오신 박사님이고 또 한 사람은 이르꾸쯔끄시 국회의원이 되어 지금 모스끄바에서 활동하는 사람입니다. 아시다시피 이곳에는 여러 민족이 살고 있습니다만 그들이 모두 화목하게 살기를 바랍니다.

한국의 배재대학교에서 이곳에 교환교수 형식으로 와 있다는 김익환 씨와 이야기를 나누었다. 그의 말에 의하면 배재대학교에서 이 이르꾸쯔끄에 시베리아·코리언 센터를 개설했고, 또 이르꾸쯔끄 국립대학과 자매결연해서 개설된 한국어과에 2학년까지 25명의 학생이 있으며, 그밖에 여러 학술·문화 교류를 활발하게 하고 있다고 했다. 또 배재대학교 여학생 8명이 유학 와 있다고 했다.

이때 가슴에 김일성 배지를 단 노동자를 자처하는 북한 동포 한 사람을 만나서 그와 몇 마디 대화를 나누었다.

"여기 온 지 몇 년이나 되었습니까?"

"3, 4년 되었습니다."

"여기서 무슨 일을 합니까?"

"집짓는 건설을 합니다."

"이름이 무엇입니까?"

"김○○입니다."

"조선에서는 고향이 어디입니까?"

"평안남도 순천입니다."

"여기에 북쪽 동포들이 얼마나 나와 있습니까?"

"많아요. 한 1만 명 분산되어 있습니다."

"그렇게 많이 나와 있어요? 그러면 여기에 영사관 같은 것이 있습니까?"

"네, 있어요. 사장(?)도 있고요."

"한번 나오면 얼마쯤 있다가 돌아갑니까?"

"3, 4년 있다가 돌아갑니다. 나도 이제 갈 때가 되었습니다."

"돈벌이가 좋습니까. 잘됩니까?"

"괜찮습니다."

"여기서 3,4년 있다가 가면 형편이 많이 나아지겠네요?"

"네, 많이 나아집니다. 국가에서 자그마한 땅도 보태주고요."

"나올 때는 어떤 사람이 나옵니까? 무슨 시험을 칩니까, 어떻게 선발을 합니까?"

"시험도 치고 가정도 좋고 신분도 좋고 러시아말도 할 줄 알고 해야합니다."

"이르꾸쯔끄말고 러시아의 다른 지방에도 많이 나와 있습니까?"

"네, 많이 나와 있습니다. 장사하러가 아니고 건설하러 나와 있습니다."

"지금 몇 살입니까?"

"서른다섯 살입니다. 편지가 오고 갑니다만 처자식들이 보고 싶어요."

"4년 동안에 한 번도 못 갔군요?"

"못 갔어요."

"이제 곧 갈 때가 되었다니까."

"그래요."

"여기서 만나서 반가웠습니다."

우리 일행 중 다른 한 사람이 그에게 물은 바에 의하면, 한 달에 200달러 벌어서 국가에 100달러 바치고 100달러는 스스로 가진다고 했다한다. 김○○씨는 얼마 전의 우리 남쪽 젊은이들같이 머리를 조금 길게 길렀는데 명랑하고 밝아서 아주 좋은 인상이었다.

북한 노동자 김○○씨와 만나는 과정에 웃지 못할 일이 하나 있었다. 우리 일행 중 어느 나이 많은 한 분이 — 뒤에 알았지만 그는 북한 출신의 예비역 육군 소령이었다 — 김○○씨에게 나는 당신을 해칠 사람이 아니니 겁내지 말고 이야기하자고 한 일이다.

김○○이란 사람은 물론 처음부터 전혀 겁내는 것 같지 않았고 겁낼 이유도 없는 것 같았다. 겁난다면 김일성 배지를 달고 우리 일행 속에 들어올 리도 없고, 대화에 응할 리도 없지 않겠는가. 그런 북쪽 젊은이에게 우리 쪽에서 오히려 겁내지 말라 했으니, 6·25전쟁을 겪은 남쪽 노년층의 노파심이 드러난 것 같아서 오히려 착잡한 마음이었다.

이르꾸쯔끄에서 싸운 남만춘부대 이야기

여기에서 이르꾸쯔끄 국립사범대학교 역사학부의 박 보리수 교수를 만났다. 앞에서 말한 이르꾸쯔끄시 관리의 환영사에서 소개한 성공한 고려인으로 예를 든 박사가 바로 그를 가리킨 것이 아닌가 한다.

작년에 인하대학교가 개최한 한국학 국제학술회의에 참가했을 때 만났던 사람인데, 미처 몰라보고 다시 이름을 물었다. 서로 몰라보기는 그도 마찬가지였다.

그는 이르꾸쯔끄에서 유일하게 우리 역사를 전공한 사람이다. 그는 손녀라는 말을 잘 몰라서 아들의 딸이라고 표현하는 정도였지만, 어떻든 일상용어는 우리말로 할 수 있었다. 그러나 우리말로 강의할 정도는 안 되어서 이르꾸쯔끄에서의 우리 민족해방운동사를 설명할 때는 러시아어로 말하고 통역을 시켰다.

다음은 1910년대의 러시아혁명 과정에서 이르꾸쯔끄 중심의 우리 민족해방운동군이 러시아 적군과 함께 백군 및 일본군과 싸운 현장에서의 박교수의 생생한 설명이다.

이르꾸쯔끄시의 중심부로 앙까라강이 흐르고 이름은 잊었지만 그 강

위로 큰 다리가 놓여 있었다. 우리 일행은 박교수의 설명을 바로 그 다리 밑 둔덕에서 들었다.

"1917년에 앙까라강 왼쪽에는 붉은 군대가 주둔하고 있었습니다. 여러분이 현재 서 있는 이곳이 백군이 주둔했던 곳입니다. 이 다리가 옛날에는 배가 지나가면 열리는 그런 다리였습니다. 즉 개폐식이었는데 개폐식이 아닌 지금의 이 다리는 1937년도에 다시 건설된 것입니다. 1917년 12월에 이곳에 주둔해 있던 백군이 다리를 건너서 붉은 군대가 있는 쪽으로 진격하려고 했습니다. 오른쪽에 있던 붉은 군대가 백군에게 점령당할 위험에 빠지자 최전방에 고려인으로 구성된 25명의 병사를 투입했습니다. 이 다리를 방어하기 위해 최전선에 고려인 병사들을 투입한 것입니다. 투입되었던 고려인 25명은 그 전투에서 모두 전사했습니다. 이 다리는 역사적으로 러시아와 우리 고려인들에게 중요한 다리입니다. 이때 고려인 부대의 지휘관은 남만춘(南萬春)이었습니다."

누군가가 박교수에게 질문을 했다.

"혹시 그의 무덤이 있습니까?"

"그는 그때 여기에서 죽지는 않았습니다."

전투 현장에서 이윤구 박사의 발의로 용사들의 명복을 비는 묵념을 올리면서 착잡한 마음을 금할 수 없었다. 여행에서 돌아와 확인한 『한국사회주의운동인명사전』에 의하면, 남만춘(1892~1933)의 경력은 다음과 같다.

그는 러시아 극동지역의 아무르주에서 태어나 중등학교에 다니던 1910년경부터 짜르 러시아에 반대하는 비밀 혁명활동에 참가했다. 제1차 세계대전 때 러시아 군대에 징집되었다가 단기사관 양성교육을 받고 러시아군 장교가 되었다.

1917년 2월혁명 후 연대 쏘비에뜨 군사위원이 되고, 그해 5월에 러시아 제536연대의 1개 중대를 지휘하여 싸우다가 부상을 입었다. 이후 그는 백위파의 추적을 피해 이르꾸쯔끄로 옮겨갔다. 그는 1921년 고려공산당 이르꾸쯔끄파 창립대회에도 참가했고, 코민테른 제3차 대회에도 출석했으며, 앞에서 말한 1922년 베르흐네우진스끄 고려공산당 연합대회에도 참가했다.

1923년에는 러시아공산당 극동국 소수민족부장을 지냈고, 1925년에는 코민테른 극동국 고려부원으로서 상해에 파견되기도 했다. 그러나 1929년 소련공산당 숙청 때 출당 처분을 당하고 한때 복당되었다가 1933년 숙청 때 다시 체포되어 옥사했다.

『한국사회주의운동인명사전』에서 1917년 "5월 러시아군 제536연대의 1개 중대를 지휘하여 싸우다가 전투 중 다리 부상을 입었다"고 한 부분이 바로 박 보리수 교수가 설명한 앙까라강 다리에서의 전투를 말하는 것이 아닌가 생각되었다.

러시아 땅에서 태어난 고려인들이 조국해방을 위한 하나의 방법으로 적군(赤軍)에 투신하여 백군 및 일본군과 싸우다가 바로 그 소련공산당에 의해 숙청되고 사형되는 경우가 허다했다. 남만춘도 그 한 경우였던 것이다.

남만춘의 가족과 관계있는 후일담이 하나 있다. 여운형(呂運亨)이 모스끄바에서 열린 원동민족근로자대회에 참가하기 위해 1921년 겨울에 고비사막을 지나 외몽골의 수도 고륜(庫倫: 울란바토르)에 도착했을 때의 일이다.

외몽골인 에린치노프란 사람을 만났는데, 그는 모스끄바에서 오랫동안 법률을 연구하고 돌아와서 당시 몽골 사회주의 혁명정부의 최고 고문으로 있는 사람이었다. 그의 부인 마루사 남(南)은 블라지보스또끄

태생으로서 바로 남만춘의 둘째 여동생이었다. 모스끄바에서 미술을 연구하고 있을 때 에린치노프와 서로 알게 되어 마침내 국제결혼을 한 후 남편을 따라 외몽골로 온 것이다.

에린치노프 부부가 여운형 일행을 만찬에 초대했는데, 마루사 남은 치마저고리를 입고 두어 달 된 어린아이를 유모에게 안기고 나와서 러시아 민요를 훌륭한 실력으로 불렀다고 한다. 서로가 영어로 대화했으나 마루사 남이 "차무르 잡수찌" 하고 서툰 우리말로 홍차를 권하던 일이 인상적이었다고 여운형의 여행기는 쓰고 있다.

한국에서 이곳에 와서 공부하고 있는 박 보리수 교수의 제자라는 강성국씨의 설명에 의하면, 이르꾸쯔끄시는 인구 약 70만의 시베리아 중심도시요 교육도시로서 종합대학이 있고 외국어대학·사범대학·공과대학 등이 있으며, 또 경제아카데미라는 단과대학이면서 종합대학과 같은 제도로 된 대학이 있다고 했다.

총 연장이 약 80킬로미터나 되고 수심이 1646미터나 된다는 바이깔호에는 민물 물개가 살고, 수량이 풍부하여 발전량이 많기 때문에 전깃값이 아주 저렴하다고 했다.

하바롭스끄에서도 그랬지만, 러시아의 도시들에서 칼 맑스나 레닌 거리를 찾으면 그것이 가장 중심거리라 했다. 모스끄바에서는 맑스나 레닌 거리가 없어졌지만 이르꾸쯔끄에는 그냥 있다고 했다. 그것이 좋다는 것인지 싫다는 것인지 분명히 말하지는 않았지만 좋다는 뜻으로 느껴졌다. 박 보리수 교수가 느릿느릿한 우리말로 다음같이 설명했다.

"이 도시는 많은 조선 한국 혁명가들이 정배(定配) 와 있던 도시입니다. 1910년에 블라지보스또끄에서 이범윤(李範允)을 정배를 보냈습니다. 해방 후 한국의 국무총리를 지낸 이범석(李範奭)도 1910년(?)에 정배 왔다가 갔습니다.

역사적으로 보면 1922년에 이르꾸쯔끄의 음악극장에서 이르꾸쯔끄 고려공산당이 조직되었습니다. 그것은 남만춘과 김만겸이 조직했습니다. 또 하나의 고려공산당은 상해에서 조직되었습니다. 그것은 이동휘와 박진순(朴鎭淳)이 조직했습니다. 그때부터 조선 혁명 대열이 두 파로 갈리게 되었습니다.

　1920년부터 이르꾸쯔끄에서 고려군사부대가 조직되었습니다. 이 부대가 이르꾸쯔끄부터 일본군을 공격하며 하바롭스끄·이만·스빠스끄·블라지보스또끄까지 갔습니다. 1922년 10월에 일본군을 쫓을 때 붉은 군대와 같이 조선 빨치산들이 블라지보스또끄까지 진격해 갔습니다.”

　앞에서 말한 일본군의 시베리아 출병과 철병 때를 말하는 것 같다. 다음은 강성국씨의 설명이다.

　“여기에는 북한 사람들이 노동자로 많이 오는데, 금년에는 얼마나 왔는지 정확하게 모르지만 작년에 약 100명 정도 왔습니다. 1만 5천 루블 내지 2만 루블 정도 받는데, 일반 주택에서 살지 않고 어렵게 삽니다.”

　1931년생이라는 박 보리수 교수의 말이다.

　“그분들 몇분을 만났습니다. 아주 형편이 딱합니다. 월급이 거반 평양 정부로 갑니다. 그러나 그들은 조국을 위해 김일성을 위해 여기 와서 일한다고 말합니다. 그 지도자는 이르꾸쯔끄시에 있고 노동자들은 딴 곳에 있습니다.”

1920년대 연해주 지역 조선인 유격대 활동

　이르꾸쯔끄에서 남만춘이 인솔하는 조선인 유격대가 적군을 도와 백군과 싸운 역사를 들었지만, 이쯤에서 1920년대 초기 시베리아 지역에서 게릴라 전투를 벌인 조선인 유격대의 활동에 대해 알아보기로 하자.

앞에서도 많이 인용한 김 블라지미르 씨의 저서『재소한인의 항일투쟁과 수난사』에는 이 시기의 게릴라 투쟁에 참가했던 박청림이 뒷날에 쓴 회고록이 실려 있다. 먼저 박청림의 이력을 간단히 소개하기로 한다.

그는 1899년 강원도 철원군의 빈농 집안에서 출생하여 20세가 되어서야 초등중학을 졸업할 수 있었다. 그는 3·1운동에 참가했다가 일본 경찰의 체포를 피해 다른 일행과 함께 그해 6월에 두만강을 건너 연해주로 들어갔다.

그는 곧 이곳의 조선인 유격대 혈성단(血誠團)에 참가하여 투쟁했고, 러시아혁명 과정의 적군과 백군 사이의 전쟁 이른바 국민전쟁이 끝나고 난 후에는 블라지보스또끄 근처의 성냥공장에서 근무했다.

1924년에 그는 모스끄바 동방근로자 공산대학에 들어가서 3년 후에 졸업했고, 그후 니꼴라예프까 구역 농공연합기업소의 감사, 하바롭스끄시에서 발간된 조선말 신문『선봉』의 농업부장, 연해주 미하일로프까 쑨 원협동농장 정치차장 등으로 근무했다.

그도 스딸린 숙청 때 체포되어 중앙아시아 및 꼬미 자치공화국의 수용소에 12년간이나 수용되었다. "한랭한 시베리아의 기후, 차고 음산한 수용인 합숙, 추잡한 강제노동, 이 무서운 고생 속에서도 그는 살아남아서" 1958년에야 명예회복이 이루어졌다.

그동안 "남편과 억울한 생이별을 한 아내는 생활고와 슬픔에 시달려 숨졌고, 아들은 행방불명되었다." 노년의 그는 블라지보스또끄의 양로원에서 여생을 보내다가 1991년 8월에 92세를 일기로 타계했다. 그는 구 소련의 국회의원을 지낸 고려인 김영웅 등의 노력으로 특별연금을 탈 수 있게 되었으나 한 번도 타보지 못하고 타계하고 만 것이다. 이제 그의 투쟁 경력을 들어보자.

1920년대 초기 시베리아 지역에서 러시아 적군을 도와 백군 및 일본군과 싸운 조선인 유격대, 고려혁명군의 활동이 어느정도 알려져 있었지만, 이렇게 구체적으로 쓴 기록을 대하기는 처음이 아닌가 한다.

박청림 등은 독립운동에 참가하기 위해 두만강을 건너 수이푼군(현재의 옥짜브리 지역) 밀림지대에 자리잡은 조선인 마을에 기지를 둔 유격대에 도착했다. 국내의 3·1운동 참가자라 했더니 두말없이 독립군에 입대시켜주었다.

박청림 등이 입대한 유격대의 창건자요 부대장인 권국모는 오호쯔끄에서 게릴라부대를 만들기 위해 자금을 모아온 사람이었고, 지휘관이된 채영은 중국 광동의 밤푸시 사관학교를 졸업한 사람이었으며, 뒷날독립군 참모장이 되는 한일재는 국내 함흥에서 이름난 사회활동가로게릴라부대에 참가하기 위해 망명한 사람이었다.

박청림 등은 처음에는 목총으로 훈련을 했다. 현지에 사는 고려인 청년들이 이 유격대에 입대해 왔는데, 그들은 대부분 러시아 국적을 가졌고, 러시아 군대에 복무한 전투 경험이 있는 사람들이었으며, 총과 군마(軍馬)도 가져왔다. 이들의 친척들은 게릴라부대에 식량과 의복 등을공급해주었다.

이 시기 연해주 지역의 조선인 유격부대 병영은 뿌질롭까, 꼬르사꼽까, 시넬니꼬보, 솔밭관(꼬르뜹까), 자파거우 등지에 배치되어 있었다.이곳들은 모두 천연의 요새여서 게릴라부대가 주둔하기에 적당했다.이 시기 시베리아에 출병해 있던 일본군과의 전투가 자주 있었는데, 조선인 주민들은 대체로 유격대를 도와주었으나, 부농(富農)들은 일본군편을 드는 경우도 있었다.

조선인 유격대는 블라지보스또끄의 신한촌을 통해 체코인들과 접촉하여 장총 500자루, 탄알 3만 발, 중기관총 2문, 수류탄 2천 개, 권총 100자루, 군화 600켤레, 군인 외투 400벌, 대량의 의약품을 구입했다. 그 비용은 일본 돈으로 10만 엔이나 되었는데, 7만 5천 엔 상당의 순금 50킬로그램과 2만 5천 위안 상당의 중국 은전으로 지급했다. 오호쯔끄 금광에서 일하던 이영성이란 사람이 순금 50킬로그램을 가지고 와서 독립군에 입대함으로써 해결될 수 있었다.

박청림이 경험한 처음 전투는 조선인 부농들과의 싸움에서 시작되었다. 대한제국시대의 황실경호원이었던 최영호가 남만주에서 게릴라부대를 조직하여 이끌고 반일투쟁을 위해 연해주 지역 자리꼬보촌(村) 부근으로 왔는데, 부농 그룹의 불의의 공격을 받아 유격부대가 포로가 되고 유격부대장 최영호가 잔혹하게 죽임을 당한 일이 있었다.

이 소식을 들은 박청림이 소속된 유격부대가 마을을 공격하여 부농 5명에게 사형을 언도하고 다른 3명에게 거액의 벌금을 물렸다. 이를 안 일본군이 공격해왔고, 이철남·한일재가 지휘하는 유격대가 중기관총 4문과 장총 300자루로 대응하여 300자루 이상의 장총과 많은 일본 돈을 노획하는 전과를 올렸다.

하바롭스끄 거리에 이름이 붙은 김유천이 척후부대장으로 활약한 이 유격대는 1920년에 들어서서도 뿌질롭까에 주둔하고 있는 일본군을 강필립이 지휘하는 기마병 120명으로 공격하여 크게 이겼다. 그러나 조선인 유격대 전사들도 30명이나 전사하여 그곳 밀영(密營)의 합장묘에 모셔져 있다.

1920년에 이 부대를 지휘하던 최영이 — 그는 중국의 쑨 원정부가 세운 남경사관학교를 졸업했다고 한다 — 그 활동무대를 이르꾸쯔끄로 옮기게 되자, 김경천(金擎天)이 다시 이 부대의 지휘관으로 부임했다. 뒷날 동북항일연군 속의 조선인 부대 지휘관 김일성(본명 김성주)이 가짜라고 생각하는 사람들에 의해 '진짜 김일성 장군'으로 지목되기도 한 김경천은 본명이 김광서(金光瑞)이다.

서울 출신으로 중동중학을 거쳐 일본 육군사관학교를 졸업하고 일본군 기병중위로 근무하다가 3·1운동 후 이청천(李靑天)·유동열(柳東說) 등과 함께 망명하여 민족해방운동전선에 참가했다.

망명 당초에는 만주에서 서로군정서의 교관으로 활동하다가 1920년 초에 그 활동무대를 연해주로 옮겨갔다. 수찬강 하구에 와서 동포들의 협력을 받아 다우지미촌(村)에 오게 되었다. 이곳에서 유격대의 훈련관으로 활동하기 시작했는데, 1921년 초에 박청림이 소속된 게릴라부대의 지휘관으로 부임한 것이다.

김경천이 지휘하는 이 유격부대는 도처에서 때로는 러시아 적군과 연합하여 일본군 및 백위군과 싸웠다. 1921년 8월 러시아 나자렌꼬 부대와의 연합작전을 앞두고 김경천 부대장은 다음과 같이 연설했다.

> 이국 땅에서 우리의 철천지원수 일본군을 공격하고 조국의 자유와 독립을 달성하는 것이 우리들의 목적입니다. 일본군은 조선을 강점한 것처럼 러시아의 광활한 극동지역을 점유할 목적으로 이곳에 온 것입니다. 때문에 우리들은 러시아 형제들과 합세하여 10만 명의 사무라이 대군을 격멸해야 합니다. 합심이 승리의 담보일 것입니다.

조선인 유격대는 1921년 11월 14일경 선박을 이용하여 올가강으로 공격해 오는 일본군 및 백위군과의 전투에서 큰 피해를 입었고, 다시 이만 지역 전투에서 49명이 전사하는 피해를 입었다.

이만 지역을 중립지대로 하는 협정이 체결되었는데도 일본군과 백군은 이 지역을 공격했고, 적군이 후퇴하면서 이만철도 지역을 수비하는 조선인 유격대 51명에게 후퇴 명령을 전하지 못했다.

이 조선인 유격대는 몇백 배나 되는 적과 몇 시간이나 싸우다가 탄환이 떨어져 육탄전을 벌였고, 결국 2명만이 살아남고 49명이 모두 전사했다. 적들이 부상자를 확인 사살한 속에서도 16군데나 총상을 입은 마충걸 병사가 현지인들의 구원으로 살아남았다.

마충걸은 뒷날 레닌그라드 국제사관학교를 졸업하고 홍군에 복무했다. 1950년에 조선인 유격대원들이 전사한 자리에 한운영·한진천 등 전사자 49명의 이름을 새긴 기념탑이 세워졌다.

김경천이 지휘하는 조선인 유격대는 1922년 2월 6일 이만 부근에서 러시아 홍군부대와 협력하여 적을 물리쳤으나, 이 전투에서도 조선인 유격대원 12명이 전사했다.

1922년 7월에 김경천 부대는 러시아 국민전쟁 종식을 위해 적극 참전했고, 김경천은 연해주에서 활동하는 조선인 유격대의 총지휘관으로 임명되었다. 연해주의 전체 조선인 유격대원들이 뽀시예뜨촌에 집결하게 되었는데, 반일운동 지원자들이 3천 명이나 집결했다.

이 무렵 일본군 부대가 조선인촌 솔밭관을 습격했다는 소식을 듣고 조선인 유격대가 출동했으나 일본군은 도망친 후였다. 조선인 유격대원들은 일본군이 파괴한 조선동포들의 집을 복구해주었고, 다시 시지미촌 부근에서 백군과의 전투에서 적 300여 명을 무찔렀다.

이 해 12월 말에는 조선인 유격대의 해산과 국민전쟁 참가자 귀가에 대한 우보레비쯔 총사령의 명령이 내렸다. 이리하여 4년간에 걸친 연해주 지역에서 조선인 유격부대의 무장독립운동은 끝나게 되었다. 그러나 조선인 유격대원의 상당한 부분은 독립운동을 계속하기 위해 만주와 조선 등지로 잠입했다.

박청림은 이후 블라지보스또끄의 동방노동학원에 입학했고, 김유천·

김황탁·김춘완 등은 레닌그라드 국제사관학교에 입학했으며, 다른 전우들은 스꼬또보 촌에 남아 황무지를 개척하여 협동농장을 세웠다.

러시아의 대학교수 생활을 듣다

러시아의 대학은 5년제라는데, 박 보리수 교수가 근무하는 이르꾸쯔끄 국립대학의 입학금은 2000달러에서 2500달러쯤 되며 해마다 올라간다고 한다. 1학년 들어갈 때의 학비 액수가 5년간 유지된다고 한다.

초등학교는 7세에 들어가서 11학년까지 있는데, 4학년이 없고 3학년에서 5학년으로 바로 올라가며, 3학년에서 학점을 이수하지 못한 학생들이 다시 1년간 공부를 하고 5학년에 올라가 11학년이 되면 졸업을 하고 17세에 정식으로 대학에 들어갈 수 있다고 한다. 또 13세가 되면 일반 직업학교에 들어가 일을 할 수 있다고 한다.

박 보리수 교수는 따슈껜뜨에 있다가 1966년에 이르꾸쯔끄로 왔다고 한다. 다음에 상세히 나오겠지만 따슈껜뜨에는 김병화 꼴호스가 있는데, 박교수는 그곳 중학교에서 62년까지 있다가 그해에 모스끄바 국립사범대학 역사학부로 공부하러 가서 65년에 졸업하고 66년에 이르꾸쯔끄로 왔다고 한다.

그는 밀양 박씨라 했다. 그는 이곳에서 동양 여러 나라 역사 즉 한국·일본·중국·인도차이나 등의 역사를 가르친다고 했다. 우리글을 읽을 수 있느냐고 물었더니 조금 읽을 수 있다기에 내가 쓴 『한국근대사』와 『한국현대사』를 보내주겠다고 약속했다. 그가 러시아어로 쓴 『제정 러시아의 고려인』과 『쏘비에뜨 러시아의 고려인』 두 책을 기증받았다.

박 보리수 교수의 경우에서 비교적 성공한 고려인 지식인의 경우를 볼 수 있을 것 같아서, 바이깔호로 가는 버스 안에서 그와 여러가지 대화를 나누었다. 박교수의 조상은 1869년에 러시아로 왔다고 한다.

조선 사람들이 러시아 땅에 처음 온 것은 1863년경이라 보고 있으므로, 그는 초기 이민의 후손이라 할 수 있다. 1869년에 함경도에 눈이 많이 와서 농사가 안 되었는데, 그 한 해에 7천 명이 국경을 넘었다고 한다.

박교수는 딸만 둘을 두었다고 했다. 하나는 레닌그라드에 있으며 역사학 박사로서 우리 역사를 전공하고, 하나는 의사로서 그와 함께 살고 있는데 모두 결혼하지 않았다고 했다. 그에게 역시 시베리아 고려인 부대의 존재에 대해 물어봤다.

"1935년경까지 시베리아에 고려인으로 된 두 개의 군사부대가 있었다던데 사실입니까?"

"사실입니다."

"몇년도까지 어디에 있었습니까?"

"1936년도에 없어졌습니다. 하나는 레닌그라드에 있었는데 지휘관은 오하묵(吳夏默)이었고 또 하나는 원동에 있었습니다."

"몇 명이나 되는 부대였으며, 원동 시베리아에 있었던 부대의 지휘관은 누구였을까요?"

"부대원 수와 원동부대 지휘관은 잘 모르겠습니다. 1936년에 왜 없어졌는가 하니까 35년에 소련과 일본이 조약을 꾸몄습니다. 그 조약에서 소련 안에서 일본에 반대하는 조직을 없앤다는 약속을 소련이 했습니다. 그래서 조선인 부대가 없어지게 된 것입니다.

해방이 된 후 스딸린이 소련 안에 있는 고려인 중에서 지식이 있는 사람을 골라 북한에 보내려 했습니다. 그러나 고려인 지식인들은 37년의 숙청에서 모두 죽었고 남은 지식인들이란 주로 교사들밖에 없었습니다. 그래서 그런 사람들을 골라서 북한에 보냈습니다."

"그다음에, 김일성·최용건·최현 이런 사람들이 만주에서 동북항일연군으로 활동하다가 1940년에 하바롭스끄 근방으로 들어오게 되지요. 주보중(周保中) 이하 중국사람들도 같이 들어오지 않습니까. 그때 김일성을 중심으로 하는 조선 사람들이 몇 명이나 들어왔다고 생각하십니까. 혹시 듣거나 확인한 일이 있습니까?"

"김일성이 러시아에 들어와서 군사학교에 다녔고 그때 하바롭스끄에서 김일성 아들이 태어났지요."

"김일성이 다녔다는 군사학교는 모스끄바에 있었습니까?"

"아니오. 하바롭스끄에 있었지요. 45년에 쏘비에뜨 군대가 조선으로 들어갈 때 김일성이 소련 군대……"

이후에는 녹음이 되지 않았다. 정작 알고 싶은 것은 동북항일연군이 소련으로 갔을 때 그 수가 얼마나 되었는가 하는 문제였으나 답을 들을 수가 없었다. 김일성이 다녔다는 군사학교는 아마 88여단을 두고 말하는 것이 아닌가 한다.

그리고 박교수는 1935년에 소련과 일본이 조약을 맺었고, 그 조약에 소련 내의 반일조직을 없앤다는 약속이 있었다고 했으며, 그것이 조선인 부대를 없애게 되는 원인이 되었다고 했는데, 이 말에는 약간의 의문이 있다.

'만주사변'을 일으킨 일본이 만주를 반식민지로 만든 후, 소련과의 사이에 국경분쟁이 자주 일어났다. 1935년 6월에 소만국경지대의 양목림자(楊木林子) 부근에서 소련군과 일본군 사이에 총격전이 벌어졌고, 같은 해 10월에도 수분하(綏芬河) 북쪽에서도 무력 충돌이 일어났다.

소련과 일본 사이에 무력 충돌을 방지하기 위한 교섭이 계속되었으나 국경문제에 대한 양국의 의견이 대립되어 교섭에 진전이 없었다. 그러다가 1936년 11월에 독일과 일본 사이에 방공협정이 체결됨으로써 일·소 교섭은 실패하고 이후 1938년 7월 장고봉(張鼓峰)사건 등이 계속되었다.

러시아혁명 과정에서 적군과 함께 투쟁했던 고려인 게릴라들은 혁명전쟁이 끝난 후 해체되었다고 알고 있는데, 그후 1930년대까지 어떻게 해서 조선인 부대가 있을 수 있었는가, 그러다가 또 어떻게 해서 이 부대들이 없어지게 되었는가 하는 문제는 앞으로 더 연구되어야 분명해지겠지만, 아마 1937년 스딸린의 숙청과 관계가 있는 것이 아닌가 한다.

박교수와의 대화가 계속되었다.

"러시아에서도 교수가 몇 살이 되면 그만두어야 한다는 그런 규정이 있습니까?"

"누구나 60세가 되면 그만두어야 합니다. 그러나 정교수로서 건강하면 언제까지나 계속할 수 있습니다. 교수에게는 그런 권한이 있습니다."

"1주일에 강의를 몇 시간쯤 합니까?"

"그게 여러가지입니다. 교수는 1년에 660시간을 강의해야 합니다."

"그렇게 많지 않군요."

그렇게 말했으나 뒤에 따져보니 한국 대학교수의 연간 책임시간 약 330시간보다 두 배가 많았다.

"많지 않습니다. 연구도 하고 책도 써야 하니까요."

"나는 1933년생입니다. 선생은 31년생이라 했지요. 우리 나이의 교수면 월급이 몇 루블쯤 됩니까?"

"평교수의 경우 150만 루블 — 1달러는 약 6천 루블 — 됩니다. 아주 나쁜 대우지요. 큰 학자들이 대학에서 다른 일자리를 찾아가는 경우가 많습니다. 형편이 이렇게 되고 말았습니다."

"러시아에서는 대학교수가 되려면 어떻게 해야 합니까?"

"대학을 졸업하고 박사가 될 연구를 해서 박사가 되어야 합니다. 박사가 아니면 교수가 못 됩니다."

"박사가 된 사람은 모두 교수가 됩니까. 박사가 되고도 교수가 못 된 사람들도 있습니까?"

"대부분 교수가 됩니다."

"대체로 대학을 졸업하고 박사가 되기까지 몇 년쯤 걸립니까?"

"그게 여러가지입니다. 의과대학은 6년이지만 일반 대학은 5년제입니다. 5년제 대학을 졸업하고 칸디닥터 과정 3년 마치고 3년을 더해야 박사가 될 수 있습니다."

"대학 졸업하고 박사가 되려면 빨라도 6년은 걸려야 한다는 말이 되겠군요?"

"6년 가지고는 어렵습니다. 10년은 걸려야 합니다."

마침내 말로만 듣던 바이깔호에 도착했다. 바이깔을 본 첫인상은 호수가 아니라 바다라는 느낌이었다. 박교수의 설명에 의하면 바이깔호에서 이르꾸쯔끄시 쪽으로 뻗어 있는 강이 앙까라강인데 바이깔은 어머니이고 앙까라는 딸이라고 한다. 딸 앙까라가 자꾸 뛰쳐나가려고 해서 어머니 바이깔이 못 나가게 하기 위해 돌을 던져 막았다는데, 그 돌이 지금도 남아 있다고 한다. 그러나 딸 앙까라는 그 막아놓은 돌을 넘어 흘러서 오늘의 앙까라강을 이루었다는 전설이 있다고 한다.

여름철 약 3개월 동안 바이깔에서 이르꾸쯔끄까지 유람선이 다닌다고 한다. 3개월 이외에는 얼음이 얼어서 못 다닌다고 하며, 9월인 지금도 다니지 않는다고 한다. 그러나 지금 당장 얼음이 얼어 있는 것은 아니다.

여름이 되면 밤 11시나 되어야 해가 지기 때문에 직장인들이 퇴근하고도 충분히 밭일 같은 것을 할 수 있다고 한다. 전체 러시아 국토에서 시간 차이가 열 시간 내지 열한 시간 있다고 하니, 그 영토의 넓음을 짐작할 만하다.

박교수와 함께 바이깔호가 한눈에 내려다보이는 언덕 위에 올랐다. 이 언덕 위에 아주 좋은 건물 하나를 짓고 있는 것을 볼 수 있는데, 박교수 말이 아마 러시아 신흥 부자의 별장이 아닌가 했다.

호수 건너편은 육지는 보이지 않고 수평선이 보일 뿐이며, 대형 수송선 한 척이 지나가는 것이 보인다. 호수라고 말해주지 않으면 바다라 할 수밖에 없다. 이 망망대해 같은 것이 호수라니 러시아 영토가 얼마나 넓은지 다시 한번 절감하게 한다.

또 직업병이 도져서 국가사회수의의 볼락 문제에 대해서 러시아의 역사학 교수, 즉 동업자인 박 보리수 교수와 대화를 나누어보기로 했다. 이 사람 저 사람 말을 들어보자는 생각에서.

"어려운 질문입니다만 선생님은 왜 소련이 무너졌다고 생각하십니까? 그 근본적인 이유가 어디에 있습니까? 그저 생각나시는 대로 말씀해주셔도 좋습니다."

"여러 공화국의 여러 민족이 자유를 찾으니까 그런 문제가 나왔다고 볼 수 있지요."

"사회주의체제 자체가 제대로 안 되고 무너진 것은 그 원인이 어디에 있습니까?"

"말하기 어렵습니다. 내 생각에는 공산주의로 넘어가자면 경제적으로 준비가 되어야 합니다. 경제적 준비 없이 어떻게 공산주의를 합니까? 1917년 혁명 후에 레닌이 무어라고 했는가 하니까 공산주의로 가기는 미숙하다 해서 신경제정책으로 넘어갔습니다. 그것이 무엇인가 하니까 오늘날 러시아가 지향하고 있는 것입니다."

"레닌 죽은 후에 스딸린이 그것 잊어버리고 꼴호스를 조직하고 사회주의로 넘어갔습니다 — 그는 이 경우는 공산주의와 사회주의라는 용어를 구분하지 않고 쓰는 것 같았다 — 준비 없이 넘어가니까 그저 강제로 다스렸습니다. 그래서 여러 민족들이 자유를 요구하게 되었습니다. 내 생각에는 그것이 소련이 무너진 이유 중 하나라 생각합니다."

"그렇게 말하면, 결국 맑스가 자본주의가 성숙해지고 그 모순이 충분히 축적되어야 사회주의혁명이 일어나고 다음에 공산주의사회로 간다고 했는데 그런 과정이 필요하다는 말입니까?"

"자본주의 시기가 경제적 준비기간입니다. 자본주의 없이는, 준비 없이는 안 됩니다. 몽골을 보십시오. 몽골 자본주의 없었어요. 몽골은 자본주의를 거치지 않고 인민혁명을 통해 사회주의로 가자고 했지요. 그러나 실패했지요. 그러니까 공산주의로 가려면 먼저 자본주의로 가서 잘 준비해가지고 넘어가야 한다고 할 수 있지요."

이 부분에서 녹음이 좀 끊어졌다. 중앙아시아 지방에 있는 우리 고려인들이 연해주 쪽으로 옮기는 문제와 자치주 설치 문제에 대해 질문을 했던 것 같은데, 그는 고려인들의 자치 공화국 건설 문제를 두고 이렇게 말했다.

"연해주 정부에서 절대 반댑니다. 러시아 땅에서 고려인들이 자기 공화국을 만들게 하겠습니까?"
"언제쯤의 이야기입니까?"

"약 5년 전의 이야깁니다. 이제 그 문제는 없어졌습니다."

이 문제에서는 앞에서 말한 'KGB 한'의 의견과 상당히 달랐다.

"중앙아시아에서는 종교가 이슬람이 아니면 어렵지 않겠습니까?"

"어렵습니다. 그래서 고려인들이 상위 자리에는 올라가지 못하고 밭에 나가 일하는 것밖에는 안 되겠지요."

"연해주 지방에 한국의 자본이 들어가서 공장도 세우고 하면 중앙아시아의 고려인들이 원동으로 옮겨가는 것이 좋다고 생각할 수도 있겠는데, 어떻게 생각하십니까?"

"옮겨가려면 자금이 있어야 하는데, 러시아 국가가 자금을 조달하기가 어렵지요. 구 소련 영내의 고려인이 총 45만 명쯤 되었는데, 그중 12만 명이 러시아, 4만 명이 사할린에 살고 나머지는 중앙아시아에 삽니다. 소련이 무너진 것이 고려인들에게는 아주 좋지 않게 된 것입니다."

박교수에게 자기 소유의 집에 사는가 국가 소유의 집에서 사는가를 물었더니, 국가 소유의 집에 산다고 했다. 또 이르꾸쯔끄시 전체를 두고 볼 때 개인 소유의 집에 사는 사람이 더 많은가 국가 소유의 집에 사는 사람이 더 많은가를 물었더니, 아직은 국가 소유의 집에 사는 사람이 더 많으나 점점 개인 소유의 집에 사는 사람이 많아져가고 있다고 했다. 그것을 그는 사회주의에서 자본주의로 넘어가는 과정이라 했다.

앞에서도 잠깐 말했지만, 작년에 모스끄바에 갔을 때 길거리에 여러 종류의 물건을 파는 제법 잘 꾸민 작은 가게들이 많이 생겨나고 있었다. 그 이름은 모른 채 우리끼리 '러시아 자본주의의 맹아'라 하며 웃었다. 이번 여행에서 확인했는데 그것을 '끼로스까'라 한단다.

바이깔 호수를 보고 돌아오는 길에 1921년 5월 이르꾸쯔끄 고려공산당이 창당되었던 건물 앞에 내려 사진을 찍었다. 지금은 극장으로 쓰이고 있다 한다.

고려인 오페라 가수 리나 김 이야기

이르꾸쯔끄 관광을 아쉽게 마치고 다시 '회상의 열차'를 타고 떠났다. 오늘 점심은 라면으로 때우게 되었다. 흔들리는 열차 안에서 가스불로 요리를 하기가 대단히 어려운 것 같다. 밥이 제대로 되지 않는다는 것이다.

앞에서도 잠깐 말했지만, '회상의 열차'를 같이 탄 고려인 중에는 리나 김이라는 예쁘게 생긴 오페라 가수가 있다. 오후 3시부터 식당차에서 리나 김의 인생 이야기를 듣기로 했다.

블라지보스또끄에서부터 러시아의 시험비행사로서 영웅 칭호를 받은 고려인이 한 사람 같이 타고 왔다고 앞에서 말했는데, 그의 이름은 최 올레그라 했다. 그는 공군대령으로서 러시아가 자랑하는 최신예 전투기 수호이-35의 시험비행사로 세계적 명성을 얻었고, 지난달에는 옐찐 대통령이 그에게 러시아 최고의 훈장인 게로이(영웅)훈장을 수여하기로 결정했다고 한다.

고려인 중 게로이훈장을 받은 사람은 옛 소련시대인 1945년 독일과의 전쟁 때 포병으로 참전해 영웅적인 활동을 하고 전사함으로써 이 훈장을 추서받은 민 아나똘리 대위와 이 최대령 두 사람뿐이라 했다.

최대령은 2년 전 수호이-35 시험비행 중 비행기가 기체 고장을 일으켰으나 침착하게 대처해서 시험 제작된 전투기도 구하고 자신도 살아서 공군 관계자들로부터 격찬을 받았다고 한다.

이 올레그와 최 올레그, 김 아나똘리와 한 아나똘리 등 '회상의 열차'를 탄 고려인 중에도 이름이 같은 사람이 많다는 생각이 들었다. 다음은 식당차에 모인 일행에게 이번 여행의 실무책임자 강영식 부장이 한 말이다.

"한국에서 온 분들과 러시아에 사는 고려인 동포로서 이 열차를 탄 분들이 모여서 함께 이야기를 나누는 시간을 갖도록 하겠습니다. 오늘은 오페라 가수 리나 김의 살아온 배경이나 간단한 활동 상황에 대해서 우선 아나똘리 김께서 간단히 설명을 해주시겠습니다."

김 아나똘리 씨의 설명이다.

"리나 김의 아버지는 고려인이고 어머니는 러시아 사람입니다. 리나 김은 지금 스베르들롭스끄의 오페라단에서 활동하는 솔리스트입니다. 비제의 「카르멘」으로 제일 명성을 얻었습니다. 오페라 「카르멘」에서 목소리와 얼굴이 모두 어울린다는 평을 받았으며, 그는 셋 옥타브를 부를 수 있는 특별한 목소리를 가졌습니다."

"그의 아버지와 어머니가 갈라졌는데, 갈라질 때 리나는 고려인 아버지와 함께 살겠다 했고, 동생은 러시아인 어머니와 살게 되었습니다. 그래서 리나 김은 공부할 때나 교원을 할 때 고려인 이름을 사용했습니다. 러시아에서는 고려인 이름으로 활동하기가 불편한 경우가 많습니다. 그런데도 그는 계속 고려인 이름으로 행세했습니다."

다음은 맹동욱 교수의 설명이다.

"리나 김은 1957년에 까라깔파끄의 수도 누꾸스에서 태어났고 두샨베에서 음악학교를 졸업하고 스베르들롭스끄―지금의 예까떼린부르그―에서 음악대학을 졸업했습니다. 그는 오페라 극장에서 독창가수로 다년간 노래를 불렀기 때문에 소프라노와 메조소프라노와 기타 여러 오페라의 역을 담당했습니다. 다음은 리나 자신의 말을 듣도록 하겠습니다."

맹동욱 교수가 통역을 한 리나 김의 말이다.

"나의 아버지는 인민재판장이란 칭호를 받았는데, 어릴 적에는 부모 없는 고아로서 고아원에서 자랐습니다. 고아원에서 도망하여 집 없이 돌아다니다가 나중에는 대학까지 졸업하게 되었습니다. 처음에는 사범 대학을 졸업했고 다음에는 법률대학을 졸업했습니다."

"아버지는 고려인이 가지고 있는 기질로서 근면하고 매우 의지가 굳고, 음악에 대해서도 재능이 있어서 기타나 러시아 악기 만돌린 같은 것을 다루었습니다."

"아버지는 누꾸스시의 검찰소에서 근무했으며 내가 네 살 때 어머니와 이혼했습니다. 이후 나는 아버지와 함께 살면서 지극한 사랑을 받게 되었습니다. 남 못지않게 잘 기르느라고 애쓰신 것을 기억하고 있습니다."

"나는 음악대학에서 공부하면서 방학 때는 아버지를 찾아갔습니다. 이런 한때의 행복한 꿈은 깨어지고 1990년도부터 따지끼스딴의 내전으로 인해서 러시아어를 쓰는 민족에 대한 강탈이 시작되었습니다."

"많은 희생자들이 생기고 그 때문에 나는 따지끼스딴을 떠나자고 여러 차례 권고했지만 아버지는 거절했습니다. 그곳에 정다운 친구들도 있었고 사회적 지위도 있었기 때문입니다."

"따지끼스딴이 구 소련에서 이탈하여 독립국가가 됨에 따라 내전이 시작되었습니다. 그 당시 우리는 따지끼스딴을 떠나려고 마음먹었습니다. 많은 사람들이 그곳을 떠날 때 일체의 재산을 압수당하거나 강탈당하고 말았습니다. 집도 팔 수 없고 어디로도 갈 수 없는 그런 상황에서 아버지는 계속 그곳에 남아 있었습니다."

"1995년도에 내가 스베르들롭스끄에 있다가 아버지를 방문하려 따지끼스딴에 갔습니다. 문을 노크했더니 약 15분 후에 나타났습니다. 그 사이 옆집 사람들이 도와주었는데도 굶어서 전혀 알아볼 수 없게 몸이 쇠약해진 아버지를 발견했습니다."

"은퇴한 후에 연금을 받지 못했습니다. 보조금도 받지 못했고 비행기 표도 사기 힘든 처지에서 내가 사는 스베르들롭스끄에 와서 1년 반 동안 앓다가 중풍에 걸려서 돌아가셨습니다."

"우리는 지금 스베르들롭스끄에 살고 있습니다. 아버지에게는 많은 친구들이 있었습니다. 우리 고려인사회에서는 잘살 때는 친구가 많지만, 일단 불행한 일을 당하면 친구들이 없어지는 것을 내가 목격하게 되었습니다. 아버지를 장사지낼 때 나 한 사람뿐이었습니다."

그렇게 말하고 그는 눈물을 보이지 않으려고 식당차를 나가버렸다. 아나똘리 김의 설명에 의하면 리나 김의 남편은 러시아 사람이며 그들에게는 열두 살짜리 아들이 있다고 했다.

누군가가 따지끼스딴에는 고려인들이 얼마나 살고 있으며 그들은 어떤 사람들인가 물었다. 그러나 리나 김이 아니고는 동행하는 고려인들 가운데 그 누구도 따지끼스딴에 사는 고려인들의 사정은 알지 못했다.

맹동욱 교수가 다음과 같이 사회주의체제가 무너지고 자본주의사회로 변해가는 과정에 있는 러시아의 실정을, 그리고 자본주의체제 앞에 던져진 구 소련 사회 사람들의 실정을 구체적으로 또 실감나게 설명했다.

"개혁이 시작되기 전까지는 러시아의 예술인들이 세계에서 가장 대우를 잘 받았어요. 그러나 개혁이 시작되면서 러시아 국가가 처음에는 예술을 외국에 팔아먹고 살았어요."

"예술인들이 외국 공연에서 번 돈을 국가에 바치고 그들은 적은 월급으로 살았지요. 그러다가 그 예술을 이제는 전세계가 다 보았기 때문에 지금은 사정이 좀 달라졌어요."

"사람마다 출연비라는 것이 있어요. 출연을 많이 하면 그만큼의 출연료를 받을 수 있습니다. 사람마다의 능력과 재간과 관계되는 것이지요. 리나 김도 그런 처지가 된 것이지요."

"나는 대학교수 월급을 처음 100달러 받았습니다만, 작품도 쓰고 한국에도 다녀오고 해서 한 달에 1천 달러도 되고 2천 달러가 되는 때도 있고 합니다. 사람마다 자기 길을 개척해야 합니다. 지금은 월급이 500달러입니다."

누군가가 물었다.

"리나 김은 이 '회상의 열차'를 어떻게 타게 되었지요?"

맹교수의 답이다.

"나는 잘 모르겠습니다. 다만 이 열차를 타야 할 사람들이 타지 않은 경우가 많은 것 같아요. 예를 들면 김 아파나시의 아들 같은 사람입니다. 그는 아버지에 대해 아주 잘 알고 있어요."

앞에서 말한 선장 김 뗄미르를 말한다.

"그밖에도 한창걸·한명세·남만춘·김만겸·김병화 등의 친척들이 있는데, 그들이 이 열차를 탔더라면 역사도 알고 해서 이야기가 많았을 텐데 그들을 여기서 볼 수가 없군요."

이 열차를 타게 된 고려인들은 모두 러시아 고려인협회장 이 올레그 씨가 선발한 것이 아닌가 하는데, 맹교수는 그 선발에 대해 불만이 있는 것 같았다.

눈물을 처리한 리나 김이 다시 식당차로 들어왔다. 맹교수의 말이다.

"리나가 돌아왔으니까 질문이 있으면 하시기 바랍니다. 먼저 리나가 어떻게 이 열차를 타게 되었는가 하는 질문에 대한 답입니다. 고려인협회 회장(따슈껜뜨의) 김 블라지미르란 사람이 있는데, 그가 '회상의 열차'에 추천했다고 합니다."

리나 김에게 다시 따지끼스딴에 고려인이 얼마나 남아 있으며, 남아 있는 사람은 그대로 있는 것이 유리해서 남아 있는 것인가, 바깥으로 나오기를 원하지만 나올 수가 없어서 남아 있는가, 바깥으로 나오려 해도 길이 없는 사람들인가 하는 질문이 있었다. 맹교수가 통역한 리나 김의 답은 이러했다.

"따지끼스딴을 떠나서 다른 공화국으로 가려 해도 다른 공화국에서 공민권을 받기가 힘들고, 또 옮겨가서 집을 마련해 살 수 있는 자금이 없어서 따지끼스딴에 있는 것보다 못할 것이기 때문에 그대로 있는 것입니다."

"고려인의 수는 얼마나 될까요?"

"내가 알기에는 태권도를 하는 사람들이 몇 명 남아 있고 나머지 숫자는 잘 모릅니다."

어머니를 따라가서 사는 리나 김의 남동생은 성을 김으로 쓰고 있는가, 지금도 어머니와 같이 살고 있는가 하는 어쩌면 남의 가정 일을 너무 깊이 묻는 것 같은 좀 시시콜콜한 질문이 있었다. 남동생은 어머니 성을 가졌고, 어머니는 살아 있으나 남동생은 죽었다고 리나 김이 대답했다.

오페라 가수여, '18번'을 불러라

질문의 격이 좀 떨어지는 것 같은 분위기를 바꾸어야 할 것 같아서 내가 앞으로 예술활동의 근거지를 어디로 삼을 것인지, 어디에서 주로 예술활동을 하려고 하는지를 물었다.

지금은 자그마한 기숙사 방을 빌려서 살고 있는데, 생활 형편이 아주 어려워서 어디로 가고 싶다는 생각도 있지만, 초대하는 기관이 아직은 없기 때문에 질문에 대한 답을 하기가 어렵다는 대답이었다.

맹교수의 설명에 의하면 전에는 어느 오페라단에 속해 있으면 아파트가 지급되었는데, 지금은 아파트가 모두 개인 소유로 되면서 스스로 돈을 주고 사지 않으면 아파트를 가질 수 없게 되었다고 했다. 아직도 아파트를 무료로 제공하는 기관도 일부 있으나 극히 적다고 했다.

아버지가 돌아갔을 때 고려인들이 도와주지 않았다는 리나 김의 말이 마음에 걸렸던지 서경석 목사가 그것이 리나 김 아버지의 경우에 한정되는 것인가, 구 소련 지역 고려인들의 일반적인 현상인가, 아니면 민족과 관계없이 구 소련 사회 전체의 일반적 현상인가 하고 물었다.

이에 대해 리나 김은 아버지가 따지끼스딴에 혼자 남아 굶주릴 때 러시아 사람이나 따지끄의 어린아이들까지 관심을 가져주었는데, 고려인들은 전혀 관심을 가져주지 않았다 해도 과언이 아니어서 불행을 느꼈다고 대답했다. 서경석 목사가 역시 안타까웠던지 러시아인이나 따지끄인들은 리나 김의 아버지를 도와주었는데 왜 고려인들이 무관심했는가, 그 이유가 어디에 있다고 생각하는가 하고 이번에는 김 아나똘리에게 물었다. 역시 맹교수가 통역한 김 아나똘리의 대답은 이러했다.

"내 생각에는 이렇습니다. 사람마다 자기의 생존 문제를 누구의 힘을 빌리지 않고 누구의 간섭도 받지 않고 제가끔 해결하는 데 기본을 두었기 때문이라고 생각합니다."

"지금까지 한국도 북한도 우리에 대한 관심이 없었고, 우리와 일절 연관이 없었던 만큼 어디에서도 도움을 받을 곳이 없었기 때문에, 자기 생존 문제를 제가끔 해결하는 데 근거를 두었기 때문에 그런 현상이 나타났다고 봅니다."

통역하면서 말하기가 거북스러웠던지 김 아나똘리가 직접 서툰 우리말로 계속 말했다. 그가 말한 그대로 옮겨본다.

"러시아에 사는 우리 동포들은 자신을 50퍼센트는 고려인 50퍼센트는 러시아인으로 생각합니다. 그러나 리나 김은 조금 다릅니다. 리나 김 자신과 그 자식들은 한국 아니 코리아를 무엇이라고 생각합니까?"

이 질문에 대한 리나 김의 대답을 맹교수가 통역한 내용은 이러했다.

"내 아들은 종종 어머니가 성이 김이고 코리언이기 때문에 나도 김이고 코리언이다 하고 말합니다. 그리고 아들이 매운 것을 아주 좋아합니다."

김 아나똘리의 말이 계속되었다.

"내가 군대에 복무할 때 범죄자 수송대에 있었습니다. 그래서 많은 범죄자들을 감옥으로 수송했습니다. 감옥이 아주 좁아서 빽빽하게 사는데, 그때는 죄인들이 제가끔 자기 생존에 대한 것을 생각하고 협동심 없이 개인주의적이었습니다. 그러나 감옥에서 석방되어 서로 만났을 때는 제일 가까운 친구가 되는 것을 봤습니다. 왜 이 예를 드는가 하면 우리가 과거에는 감옥에 갇혔던 사람들이었습니다만, 지금은 석방되어 이 '회상의 열차'를 타고 가는 것입니다."

이 부분에서 마침 녹음 테이프가 끝나서 그의 말이 여기서 중단되고 말았다. 그러나 리나 김이라는 오페라 가수의 인생 이야기를 통해서 구 소련 지역에 사는 고려인들의 생활 현실과 소연방 및 사회주의체제의 붕괴에 따르는 그곳 예술인들의 처지의 변화 등을 듣고 우리 일행 모두가 착잡한 마음이 되었다.

그런데 여기에 하나의 해프닝이 벌어졌다. 리나 김의 인생 역정을 듣고 동정심이 발동했는지, 우리 한국인 일행 중 한 노신사가 이런 발언을 했다. 녹음된 그대로 옮겨보면 이렇다.

"다른 곳에 가서 예술 활동을 하고 싶어도 초빙하는 데가 없어서 못 간다 했는데 내가 초빙할 의사가 있습니다. 그러나 초빙해서 한국 사람들에게 노래를 들려주어서 성의가 없으면 실패입니다. 감동을 주고 정서가 맞고 하면 성공을 합니다."

"내가 초빙하기 전에 노래를 들어봐야 하지 않겠어요. 18번이 있을
테니까 들려주었으면 좋겠고, 특히 한국 노래 아는 것이 있으면 좋겠습
니다. 노래를 강요하지는 않겠습니다만 들어보고 좋으면 내가 돌아가
서 초청하도록 하겠습니다."

'18번'이라는 일본식 저속어가 아직도 남아 있는 일 자체가 불쾌한
일인데, 노신사의 입에서 오페라 가수에게 '18번'을 불러보라는 말이 나
왔을 때, 이미 이 때맞지 않은 발언을 개탄하는 우리 일행들의 웅성거림
이 있었다. 그러나 그는 오히려 소리를 높이면서 '18번'을 불러봐서 마
음에 들면 초청하겠다는 말을 거듭했다.

반주가 물론 있을 수 없고 담배 연기 자욱한 흔들리는 열차 속에서 아
버지의 슬픈 이야기를 들려주면서 눈물 감추기에 바빴던 해외동포 오
페라 가수에게 초청을 '미끼'로 '18번' 부르기를 요청한 이 강심장의 노
신사가 어떤 사람인가 하고 그의 가슴에 단 명찰을 명단에서 찾아봤다.

놀랍게도 그는 어느 지방 대학교의 교수였다. 입이 딱 벌어졌다. 이
노교수는 이후에도 여러가지 상식 이하의 일을 해서 우리들 몇 사람의
동업자로 하여금 얼굴을 들 수 없게 했다.

현지 시간으로 오후 6시에 지마역에 도착했다. 역 청사가 비교적 크
고 러시아 사람들이 여기저기 역 청사 벤치에 앉아 있는 것을 볼 수 있
는데, 그들은 벌써 두꺼운 외투를 입고 있다.

역에 도착했을 때 마침 반대 방향으로 가는 열차와 만나는 경우가 많
은데, 저편 열차의 승객들이 모두 침대에 누운 채로 창문을 열고 내다보
면서 서로 손을 흔들어 인사하는 정경을 볼 수 있다. 열차 안에서 1주일
이나 여행해야 하는 시베리아철도가 아니면, 특히 우리나라와 같이 열

차가 하루도 계속 달릴 데가 없는 좁은 나라에서는 전혀 볼 수 없는 풍경이다.

우리 일행의 단장 이윤구 박사에게 두 가지 건의를 했다. 하나는 지금 우리가 타고 가는 이 열차에 러시아인 종업원들이 여러 사람 있는데—여자 종업원들이 객차 한 칸마다 두 사람이 교대로 근무했다—이들에게 작은 성의 표시의 선물이라도 해야 하지 않겠는가 하는 문제였다. 또 하나는 오페라 가수 리나 김에게 '18번'을 불러보라 한 것은 너무 '무례'한 요구였음을 그에게 양해시키는 것이 모국에서 온 사람들의 손상된 체면을 조금이라도 회복하는 길이 되지 않겠는가 하는 내용이었다.

알아보았더니 러시아인 승무원들의 수당을 우리가 지급하기로 되어 있다고 한다. 따라서 별도 사례는 불필요하며 가벼운 선물 정도면 될 것 같다고 했다. 리나 김에게는 실무책임자 서경석 목사가 이미 정중히 양해를 구했다고 했다.

우리 일행 중에 기독교 장로요 1970년대와 80년대의 기독교계 민주화운동에 헌신했던 이직형씨가 있었다. 그는 '18번 노신사'의 행동이 처음부터 어딘지 모르게 위태위태해서 미리 체크할 마음이 있었다고 했다. 그래서 직업을 봤더니 교수여서 상식을 지키리라 생각하고 그대로 두었는데, 결국 그런 불상사가 나고 말았다 하고 미리 체크하지 못한 것을 후회했다. 이 말을 들은 석여(石如)와 나는 '18번 노신사'와의 동직자로서 얼굴을 들 수 없었고 아무 말도 할 수 없었다.

언제나 정력적이고 또 일 펼치기를 좋아하는 서경석 목사는 이번 '회상의 열차' 행사를 계기로 러시아에서 가장 명성 높은 고려인 작가 김 아나똘리를 중심으로 러시아 지역 '우리민족서로돕기운동'을 펼쳐나갈 생각이 아닌가 한다.

러시아의 고려인사회가 구심점을 가지고 단결해서 민족문화를 유지하고 서로 친목을 도모하게 되는 것이 바람직하지만, 현재의 러시아 고려인협회가 그런 역할을 하기에는 조금 역부족이라는 느낌을 받고 있는 것이 아닌가 한다.

이번 '회상의 열차' 행사는 파격적인 행사라고 할 수 있다. 러시아 고려인 역사 1백여 년을 통해 초유의 일이다. 이 행사가 데몬스트레이션적인 성격을 가지고 있다고 앞에서 말했지만, 주최 쪽으로서는 하바롭스끄나 이르꾸쯔끄 등 중간 기착지마다 많은 고려인 동포들이 나와서 모국에서 온 우리와 함께 어울리기를 기대했던 것 같다.

그러나 홍보가 덜 된 점 등 여러 이유가 있겠지만, 고려인들의 호응도는 그다지 높지 않다는 것을 느낄 수 있었다. 출영 나온 동포들의 수가 생각보다 적었는데, 그 주된 원인은 홍보 부족에 있는 것이 확실한 듯했다. 그리고 홍보 부족의 원인은 역시 러시아 고려인협회의 능력과 활동의 한계에 있었던 것이 아닌가 했다.

앞으로 노보시비리스끄나 알마띠나 따슈껜뜨에 기착하겠는데 얼마만큼의 호응이 있을지 의문이다. 따라서 러시아뿐만 아니라 구 소련 지역 전체 고려인사회를 하나로 묶어서 구심점을 이루는 일은 필요하다는 생각이 든다. 그런 구심점이 생겨야 앞으로 모국 사회와의 연관성이 깊어지고 또 장차 민족통일 과정에서도 그들이 객관적인 처지에서 일정한 역할을 할 수 있을 것이다.

추석을 시베리아 벌판에서 보내다

9월 16일 추석날 아침이 밝았다. 객차와 객차가 연결되는 지점에 있는 약간의 공간에서 맨손체조를 하고 있는 동안에 열차가 어느 도시에 도착했다. 새벽인데도 아스팔트 길 위로 달리는 자동차가 꽤 자주 보인다.

추석 차례를 지내지 못하고 혼자 있는 아내에게 맡기고 온 일이 마음에 걸려서 먼 곳에서나마 차례 모시는 마음이 되려고 했다. 방금 도착한 도시가 끄라스노야르스끄라고 한다. 시베리아 중심부의 인구 약 1백만 명이 사는 도시라는데, 이 도시에서 고려인들의 환영이 있으리라고는 예상하지 못했다. 식당에서 아침 식사를 하다가 환영객들이 나와 있다기에 급히 내렸더니 약 20명 정도의 고려인들이 나와서 환영해주었다.

미처 이름을 못 물어봤지만, 이 '회상의 열차'를 같이 타고 가는 고려인 가운데 노래 잘하고 장고와 북을 잘 치는 사람이 있다. 여기서도 그가 앞장서서 장고를 치며 여럿이 어울려 아리랑을 부르고 있었다. 우리 민요를 잘 부를 뿐 아니라 악기까지 잘 다루는 것을 보면 그도 맹교수처럼 북한에서 러시아로 '망명'한 사람이 아닐까 생각되었다.

러시아 당국이 이 열차의 무사한 운행을 위해 여러가지로 신경을 쓰고 있다는 것을 느끼게 한다. 이 역에는 밖으로 나가는 구름다리가 있는데, 그 구름다리 여기저기에 군인인지 경찰인지 모르지만 정복 입은 사람들이 서서 경비하고 있는 것을 볼 수 있다.

끄라스노야르스끄에는 고려인이 약 500명 살고 있는데 그들은 대부분 전문직에 종사하고 있다 한다. 이들은 대부분 중앙아시아나 사할린에서 온 사람들로서 안정된 생활들을 하고 있다고 한다. 동포들이 그립다 하고 반드시 한 번 더 와달라고 애원하다시피 하는 그들의 말이 눈물겹게 들렸다.

열차가 다시 떠나게 되자 한국인 일행과 고려인 일행이 모두 식당차에 모여 추석 놀이판을 벌였다. 김 아나똘리가 노래를 불렀는데 상당한 실력이었다. 리나 김도 다시 밝은 얼굴이 되어 기타를 치면서 「오 솔레미오」 등 이딸리아 가곡과 우리 가곡 「비목」을 불렀다. 그 자태도 아름다 왔고 기름진 목소리로 부르는 노래도 참 듣기 좋았다.

이 자리에서 우리가 가져온 라면과 담배 등을 추석 선물로 승무원들에게 주었더니, 이 열차를 운행하는 책임자가 나와서 'KGB 한'의 통역으로 인사말을 했다.

이 열차에는 '벤허'를 자칭하는 재미동포 한 사람도 함께 타고 있었다. 미국에서 이 열차를 타기 위해 온 것이다. 그런 연유로 미국의 뉴욕 한인회에서 '회상의 열차' 행사를 축하하는 전문을 보내와서 일행을 기쁘게 했다.

1시 20분경에 마린스끄라는 조그마한 역에 내려서 땅을 좀 밟아봤다. 마린스끄를 떠난 후 식당차에서 한국인과 고려인 사이에 간담회가 열렸다.

먼저 러시아 고려인협회 회장 이 올레그 씨가 협회의 상황에 대해 설명하였다. 1989년에 소련 지역 전체에 고려인협회가 처음 조직되었다고 한다. 아마 고르바초프의 개혁정책에 힘입은 것이었으리라. 처음에는 소연방 안의 각 공화국마다 고려인협회가 조직되었지만, 1991년에 소련이 해체된 후 소연방 고려인협회가 러시아 고려인협회가 되었고, 이 러시아 고려인협회를 그가 주도하게 되었다고 했다.

그도 역시 구 소련 지역 고려인들 전체가 어떤 구심점을 가지고 발전해가기를 원한다고 했다. 그의 말에 이어서 이윤구 한국인 쪽 단장이 다음과 같은 의견을 개진했다.

"이 '회상의 열차' 행사를 추진하는 사람의 입장에서는 이 행사가 실패하지 않을까 하고 염려되는 일이 몇 가지 있습니다. 우선 이 행사 추진 주체 내부에 의견의 상충이 다소 있었다는 점입니다. 그리고 또 하나는 블라지보스또끄에서 여기에 오기까지 고려인 동포들의 호응이나 출영이 좀 미흡했다는 점입니다."

"열차가 도착하는 곳마다 만날 수 있었던 고려인 동포들은 10명이나 20명 많아도 30명 정도밖에 되지 않아서 마음 아팠습니다. 이 굉장한 열차가 달려가는데 고려인들의 호응이 이렇게 약하다는 말인가. 어떻게 조직했기에 이렇게 되었을까. 섭섭함을 숨길 수 없습니다."

한국인 일행들이 속으로만 생각하고 말하지 않았던 문제를 그가 러시아 고려인협회 쪽에 말하고 만 것이라 하겠다. 이윤구 한국인 쪽 대표의 발언에 대해 'KGB 한'의 통역으로 이 올레그 고려인협회 회장이 답했다.

그는 '회상의 열차' 운행을 통해 구소련 지역 고려인들의 역사를 부각시키려고 했다는 점, 도착하는 역에서 고려인 환영인이 많이 나오는가 적게 나오는가가 그렇게 문제가 아니라는 점, 이 열차의 운행에 대해 또 도착하는 역마다 러시아의 텔레비전들이 계속 관심을 가져주고 있으며, 따라서 출영인 수의 많고 적음과 상관없이 전체 고려인들이 모두 알고 있다는 점, 러시아 대통령의 축하메시지를 받으면서 고려인 강제이주 60년을 기념하는 이런 행사가 실시되고 있다는 사실 자체가 대단히 중요하다는 점, 도착하는 역마다 환영인 수가 적었던 일에 대해서는 러시아 쪽 주최자로서 마음이 아프다는 내용 등이었다.

그는 덧붙여 구소련에 사는 고려인들이 무슨 일이건 자발적으로 나서거나 말하기를 주저하고 겁냈다는 이야기도 했다. 고려인들이 많이 나오지는 않았지만 이런 '회상의 열차' 행사가 진행되는 일에 대해 대단한 관심을 가지고 좋아하고 있음에 틀림없다고도 했다.

앞으로 구소련 지역 고려인들을 한국 쪽에서 많이 초청해서 민족의 말과 문화를 배울 수 있는 기회를 만들어주기를 희망하며, 러시아나 중앙아시아의 주요 도시에도 모국의 말과 문화를 배울 수 있는 교육기관이 설치되기를 바란다고도 했다.

내가 한국의 교육부나 아니면 민간단체들이라도 러시아나 중앙아시아 등 고려인들이 많이 사는 곳에 모국 문화와 말을 가르칠 수 있는 요원들을 미국의 평화봉사단 같은 형식으로 파견하여 정규 학교가 아니라 해도 틈틈이 가르칠 수 있는 기회가 많았으면 좋겠다고 했더니 이 올레그 씨도 전적으로 찬성이라 했다.

통일문제도 중요하고 긴급한 문제지만, 재외동포사회에 민족문화가 뿌리내리게 하는 일도 또한 중요한 일이다. 일제강점시대에는 민족사회가 정치적 주권을 가지지 못해 그것이 불가능했고, 해방 후 분단시대에는 남북 두 분단정권이 해외동포사회도 분열시키는 결과를 가져왔다. 이제 민족통일시대로 들어서면서 해외동포사회에 대한 인식과 정책도 달라져야 한다는 생각이 절실했다.

일행 중의 예비역 소령인 68세의 서승주씨가—알고 보니 그가 이르꾸쯔끄에서 만난 북한 노동자에게 자기를 겁내지 말라고 했던 사람이다—자원해서 구소련 지역 어디이건 가서 자원봉사로 우리말을 가르치겠다고 즉석에서 자원했고, 동행하는 고려인들이 이를 또 바로 받아들여서 주선하겠다고 했다.

다음에 다시 이야기되겠지만, 서승주씨는 북한 출신으로서 러시아말을 조금은 할 수 있는 분이었다. 이야기가 해외동포들의 국내 취업 문제로 옮겨졌는데, 다음은 서경석 목사의 말이다.

"사실은 외국인 노동자 제도라고 하는 것이 대단히 중요한 역할을 할 수 있습니다. 지금 예를 들면 중국 조선족의 경우에는 자기 나라에서 월급이 평균 5만 원입니다. 그들이 우리 나라에 와 건설 현장에 가서 일하면 한 달에 최하 백만 원을 받습니다. 20배의 이익이 나지요."

"우리나라에서 3년 내지 5년 있으면 3천만 원 내지 5천만 원을 저축할 수 있습니다. 북경의 노른자위 땅에서 괜찮은 식당을 낼 수 있는 정도입니다. 그렇기 때문에 조선족들은 기를 쓰고 우리나라에 오려 하고, 700만 원 내지 천만 원까지도 뒷돈을 내서 들어오려 하고 그 때문에 사기꾼이 개입하고 그 결과 1만 7천 명 가량이 사기를 당하기도 했습니다.”

“그런데 중국뿐만 아니라 동남아시아도 마찬가지이며 러시아도 마찬가지입니다. 우즈베끼스딴과 까자흐스딴 등지에서 외국인 노동자를 한국에 수입하고 있습니다. 러시아나 까자흐스딴 및 우즈베끼스딴 노동자들의 한 달 월급이 아마 1백 달러 정도를 넘지 않을 겁니다. 아까 맹동욱 교수 말씀이 교수들의 월급이 처음 1백 달러이었다가 이제 4, 5백 달러 되었다고 했으니까요.”

“러시아에 있는 많은 고려인 동포들이 한국에 와서 몇 년 일을 하고 돌아갈 수 있다면 생활에 큰 보탬이 된다고 생각합니다. 그런데 한국의 외국인 노동자 제도는 지금 각종 부패로 가득 차 있습니다. 그 이유는 간단합니다. 500만 원 내지 천만 원을 내고도 오고 싶은 사람들이 줄을 섰기 때문입니다. 그 엄청난 프리미엄을 누가 먹느냐 하는 문제를 두고 지금 치열한 전쟁이 일어나고 있습니다.”

“제도개혁이 필요합니다. 어떻게 제도개혁을 하느냐. 한국말 시험을 치게 해서 제일 높은 점수를 받은 사람을 한국에 들어오게 하는 것입니다. 이렇게 되면 동남아뿐만 아니라 중국이나 러시아에 한국말 붐이 일어나게 될 것입니다. 고려인들도 모국 말을 배워서 한국에 취업하러 오려고 할 것입니다. 한국어를 세계어로 만들기 위한 전략을 세워야 한다고 생각합니다. 외국인 노동자 제도의 개혁이 중요하다는 말씀을 하고 싶습니다.”

“또 한 가지 해외동포들의 문제에서 한민족체전이라는 것이 있습니다. 전세계에서 많은 동포들이 모이지요. 한국정부는 그것을 통해 해외

동포들에게 모국의 발전상을 알리고 해외동포사회에 모국의 얼을 심겠다는 것이지요. 물론 효과는 있습니다. 그러나 그것이 결과적으로 교포사회에 어떤 영향을 끼치느냐. 그 티켓을 누가 먹느냐를 두고 각축전이 벌어진다는 것입니다."

"오늘날 각 지역의 고려인협회가 가지고 있는 문제점은 바로 이런 데서 비롯된다고 말할 수 있습니다. 고려인사회의 어려운 문제와 정말 중요한 문제를 위해서 한국의 정부 예산이 쓰여야 하는데, 그렇지 않은 방식으로 쓰이기 때문에 고려인사회에서의 고려인협회와 같은 조직들이 불가피하게 왜곡될 수밖에 없다는 것이지요."

"그뿐만 아닙니다. 정부에는 교육부가 관장하는 해외동포를 위한 민족교육자금이 있습니다. 그 자금이 어떻게 쓰이느냐. 교육부의 장학사들을 외국에 보내서 1년 동안 먹고 살도록 하는 자금으로 쓰이고 있습니다. 그렇기 때문에 중요한 것은 빨리 시민단체가 이런 상황들을 정확하게 파악하고 정부의 잘못된 정책을 비판하고 정부 돈이 바르게 쓰이도록 노력하는 것이 무엇보다도 중요합니다."

"지금 정부의 예산만 가지고도 올바르게만 쓰면 해외교포사회의 어려운 점을 모두 해결할 수 있다고 생각합니다. 체첸이나 따지끼스딴 이런 곳에서 오갈 데 없이 죽어가는 동포들을 구제하는 데 돈이 쓰여야 한다고 생각합니다."

노보시비르스끄의 고려인들 이야기

여기 시간으로 16일 밤 9시에 노보시비르스끄역에 내렸다. 물론 깜깜한 밤이다. 열차를 타고 가다가 이렇게 중간 중간에 내리게 되면 바깥

기온이 어느 정도인지, 옷을 어떻게 입고 내려야 할지 전혀 알 수 없다.

전날 바이깔호를 구경 갔을 때는 옷을 얇게 입고 추워서 고생했기에, 시베리아철도하고 중앙아시아로 가는 철도가 갈라지는 이곳 노보시비르스끄에서는 두껍게 입고 내릴까 하는데 어떨는지 모르겠다. 시베리아라는 곳이 원체 넓고 또 길게 걸쳐 있어서 곳곳의 온도나 기후를 예상하기가 대단히 어렵다.

사할린에서 20년 전에 이곳으로 왔다는 교포도 있고, 그밖에 꽤 많은 고려인들이 나왔다. 노보시비르스끄에도 한국에서 온 유학생이 20명 정도 있다고 한다. 몇 사람의 유학생들과 대화를 나누었다. 부산의 고신대학과 부산여대 등에서 작년에 유학 온 그들은 음악학도들이다. 이곳에 유명한 바이올리니스트가 세 명이나 있어서 그들에게 사사코자 유학을 왔다고 한다.

이 도시의 전체 인구는 110만~120만 정도이며 고려인들이 약 1천 명 정도 있는데, 사할린이나 따슈껜뜨에서 온 사람들이 많다고 한다. 어느 고려인과 대화를 나누었다.

"이곳의 고려인들은 주로 어떤 직업을 가지고 있습니까?"

"지금의 러시아 형편을 알지요. 그전에는 모두 직장에서 일했지요. 지금은 직장에 일이 없고 월급을 잘 못 받아서 장사들을 하고 합니다만 형편이 어렵습니다."

"사할린 교포들이 왜 이곳에 많이 왔을까요?"

"공부하러들 왔습니다."

"여기 와서 무엇을 공부했습니까?"

"전기(電氣)대학을 졸업했습니다."

"실례지만 이름이 무엇입니까?"

"내 이름은 김백수입니다."

"그러면 아버지 때 사할린으로 갔겠습니다."

"1940년대에 갔습니다."

"노보시비르스끄역에서의 이 행사는 어떻게 연락을 받고 나왔습니까?"

"여기의 고려인협회에서 전화를 해서 알고 나왔습니다. 또 신문에도 났습니다. 나올 사람들이 많았을 텐데 밤이 되어 적게 나왔습니다. 고려인들끼리 연락이 없고 내왕이 별로 없어서 말도 모두 잊어버렸습니다. 저것 보세요, 우리 동포끼리도 러시아 말로 하지 않습니까?"

"지금 따슈껜뜨에서 러시아 지역으로 많이 옮겨옵니까?"

"그렇습니다. 전에 소련연방으로 살 때는 그렇지 않았는데 소련국가가 갈라진 다음에는—그는 소연방이 무너진 것을 그렇게 표현했다—각 나라(공화국)들이 자기 민족만 좋다 하고 다른 민족은 배척하지요. 땅도 아니 주고 집도 못 짓게 하고 그래서 모두 러시아 지역으로 온다고 합니다."

노보시비르스끄 역전에서도 '회상의 열차' 환영회가 벌어졌다. 러시아 쪽의 환영사가 있었고, 어느 고려인 여성에 의해 통역되었으나 "회상의 열차를 환영합니다. 기뻐하고 시간을 즐겁게 지냅시다" 이 정도밖에 녹음되지 않았다. 다음은 우리 쪽 이윤구 박사의 인사말이다.

"교민들 대표들께 진심으로 감사드리고요, 밤늦은 시간에 한국에서 유학 온 여학생들도 눈에 띄고 어린아이들도 한복 입고 나와 있는 걸 보니까 눈물이 나서 견딜 수가 없습니다. 첫째 이유는 우리는 60년 전에 정말 없었어야 했던 일이 일어났던 것을 회상하면서 그때 쓰러지신 분들, 철길 옆에 묻히신 분들의 영령들에게 위로를 드리기 위해서 왔습니다."

그는 회상의 열차라는 것이 앞으로 민족의 장래 그리고 해외에 살고 있는 동포사회의 더 큰 발전을 위한 데 목적이 있다는 사실을 눈물을 흘리면서 이야기했다. 저런 풍부한 감정 때문에 전문 시인이 아니면서도 시를 쓰는 것이라 생각되었다. 그는 또 민족의 21세기를 어떻게 살아야 할 것인가를 여러분과 함께 의논하고자 한다고 말했다.

어느 중년 고려인 여성과 대화를 나누었다.

"언제부터 이 도시에서 삽니까?"

"1973년도부터입니다. 73년에 사할린에서 왔습니다. 사할린에서 태어났습니다."

"왜 여기 왔습니까?"

"공부하러 왔습니다."

"무엇을 전공했습니까?"

"경제를 전공했습니다."

"그러나 지금은 음대에서 이 학생들을 담당하고 있습니다"(환영 나온 한국에서 온 유학생들을 가리키면서).

"사할린에서 여기로 공부하러 온 사람이 꽤 많은데 모스끄바에 가지 않고 왜 여기에 옵니까?"

"아닙니다. 모스끄바나 스딸린그라드에 많이 갔습니다. 그때만 하더라도 노보시비르스끄는 열린, 개방된 도시가 아니었습니다. 우리 올 때 처음으로 도시가 열렸습니다. 그래서 우리는 10학년 끝나고 여기에 공부하러 왔습니다."

"그러면 지금은 무엇을 합니까?"

"음대에 있습니다. 우리 유학생들을 가르치고 있습니다."

"잘되었네. 마침 이런 분들이 있어서"(우리 유학생들을 보고).

"여기 모인 사람들은 다 사할린에서 온 사람들입니다."

"우리 동포들 중에 중앙아시아에서 온 분들이 많습니까, 사할린에서 온 분들이 많습니까. 중앙아시아에서 온 분들은 몇 퍼센트나 됩니까?"

"예, 중앙아시아에서 오신 분들이 더 많습니다."

"그러면 한 6：4 정도 됩니까?"

"예."

"한국에서 어떤 경위로 여기로 유학을 왔지요?"(우리 유학생들을 보고).

"저희 교수님과 이선생님이 연결이 되어가지고……"

"무슨 음악을 공부하러 왔습니까?"

"저는 성악."

"작곡·피아노와 다른 악기 등입니다."

"유학 비용이 다른 지역보다 어때요?"

"다른 지역보다는 많이 싸지요."

"한 달에 몇 달러 정도 있으면 가능합니까? 학비와 합쳐서."

"기숙사비까지 합쳐서 한 700달러 정도입니다."

"한 달에 700달러, 미국에 가는 것보다 훨씬 싸군요."

"그러면서도 음악 수준은 어느 나라에 절대 안 뒤져요."

"여기 도시의 안전, 치안상태는 어때요?"

"아무래도 밤에는 많이 무섭지요."

"무섭다기보다 밤에 많이 안 다니니까……"

"저희들은 아직 낭패당한 일은 없어요."

"온 지 얼마나 되었어요?"

"올해 초에 와서 6, 7개월 되었어요."

"이 언니는 1년 반 되었어요."

가는 곳마다 '회상의 열차' 승객들이 이곳 동포들과 어울려서 아리랑을 불렀다. 러시아 땅에서 듣는 아리랑은 어쩐지 슬프게 들리고, 이제는 이런 슬픈 아리랑은 더 부르지 않게 되었으면 하는 생각이 든다.

노보시비르스끄역 광장에서 우리의 농악놀이가 시작되었다. 모든 참가자들이 손에 손을 잡고 따라가면서 농악소리에 맞춰서 춤들을 추고 있다. 그 광경을 러시아 사람들이 옹기종기 모여서 이상한 눈으로 쳐다보고 있는 것을 볼 수 있다.

맹동욱 교수의 통역으로 또 한 사람의 남성 고려인 동포와 대화를 했다.

"어디에 사시다가 여기에 온 겁니까?"

"따슈껜뜨에 살다가……"

"따슈껜뜨에서 언제 이곳으로 왔습니까?"

"94년도에……"

"왜 여기 왔을까요?"

"여기 대학에서 공부를 하고 여기에 남았습니다."

"그럼 따슈껜뜨에는 이 정도 좋은 대학이 없습니까?"

"있지만 여기는 물리·수학·공과대학이 좋으니까. 아주 잘되어 있어요."

"여기 고려인 동포가 얼마나 삽니까?"

"1500명쯤인데 절반은 사할린에서 온 사람들이고, 대부분 여기서 공부하고 여기에 그냥 남은 사람입니다."

"그럼 대체적으로 고려인 동포들의 직업은 무엇입니까?"

"가르치거나, 대부분 공부하다 남은 사람이 많으니까 인뗄리 계층이 많고……"

"이 도시의 인구는 얼마나 됩니까?"

"200만 명 정도입니다."

노보시비르스끄의 한국인들 이야기

여기 와 있는 우리 학생 김대영씨의 설명이다.

"부산에서 왔어요. 여기 있는 약 20명의 유학생이 모두 부산에서 왔습니다. 노보시비르스끄라 하면 아까뎀고로도끄가 가장 유명하고 그 다음에는 음악대학을 들 수 있는데, 이 음악대학도 한국에서는 잘 알려지지 않았지만 세계적으로 볼 때 유명한 사람도 많이 배출되었고, 지금도 여러 유명한 대회에서 입상하고 있을 정도로 음악대학이 유명한 곳입니다. 저는 바이올린을 전공하고 있고 다른 유학생 두 명도 있습니다. 가면서 제가 건물 이름을 알려드리겠습니다."

세 대의 버스에 나누어 탄 우리 일행이 시내를 관광하기로 했다. 인구가 200만이라고 하는데 비교적 높은 건물들이 많고 아파트가 많은 도시인 것 같다. 밤이어서 멀리 볼 수는 없지만 비교적 거리가 한산하고 깨끗한 도시이다.

정혜경이라는 이곳에 나와 있는 어느 상사 직원의 부인이 자진해서 친절하고 상세하게 안내를 해주었다. 시베리아 중심 도시의 하나인 노보시비르스끄와 한국의 관계, 한국 기업의 러시아 진출상 등을 이해하는 데 도움이 될 것 같아서 정혜경씨의 설명을 좀 길지만 그대로 옮기기로 한다.

"이 도시에도 지하철이 있는데 여기가 지하철 종점입니다. 지하철역이 8개인데 선이 하나밖에 없으며, 여기를 지하철이 지나가고 있습니다. 여기 LG 광고판 보이시지요. 굉장히 많이 들어설 거예요. 이것은 LG전자에서 세웠는데요, 현재 여기 LG와 삼성에는 한국인이 없어요. 러시아인이 직접 대리 운영하고 있습니다. 대우전자는 여기에 지사를 내고 있습니다. 두 사람의 한국인이 일하고 있고 현지 직원이 40명 정도 돼요."

"왼쪽에 불 켜진 곳이 슈퍼마켓인데요, 현대적인 백화점이고 우리나라 같은 슈퍼마켓이 최근에 많이 생겨났어요. 그전에는 줄 서서 배급받고 하던 상태에서 지금은 저런 슈퍼마켓이 생기게 되었는데 물건이 비싸고 거의 유럽 물건이 다 들어와요. 가격은 우리나라에서 구입할 때의 약 2,3배쯤을 줘야 되지요. 그리고 한국제품도 한국에서 주는 것의 3배쯤을 주어야 간장이라든지 라면을 구할 수가 있습니다. 그리고 여기는 아직 된장, 고추장 등은 들어오지 않고 있어요. 모스끄바에 가면 서울에서 먹는 것과 똑같이 먹을 수가 있어요."

"그런데 여기는 남한에서 온 전체 교민이 목사님 가정까지 합쳐봐야 60명밖에 안 돼요. 목사님 가정이 열 가정, 저희 같은 상사 직원 가정이 네 가정, 혼자 사업하시면서 왔다갔다하시는 남자분들이 열 분 정도, 유학생 30명, 어학 연수생 2명 그뿐입니다."

다음 알마띠나 따슈껜뜨에 가서 또 한번 놀라게 되지만, 여기도 기독교 선교사가 많은 것에 놀랐다.

"본인 소개하세요."

"저는 서울교대를 졸업했거든요. 졸업한 지 10년이 넘었는데 교직생활을 하다가, 남편이 여기 왔기 때문에 따라왔어요. 지금 여기 노보시비르스끄 공과대학에서 어학 연수하는 3년 과정이 있는데, 거기 등록해서 4개월 배웠어요. 현재는 간판을 읽는 정도예요."

"여기서 서울까지는 바로 항로가 열려 있습니까?"

"예, 전세기가 뜨는데, 처음에는 한 달에 한 번 떴어요. 지금은 오가는 사람이 많으니까 매주 있습니다. 가끔 명절이 있으면 한두 번씩 결항을 해요. 그리고 비행시간은 가는 데 다섯 시간 오는 데 여섯 시간 소요됩니다. 바람의 영향을 받아서 그렇습니다. 요금은 편도에 500달러 정도입니다.”

“내렸어요, 400달러입니다” 하는 사람이 있었다.

“어느 비행기가 다닙니까?”

“러시아 비행기가 다니는데, 끄락스라고 옛날에는 러시아 전체가 하나의 항공사였는데 지금은 다 지역별로 쪼개졌어요. 여기 노보시비르스끄에도 여러 개의 항공사가 있는데 그중에서 몇 개 항공사가 비정기적으로 왔다 갔다해요.”

“그런데 이 도시에 유난히 아파트가 많은 이유가 있어요?”

“러시아 전체는 아파트가 많아요. 러시아의 도시 풍경은 블라지보스또끄에서부터 모스끄바나 레닌그라드까지 똑같아요. 9층에서 14층 아파트가 많은데요, 겨울에 난방 때문에 그렇습니다. 어느 도시에 가든지 이렇게 동그랗고 연기가 나오는 기둥이 보이는데 그것이 전체 도시를 데워주는 중앙난방기구입니다. 거기서 뜨거운 물이 나와서 거의 전 도시를 다 데워요. 그렇기 때문에 집이 붙어 있어야 열을 덜 뺏기잖아요. 그리고 여기는 법적으로 벽 두께가 70센티미터가 되어야 하고, 그렇지 않으면 준공 허가가 안 됩니다. 겨울철에도 난방이 잘되어 있어요. 저희 아파트도 항상 18도를 유지해요. 여름에는 꼭대기 층도 두껍게 되어 있어서 태양열을 안 받아요.”

“추울 때는 몇 도까지 내려갑니까?”

“영하 30도까지 내려가요. 보통 겨울에는 영하 20도 안팎에서 왔다갔다해요. 그래서 영하 10도쯤 되면 날 풀렸다고 나가서 놀고 그래요. 여기는 사람들이 지금도 안 추워도 옷을 두껍게 입고 있는데, 겨울에 추울 때는 두껍게 입더라도 덜 추울 때는 조금 얇게 입어도 되지 않느냐고 하겠지만, 러시아 사람들은 아예 추위와 싸울 생각을 안해요. 조금만 추워도 모자 쓰고 코트 입는 거예요. 잘 입어도 추우니까 최대한 따뜻하게 하는 거지요."

"오른쪽에 있는 것이 노보시비르스끄 발레대학교고 왼쪽이 역사박물관인데, 여기가 도시의 가장 중앙입니다. 레닌 동상이 뒤에 있는데, 레닌 동상은 도시마다 건재해 있어요. 기념일이 되면 꽃도 갖다 놓고요."

"우리 자동차도 팔립니까?"

"예, 대우자동차는 우즈베끄에서 만들어진 것이 최근에 들어와서 여기 백화점 입구에서 전시되어 팔리고 있어요. 요즘에 티코와 넥시아가 많이 보이고 있어요. 지금은 초기 단계예요."

"소련은 제일 큰 도시 모스끄바가 인구 2천만이고 레닌그라드가 600만이에요. 그리고 인구 200만 되는 도시가 많이 있어요. 그것들이 모두 각자 제3의 도시라고 하거든요. 노보시비르스끄도 제3의 도시라고 하고 있어요. 여기는 면적으로 봐서는 제3의 도시이면서 인구는 200만이 넘어요."

"이것은 극장입니다. 이건 극장이기도 하면서 여러 공연도 겸하고 있어요. 이 도시의 교향악단은 유럽에서도 알아줍니다. 가치라는 사람이 40년 동안 한 교향악단을 계속 지휘하고 있어요. 지금 70이 넘은 노인이십니다. 여기 바이올리니스트 중에서도 유럽에서 알아주는 사람이 몇 분 계십니다. 한국 꼬마천재 학생 하나가 여기 와서 배우고 있어요. 작곡도 하고 있는데 작곡 배운 지 4개월 만에 오페라 작곡에 들어갔어요. 그래서 겨울에 발표가 있을 것 같다고 하더군요."

"몇 살이나 되었지요?"

"(중학교?) 2학년이에요."

"여기는 주로 무엇이 팔립니까, 주로 전자제품입니까?"

"네, 주로 전자제품 시장이에요, 우선 텔레비전이 팔리고 그다음은 냉장고와 세탁기가 따라 팔리고 있어요."

164

"가정에 보급률은 얼마나 됩니까?"

"그건 제가 잘 모르겠는데, 텔레비전을 안 가지고 있는 가정도 많고 아직은 흑백을 가지고 있는 가정도 많아요."

"그런데 한국 것이 팔리는 이유는 뭐예요?"

"한국 것이 제품이 좋으면서 가격이 싸다고 인식되어 있어요."

"이 나라 제품은 없어요?"

"자국 제품이 있는데 거의 눈길을 돌리지 않아요."

"여기 고려인들이 얼마나 산다고요?"

"고려인은 얼마나 사는지 제가 잘 모르겠어요. 여기 사시는 고려인들은 대부분 사할린 출신들이 많아요. 그전에 사할린에서 여기까지 오려면 아주 머리가 좋아서 여기 있는 대학에 입학할 정도가 되어야 했어요. 그래서 여기 있는 고려인들 보면 대부분 잘살고 사람들이 반듯하고 깨끗해요."

"고려인들과 한국에서 온 사람이 더러 어울립니까?"

"같은 민족이라고 해서 어울리는 것은 없지만, 통역으로 일한다든가 어쩌다 알게 되어서 알고 지내는 경우가 있어요. 서로 말이 통하니까 친해지는데 지금 40세쯤 되는 분들은 우리말을 꽤 잘하세요. 그런데 그 아랫분들은 거의 다 못해요. 그리고 아직도 결혼은 같은 고려인들끼리 해야 한다는 생각이 더 강하고요. 주로 많이 고려인들과 결혼해요."

"한국어학교는 없나요?"

"한국어학교는 없는데, 저희 교회 목사님이 당신 아이가 다니는 학교의 교장선생님께 부탁해서 개인적으로 1주일에 두 시간씩 우리말을 가르치고 있는데, 그것말고는 공식적인 한국어학교는 없어요."

"그러면 거기에 고려인들의 아이들도 배우러 온다는 말입니까?"

"그건 아니고요, 그건 순 러시아인들의 학교예요. 그런데 고려인들이 운영하는 유치원이 있다는 말을 들었어요. 그래서 우리 노래를 가르치는 것을 제가 알고 있어요."

"여기 북한 사람들은 옵니까?"

"제가 알기로 북한 사람들이 200명 정도가 와서 건설 노동자로 일하고 있다고 들었어요. 그 사람들이 자기 나라 북한에 내야 하는 일정한 수준의 돈이 있는 것 같아요. 100달러나 200달러, 이런 식으로 계속 돈을 넣어야 하고 나머지는 자기가 가질 수 있는 그런 건가 봐요."

"그러면 보통 노동자의 한 달 수입은 얼마나 됩니까?"

"러시아인들은 월급이 거의 100달러에서 200달러 정도로 되어 있거든요. 도저히 그것 가지고는 살 수가 없는데 살고 있는 것을 보면 그것 말고도 부수입이 있는 모양이에요. 지금 초등학교 선생님들의 월급이 한 달에 80달러 정도밖에 안 돼요. 예전에는 집세가 자기 월급의 25분의 1 정도였는데 지금은 4분의 1을 내야 집세와 전기세 등이 되나 봐요. 그러니까 굉장히 생활이 어려워졌지요."

"그러면 부수입은 무엇으로 올리지요?"

"그건 모르겠어요."

"그게 궁금하군요."

"이 도시는 아까뎀고로도끄, 즉 학술의 도시예요."

"박사학위를 가진 사람이 한 2천 명 된다면서요."

"핵물리학 발전소 등 한 40개 가량의 연구소가 있어요. 모든 분야가 다 있어요. 생명공학도 있고요. 여기서 저 다리를 건너서 오른쪽으로 30분을 가면 돼요."

"한국인 교민들도 있습니까?"

"서울 사람은 없고 선교사 한 분이 생명공학과에 적을 두고 선교사업을 하고 있어요. 한국 교수님들이 방학을 이용해서 왔다 갔다 하셔요.

166

한번 왔다 가시면 얻어 가시는 게 많다고 그러시더라고요."

"과학자 수가 얼마나 된다고 해요?"

"한 2천 명 된대요. 석사학위 소지자 이상부터요. 그런데 이것도 많이 줄어든 거랍니다. 거기서도 월급이 한 100달러밖에 안 되니까요, 외국 연구기관에서 오라 하면 가고 그렇게 많이 나가나 봐요."

"여기가 시장이에요. 가죽 같은 것은 비싸도 팔려요. 동대문시장에서 사와서 팔면 두세 배는 남는다고 해요. 한국제품은 다 좋다고 인식이 되어 있어요. 하지만 제가 보면 이게 한국제품인가 할 정도로 안 좋은 것이 많아요, 가져다 파는 한국 사람들이 단가를 맞춰야 하니까 비싼 것은 못 가져오거든요. 싸구려를 가져와요. 전자제품 매장의 경우는 그런 것이 없는데 옷 같은 것은 그렇더라고요. 그리고 컵라면과 초코파이 같은 것은 이곳 시장을 확실하게 잡고 있어요."

이 도시의 중앙부에 여기가 러시아의 중심부라고 표시한 상징탑이 있다고 한다. 누군가가 이곳의 고려인사회가 어떻게 형성되었는가를 물었다. 거기에 대한 정혜경씨의 답이다.

"중앙아시아에서 온 사람들과 사할린 사람들이 주로 이곳 고려인사회를 이루고 있는데, 사할린 사람들은 상당히 우리 문화를 유지하고 있는 편이고 중앙아시아 사람들은 많이 러시아화되었어요. 그래서 말도 알아듣기 힘든 우리말을 한다고 해요. 사할린에서 대학교 때부터, 그러니까 스무 살 때부터 여기 와서 20년째 살고 있는 사람들이 많지요. 그전에는 사할린에서 우리 동포가 서쪽으로 최대한 올 수 있는 곳이 여기였어요. 아무리 우수해도 모스끄바까지는 절대 안 보내줬어요. 그런데 사할린 사람들은 그곳이 기후도 좋지 않고 해서 육지로 나오기를 굉장히 희망했나 봐요. 아주 우수한 사람들만 여기에 연구소도 있고 하니까 여기로 보냈다고 해요."

중앙아시아에
숨쉬는
민족문화

사할린 고려인들의 처지는 또 다르다

오늘이 추석날이어서 이곳에서도 아주 밝고 둥근 추석달을 볼 수가 있다. 이 시베리아 벌판에서 보는 추석달은 공기가 맑아서 그런지, 유난히 밝고 크게 보인다.

여기에도 1941년 독소전쟁에서부터 45년 2차 대전이 끝날 때까지의 전승기념탑이 있다. 아주 웅장한 석조 기념탑이 여러 개 서 있고 거기에 우람한 조각이 새겨져 있다. 그리고 바로 뒤에는 '영원히 꺼지지 않는 불'이 켜져서 전몰장병들을 추모하고 있다. 거기에 있는 붉은 제단에 상당히 많은 동전이 던져져 있고, 꽃다발도 많이 놓여 있으며 심지어 빵을 던진 사람들도 있다.

이곳에도 길거리에 LG 광고판이 많이 눈에 뜨인다. 그러나 러시아의 어느 도시를 가도 가장 많이 보이는 선전 간판의 경우 누가 무어라 해도 코카콜라나 말보로와 같은 미국제 상품 광고가 절대 우세하다. 소연방이 무너지고 개방된 러시아 사회가 미국 자본주의의 세례를 흠씬 받고 있는 모습이 역력하다.

러시아 경찰차 두 대가 와서 우리 일행을 에스코트하고 있다. 이번 행사에 러시아 정부가 상당히 많은 배려를 하고 있음을 여기서도 볼 수 있다.

'회상의 열차'에 러시아 정부가 보여준 관심과 호의, 예를 들면 옐찐 대통령의 축하메시지, 지금과 같이 시내 관광 과정에서의 경찰차의 에스코트 등과, 중앙아시아 고려인들의 연해주 이주를 연해주 정부를 비롯한 러시아 당국이 가히 달갑게 여기지 않는다는 문제 사이에서 보이는 간극 같은 것을 어떻게 이해해야 할지 조금은 마음에 거슬린다.

물론 연해주 정부 관리들은 중앙아시아의 고려인들이 옮겨오는 것은 전혀 문제가 없고 다만 그 재정적 뒷받침이 어려운 문제라고 이야기했다. 그러나 여기 와서 현지 고려인들의 이야기를 들어보면 중앙아시아에 있는 고려인들이 연해주 지방으로 옮겨가는 문제에 대해 러시아 정부 자체가 그리 달갑게 생각하지 않는 것이 확실한 것 같다. 그뿐 아니라 어떤 면에서는 반대하고 있음에 틀림없는 것 같다. 특히 연해주 정부 쪽에서는 반대하는 결의를 했다는 말도 들었다. 그런 상황과 이번 '회상의 열차'에 러시아 정부가 보여준 호의 사이에 있는 거리 같은 것을 어떻게 이해해야 할지 다시 한번 생각해봐야 하지 않을까 한다. 맹동욱 교수에게 이번 '회상의 열차'에 대해 러시아 정부가 왜 이렇게 관심을 가지고 호의를 베푸는가 하고 물었더니, 그는 직설적으로 과거에 지은 죄가 있어서 그렇다고 대답했다.

그렇다면 중앙아시아의 고려인들이 원동지방으로 옮기는 것도 러시아 정부가 반대할 이유가 없지 않은가 하고 다시 물었더니, 고려인들이 한반도와 가까운 원래 살던 지역으로 가서 하나의 세력을 이룸으로써 한반도지역과 연결되는 것에 대해서는 러시아 당국이 상당히 신경을 쓰는 것 같다고 했다.

그는 또 소연방 해체 후의 고려인들이 까자흐스딴이나 우즈베끼스딴 등 독립된 공화국에 살기가 어려워졌다면 러시아 영토 안으로 옮기되, 한반도와 가까운 연해주 지방이 아니고 완전히 새로운 개척지로 가는 경우 러시아 당국이 신경 쓰지 않을 것 같다고 했다.

중앙아시아로 강제이주된 고려인들이 연해주 지방으로 다시 돌아가서 한반도 정치권력의 연장선처럼 되는 것을 러시아 정부가 막으려고 한다는 것이다. 21세기에 들어가면 통일된 한반도와 중국 북간도의 조선족 자치주와 연해주의 고려인 거주지를 연결하는 하나의 '한민족 벨트'가 형성될 가능성이 있음을 말하는데, 그것이 이웃 민족들에게 경계가 되는 것이라 하겠다.

중앙아시아의 고려인들이 연해주 지방에 모임으로써 그곳이 한반도의 연장지역처럼 되는 것을 러시아 정부가 꺼리는 것은, 인류의 역사가 더 발전해서 국경이 훨씬 더 낮아진 다음에는 몰라도 지금과 같이 높은 국경이 엄존해 있는 상황에서는 당연한 일이라고도 할 수 있겠다.

9월 17일날 아침이 밝았다. 이곳 시간으로 아침 6시 반경에 조그마한 역에 도착할 것 같다. 오늘 아침에는 일찍 일어나서 쫓기지 않고 시간을 욕심껏 잡아 세수하고 양치질까지 깨끗이 할 수 있어서 얼마나 기분이 상쾌한지 모르겠다.

비교적 한적한 시골 농촌 동네로 열차가 들어가고 있다. 집이 한 200호 될 만한 시골 농촌 마을을 지나가고 있는 것 같은데, 지붕은 역시 모두 슬레이트로 덮었다.

농촌 마을을 지나서 바르나울이라는 곳에 도착했다. 당장 보이기는 도시라 말할 만한 곳이 못 되는 것 같은데, 지도상에서 보면 상당히 큰 도시로 되어 있다. 아마 역을 벗어난 곳에 집들이 많이 있나 보다. 역사도 상당히 크다. 역 주변에 나와 있는 사람들이 우리 열차에 붙은 플래카드를 읽어보고 있다.

어제 저녁 노보시비르스끄역에서 행사가 끝난 후 열차로 돌아오면서 조그마한 가게에서 햄과 초콜릿을 샀다. 햄은 1만 3800루블을 주었는데, 이번 여행에서 처음으로 물건을 사고 영수증을 받아보았다.

불편한 열차 여행에서도 한 가지 다행스러운 것은 뜨거운 물을 쉽게 받을 수 있다는 일이다. 가져온 휴대용 보온병에 재스민 차를 넣고 뜨거운 물을 부었다가 입 안에 가득 재스민 향기를 마시면서 초콜릿을 먹는 재미는 이번 여행에서 맛본 가장 큰 즐거움의 하나다.

각 침대차마다 러시아 여승무원 두 사람이 교대로 근무하는데 우리 객차 칸을 맡은 여승무원 두 사람은 모든 것이 아주 대조적이다. 한 사람은 검은색 머리에 얼굴이 예쁘고 키가 크면서 온순하고, 한 사람은 머리 빛깔이 은색이고 키가 작고 뚱뚱하면서 성격이 괄괄해서 혹시 열차가 섰을 때 화장실을 이용했던 일행들이 그에게 망신을 당하기 일쑤다.

열차가 섰을 때 화장실을 이용하지는 않지만, 화장실을 쓰는 중에 열차가 서는 경우가 있게 마련이다. 그럴 때면 이 은색머리 '괄괄녀'가 밖에서 문을 잠그면서 딱딱거리는 것이다. 일행들이 그의 무례함을 호통치기도 하지만, 말이 통하지 않으니 딱하기만 하다. 결국 고려인을 불러다 주의를 주기도 했다.

식당차에서 식사를 마치고 담화를 나누면, 멀리 떨어져 있으면서도 역시 국내 소식이 궁금하다는 이야기를 많이 했다. 대통령선거가 어떻게 될 것인가, 누가 대통령이 되어야 할 것인가 하는 문제들이 나왔다. 물론 아무도 명쾌한 답을 내릴 수는 없었고, 국내 상황이 어떻게 바뀌었을까 궁금증만 더해갔다. 10시부터 이윤구 박사의 '21세기 한민족'이라는 강연이 있었다.

얼마 안 가면 까자흐스딴 국경이 나타난다고 한다. 오후 1시에 룹촙스끄라는 러시아와 까자흐스딴의 국경도시에 도착했다.

다른 도시와 다르게 역 구내에 우리 일행 이외의 사람이 많이 나와 있다. 이제 까자흐스딴의 국경을 넘게 되는데 국경을 넘는 절차가 있는지 여권을 준비하라고 했다. 그러나 까자흐스딴 당국의 양해로 별 절차 없이 그냥 통과할 수 있었다.

룹촙스끄부터는 전철이 아니고 디젤기관차로 바뀌는데, 그 이유는 거기서부터는 선로가 까자흐스딴의 선로이기 때문이라 한다. 철로 주변은 모두 러시아 땅인데, 선로는 이 역에서부터 까자흐스딴의 선로라고 한다. 그래서 전철은 룹촙스끄역에서부터 끊어지고 디젤기관차가 기차를 끌고 갔다.

이제 까자흐스딴에 거의 다 들어온 것 같다. 즉 중앙아시아에 들어온 것 같은데, 여태까지 시베리아에서 보던 자작나무숲은 거의 없어지고 굉장히 넓은 그야말로 일망무제의 농토가 펼쳐지고 있다. 여기도 아직은 러시아 영토이지만, 시베리아와는 전혀 다르게 그 흔하던 자작나무숲이 전혀 없어지고, 광활한 대지가 전개되면서 그것이 모두 농토로 정리되어 있는 것이다. 중간 중간에 수로가 잘 정비되어 있는 것을 볼 수 있다.

러시아 고려인협회 회장 이 올레그 씨가 재러시아 동포사회에 대한 문제를 설명했다. 비교적 침착하고 무뚝뚝한 그도 특히 사할린 동포사회에 대해 이야기하면서 열을 올렸다.

"그들은 강제로 사할린에 끌려왔고 또 해방 후에도 강제로 소련정부에 의해 남겨졌습니다. 일본 사람들은 패전 후 본국으로 보내졌지만 한인들은 그대로 남겨졌습니다. 사할린에 살던 일본인들이 그들의 본국으로 돌아갈 때 한인들도 함께 가려고 붙잡고 울고 했으나 강제로 떼어놓았고 이 과정에서 심지어 바다에 빠져 죽은 사람들도 있었습니다."

"그들은 러시아 국민도 아니고 한국 국민도 아닙니다. 그들은 계속 러시아 국민이 되라고 해도 거절했습니다. 그들의 출생지도 남한이고 지금까지 러시아 공민증도 안 가지고 귀국을 원하고 있습니다. 반드시 한국 측에서 배려하여 받아줘야 한다고 생각합니다. 유대인들은 가고 싶은 사람은 모두 이스라엘로 갈 수 있습니다. 러시아의 우리 고려인은 특이한 상황에 있습니다만 출생지가 한국인 사할린 사람들은 한국 측에서 받아주어야 할 의무가 있습니다."

고려인 맹동욱 교수의 기구한 인생 역정

다음에는 이번 여행 중 어느 고려인보다도 우리말을 잘해서—그의 우리말 실력은 우리와 전혀 다르지 않았는데, 이제 그 이유를 알게 될 것이다—계속 통역의 역할을 맡았던 맹동욱 교수가 자신의 '기구한' 인생 역정을 말하는 순서를 가졌다.

6·25전쟁 때 북한 인민군 장교였던 그는 한국에서 간 우리 일행 중의 육군소령 출신 서승주씨(68세)와는 서로 총부리를 겨눈 사이였다는 사실을 이번 여행 중에 서로 알게 되었다. 국군 장교 출신과 인민군 장교 출신이 함께 타고 가는 '회상의 열차'가 된 것이다.

지금 러시아에서 유수한 극작가요 연출가로 활약하고 있는 맹교수의 이야기를 들어보자. 그는 연극에 뛰어난 자질을 가졌으면서도 말을 조리있게 하지는 못했다. 가능하면 녹음된 그의 말을 그대로 옮기려 애썼으나 구문(構文)이 잘 안 되는 곳은 조금 손질했다.

"불행한 일이 있습니다. 6·25동란 때만 해도 우리 서로 총을 겨누고 쏘아 죽이는 상황에 있었던 분과 이번 여행에서 만났습니다. 나는 동부전선에 있었는데, 이 선생(서승주씨)도 같이 동부전선에 있었고 그가 나이 두 살 위입니다. 형이 동생을 쏴죽인다는 것은 말도 안 되지만, 나는 인민군에 있어서 아마 이 형을 만났으면 쏴죽였을 거예요."

"전쟁 후 유학을 간 것도 이 선생은 미국으로 가고 나는 러시아로 가게 되었어요. 그다음에 나는 북한 정권에 반기를 들게 되어 이후 조국과 고향에 갈 수도 없었고 부모를 만날 수 없게 되었습니다. 한국과 러시아 사이에 국교가 열림으로써 한국 땅을 밟아보기도 했습니다만, 과거에는 북한에도 갈 처지가 못 되고 남한에도 못 가는 상황이라, 그래서 이 러시아 땅에서 망명생활을 수십 년 하면서 살게 되었습니다."

"소련의 끄렘린 경연대회에서 연극 몇 편을 올려서 2등상, 3등상을 받은 일이 있어서 고문 예술가 칭호를 받았습니다. 책을 몇 권 발간해서 작가동맹에 있었고, 극장에서 120여 개의 연극을 상연했습니다. 다음에는 총연출가와 극장장도 하고 중앙당 간부에 속하는 직책에 있으면서 월급이 적으니까 동시에 교수직을 가지고 살다가 한국을 만났고 한국 사람을 만나게 되었습니다."

"서선생뿐만 아닙니다. 기아자동차 공장의 민경준씨도 15사단장으로서 동부전선에서 총을 맞대고 싸우던 사이입니다만, 같은 겨레가 서로 총을 겨눈 무의미한 전쟁에서 벗어나 가장 친근한 친구, 가장 눈물겨운 친구로 되어버린 겁니다. 나는 소련에 유학 가서 모국에 반기를 들었는데 이분은 아마 미국에 가서 반기를 들지 않은 것 같은데 그것이 차이라고 하겠습니다."

"내 역사는 소설 10권이라도 안 됩니다. 나는 성격이 고약해서 공산주의사회에 오래 살면 살수록 반항하고 또 자본주의사회에도 살면 살

수록 또 반항할 것 같아요. 해방 후 소련 군대가 북한에 진출했을 때 내 삼촌이 일본군인이었다 해서 방망이에 맞아죽었어요. 내 고향은 함경북도 성진인데, 성진에서 중학교·고등학교를 다니다가 월남하기 위해서 해주에 갔어요. 다른 친구들은 월남하여 서울에서 활동하고 있습니다만, 나는 월남 못 하고 잡혀서 결국은 해주예술학교를 우연히 졸업하게 되었습니다."

"6·25전쟁이 종전이 다 되어갈 때였는데 예술에 취미가 있어서 「1311고지」라는 장편 서사시를 썼어요. 그것이 『조선인민군신문』에 발표된 후 나를 군단에서 불러서 연예대를 만들라 했습니다. 평양에 가서 많은 무용단, 연극하는 배우들, 관악대 등을 데리고 와서 제1군단 연예대를 만들었어요."

"그게 1952년 말입니다. 1군단으로 말하면 최현이 군단장이었어요. 그리고 러시아에서 나간 김철우가 정치부 군단장이었지요. 나는 김철우에게 직접 소속되어서 연예대를 만들어가지고 중부전선 백마고지 등에 있는 중국군에 순회공연도 다니고 했습니다."

"그러다가 김일 최고사령관이 내려오는데 내가 지도하는 연극단의 연극을 보이려고 했어요. 그런데 거기 주인공을 하는 배우가 학질에 걸려서 벌벌 떨고 있어요, 죽어도 못 나가겠다는 겁니다. 김철우 정치부 군단장에게 이야기했더니 '야, 이 새끼야, 네가 썼냐?' '네, 제가 썼습니다' '그럼 네가 놀아' 그래서 내가 결국 연기를 하게 되었어요."

"그래서 연기를 하게 되었는데, 기질이 불같이 강해서 앞으로가 아니라 무대의 왼쪽이나 오른쪽으로 가야 하는데, 나는 김일이 앉아 있는 무대 정면으로 가서 김일을 막 밟고 넘어갔어요. 그래서 총살이다 하고 친구들이 날 위협했어요. 그런데 갑자기 김일이 무대 뒤로 오더니 '나를 밟은 놈이 누구야' 그래서 '접니다' 그러니까 '이 새끼 유학 보내' 그래서 결국은 유학 준비를 하게 되었고, 몇 번에 걸쳐서 시험을 쳤습니다. 수학이나 물리 등이 좀 약하기 때문에 곁 사람들의 도움을 받았습니다.”

“하여튼 머리는 둔했지만 이럭저럭해서 모스끄바 유학을 하게 되었는데, 모스끄바 유학생은 북한에 나가게 되면 제1급 인간입니다. 다른 지역에서 공부하는 사람은 1급, 2급이 있지요. 그때 황장엽이 유학생 당위원장 할 때 나는 세포 당위원장을 해서 그 사람에게 매달 당비를 갖다 준 적이 있어요.”

“유학생활은 그렇게 했는데, 소련 56차 당대회 때 흐루시초프가 스딸린을 비판했어요. 자본주의와 공산주의의 공존을 주장하면서 스딸린의 독재와 숙청을 폭로했습니다. 그래서 24단계 결정서가 있는데, 그건 어느 사회주의 나라든지 24단계 결정을 지지할 것을 공고한다고 했어요. 그래서 우리는 24단계 정신을 받아 가지고 김일성과 모택동에게 편지를 썼어요.”

“북한 김일성에게도 개인숭배가 있었고, 내 자신이 시를 쓸 때 김일성을 태양이라고까지 했습니다. 그래서 개인숭배를 비판하는 편지를 썼는데, 그건 나뿐만이 아니라 우리 세포 전체 11명이 싸인을 했어요. 맨 처음에는 중국 대사관으로부터도 우리가 지원을 받았어요. 소련과 중국이 개인숭배를 비판하면 그 사이에서 북한은 어디로 가겠는가 하는 생각이었지요.”

“그러나 중국이 흐루시초프와 갈라서게 되었어요. 그래서 지금까지 남아 있게 되었어요. 북한에서 정치보위부 사람들이 나와서 우리를 체포하려고 했어요. ‘누가 김일성에게 개인숭배가 있다고 하는가, 나와라’ 했어요. 그래서 우리가 나갔지요. 그러니까 즉시 우리를 체포해서 방 안에 넣고 보초를 봤어요. 대사관 안에서 그런 불법행위를 했어요.”

“몇 시간 뒤에 우리가 화장실을 가겠다고 하니까 가라 하면서 내일 아침 10시에 떠날 비행기표가 있으니 준비하고 있으라고 했어요. 2층 화장실 밖에는 아래층 현관의 지붕이 있고 화장실에는 창문이 있었어요. 창문을 들어서 뺐어요, 거기서 지붕에 내려가 뛰어서 소련 경찰을 동원했지요. 대사관에서 사람을 체포하고 구금하고 권총을 차고 다니고 한 일 때문에 소련 경찰에 의해 대사를 비롯해서 모든 직원이 24시간 내에 쫓겨나게 되었어요."

"그게 1958년도입니다. 대사관원들이 쫓겨난 후에 다른 성원들이 왔는데 그들이 계속 우리를 잡으려고 했어요. 소련 당국에서 우리를 보고 '당신들이 무국적인이지만 소련 공민증을 주고 미래의 간부로서 양성하려 하니 당학교에 가지 않겠느냐' 했어요."

"우리가 '날 때부터 예술을 사랑했기 때문에 예술을 하겠습니다' 하니까 대사관에서 무어라 하니 지방 단위에 가라고 해서 나는 알마띠 가고 다른 사람들은 따슈껜뜨에도 가고 지금 다른 지역에도 많습니다. 돈판스, 우끄라이나 등에도 각각 흩어져 내일이냐 모레냐 기다리다가 이렇게 백발이 되었습니다."

"모두 11명이었습니다. 후에 우리는 계속 투쟁을 했습니다만 투쟁을, 조직체를 가지면 안 됩니다. 러시아 헌법이 있습니다. 다른 나라 국민이 공산당 이외에 다른 조직체를 가지면 감금됩니다. 그래서 우리는 한때 소련 당국에 '우리가 너희들한테 부담을 많이 주는 것 같은데 우리 11명은 조용히 캐나다로 망명을 가게 허가해달라'고 하니까 그러면 우리가 의심을 받는다 했고, 한때는 우리가 위험한 입장에 서기도 했어요."

"그런데 우리가 24단계 정신을 받들고 나왔기 때문에 흐루시초프 당시에는 우리가 직장을 가지자마자 아파트를 주었어요, 대우가 아주 좋았어요. 그다음에 브레즈네프에 들어서서는 우리라는 존재는 없어졌습니다. 완전히 망각되었어요. 그런데 우리가 모두 대학을 나오고 제각기 직장에 가서 꾸준히 노력한 결과 다른 사람에 못지않은 훌륭한 예술가들로 되었습니다. 한국에도 알려진 허진(許眞)도 우리 11명 중 한 사람입니다. 간단히 말해 이렇습니다."

맹동욱 교수는 알마띠에 25년 있었다고 한다. 앞에서도 말한 것과 같이 그는 소련으로 망명한 후 소련 지역 민족해방운동의 중심인물 중 한 사람인 김만겸의 집에 자료를 구하러 드나들다가 결국 김만겸의 손녀와 결혼을 했다고 한다.

러시아의 자랑거리 세 가지와 못쓸 것 세 가지

세미빨라찐스끄역에 도착했다. 까자흐스딴 땅에 들어와서 처음 도착한 역이다. 도스또옙스끼가 유배 왔던 곳이라고 한다.

까자흐스딴 땅을 처음 밟는다는 마음으로 플랫폼에 내려서 역 앞의 조그만 가게에 들러 판자 위에 놓고 파는 것들을 봤다. 울긋불긋한 도시락 라면들이 있고 약간의 음료수, 소시지 등도 팔고 있다. 우리나라의 초코파이는 거의 모든 곳에 다 있다.

가게에서 물건을 파는 한 여인이 꼭 고려인 같아서 물어봤더니 까자흐스딴 사람이라고 한다. 조그만 아이가 와서 돈을 달라고 해서 우리 일행 중 한 사람이 1달러를 주었다. 맹동욱 교수가 전에 까자흐스딴의 알마띠에 있었기 때문에 이곳 말을 할 줄 알았다. 까자흐스딴 말을 쓰니까 여기 사람들이 대단히 반가워하는 것을 볼 수 있다.

맹교수에게 까자흐스딴에 사는 고려인들이 까자흐스딴 말을 하느냐고 물었더니 "여기 사람 말을 모르면 일을 할 수가 없어요. 쫓아내어요" 하는 대답이었다. 이곳에 사는 고려인들이 까자흐스딴 말도 알아야 하고, 또 구 소련권의 공통어가 되어 있는 러시아 말도 알아야 하고, 거기에다 모국어까지 알려면 결국 3개 국어를 알아야 한다는 말이 된다.

까자흐스딴 사람들은 서양인보다는 동양인에 훨씬 가깝다. 머리도 검은 사람이 많고 얼굴빛도 거의 동양인에 가까운 그런 사람들이다. 러시아 국경을 넘어서 까자흐스딴 땅에 깊숙이 들어왔다. 알마띠 가는 철로변의 나무들은 활엽수가 대부분이고 모두 노랗게 물들어 있다.

날씨는 조금 따뜻해진 것 같다.

시베리아 벌판에서 한없이 본 자작나무는 거의 보이지 않고 포플러나무가 많은 것 같다. 포플러나무 잎이 은행잎 물들듯이 노랗게 물이 들어서 아름다운 풍경을 이루고 있다. 시베리아와 같은 끝없는 숲지대의 연속이 아니고 가다가 대단히 넓은 농토 지역 같은 것이 나오는데 정말 농토인지 알 수 없다. 농사를 지을 수 없는 척박한 땅이 아닌가 하는 생각을 갖게도 한다.

이 넓은 벌판이 모두 농사지을 수 있는 땅인데 지금은 추수철이 지나서 빈 벌판으로 된 것인지, 혹은 땅이 척박해서 농사를 지을 수 없는 곳인지 달리는 열차 안에서는 분간할 수가 없다.

중간 작은 역들에 설 때마다 모두 지루한 열차 생활에 지쳐서 잠깐 플랫폼에 내려서 그곳 사람들과 사진을 찍기도 하고 또 손짓 발짓으로 대화를 나누기도 한다. 혹은 고려인들을 통역으로 해서 이야기하기도 하는데, 역시 생활이 그다지 풍족한 편은 아닌 것 같다. 가게에 놓고 파는 물건들도 어디를 가나 거의 비슷비슷하다. 음료수와 소시지, 한국제 컵라면 등이다. 저녁에는 열차 식당에서 리나 김의 '음악회'가 열린다고 했다. 따지끼스딴 전란에 휩쓸려 사정이 대단히 어려워진 그가 한국에 가고 싶어 하는 것이 아닌가 하고 생각되었다.

그저께 '18번 노신사'가 그 자리에서 노래를 불러보라 했다가 우리 일행에게 핀잔을 받은 적이 있지만, 아마 맹동욱 교수가 한국에 가고 싶으면 노래 부르는 기회를 가지는 것이 좋겠다고 권한 것이 아닌가 생각된다. 시끄럽고 흔들리는 열차 안에서 노래 부를 오페라 가수의 정상이 가련해 보일 것 같아서 안 가겠다는 석여를 두고 어떻게 하는가 보자 하고 혼자 '음악회'에 갔더니 정말 딱한 장면이 벌어지고 있었다.

좁은 열차 식당에 '청중'이 빽빽하게 앉았고 담배까지 피우는 사람이 있어서 공기가 대단히 탁했다. 그래도 그는 머리 손질을 예쁘게 하고 까만 드레스 차림으로 나와서 반주도 없이 아주 멋쩍어하면서 노래를 부르고 있었다. 하도 보기 딱해서 바로 침대칸으로 돌아오고 말았다.

열차가 까자흐스딴으로 들어온 후에는 디젤기관차의 연기가 들어온다 해서 승무원들이 차창을 열지 못하게 했다. 과거에는 이곳도 소연방 영토였는데 러시아 지역은 전철이고 까자흐스딴부터는 아니라는 것이 마음에 걸렸다. 사회주의체제 안에서도 러시아와 비러시아 사이에 이런 차이가 있었다는 것을 알게 된 것이다.

열차 안에서의 생활이 무료해서 농담들을 하게 되는데, 일행 중 한 사람에게서 들은 우스운 이야기 한 가지를 소개해보자.

러시아에 자랑할 것이 세 가지가 있는데 하나는 러시아 여자고 둘째는 바이깔 호수의 물이고 셋째는 보드까 술이라고 한다. 그리고 못쓸 것이 또 세 가지가 있는데 하나는 러시아 남자고 둘째는 루블화고 나머지 하나는 모르겠다고 했다. 그 말을 듣고 석여와 둘이서 얼마나 웃었는지 모른다.

18일 새벽 7시에 우쉬또베에 도착했다. 역사 주변에 보이는 집들은 역시 허술해 보이고 모두 슬레이트 지붕이다. 날씨는 서늘하지 않고 오히려 따뜻해진 것 같다. 비로소 하늘에 구름이 낀 것을 볼 수 있다.

새벽에 도착했는데도 상인들이 조그맣게 전을 벌여놓고 있다. 수박,

사과 등 과일이 많은 것이 특징이다. 철로 연변의 집들은, 작년에 모스끄바에서 레닌그라드로 갈 때 철로변 농촌에서 볼 수 있었던 작은 '별장'들과 비슷한 집들이 여기저기 많이 널려 있는 것을 볼 수 있다. 이곳 시간으로 맞추어야 하지 않을까 하지만, 맞춘 시간으로 7시가 넘었는데도 아직 어둡고 달이 중천에 떠 있는 것을 볼 수가 있다.

식당에서 아침 식사를 하는 동안에 톈산(天山) 산맥을 지나가게 되었다. 이 톈산 산맥을 가운데 두고 실크로드가 남로와 북로로 나뉘는 것은 다 아는 일이다. 알마띠에 도착하기 전 열차 안에서의 아침 모임에서 노래 부른 리나 김에게 한국에서 온 일행들이 각자 5달러 내지 10달러씩을 내어 감사를 표하자는 제의를 했다.

일행 중 이종훈 박사가 객차 칸마다 다니면서 모금을 했는데 약 400달러가 걷혔다. 돈을 받은 리나 김이 몹시 고마워했다고 한다. 다소 자위가 되기도 했다.

까자흐스딴 수도 알마띠의 고려인들

까자흐 공화국의 수도 알마띠역에 낮 12시 55분에 내렸다. 역에는 많은 고려인 동포들과 여기 주재하는 한국인들이 나와서 환영해주었다. 특히 제자인 한남대학교 이정신 교수의 남편이며 현대자동차의 알마띠 주재 책임자인 배건호 이사의 마중은 뜻밖이었다. 서울을 떠나면서 이 교수에게 말하지 않고 왔는데 어떻게 연락이 된 것 같다.

여기서 잠깐 앞에서 든 권희영씨의 『세계의 한민족』 중 '독립국가연합'편을 통해서 까자흐 공화국의 역사와 고려인의 상황을 알고 넘어가야 할 것 같다. 이 여행기의 다른 부분에서도 말했지만, 나 역시 중앙아시아의 역사에 대해 너무도 무식했음을 절감했다.

러시아는 코사크 부대를 선두로 하여 18세기경부터 카자흐의 동부 스텝 지역부터 정복하기 시작했고, 총독부를 두어 보호국으로 지배하였다. 20세기에 들어와서 카자흐의 청년들을 중심으로 근대화운동과, 러시아의 식민지배에 반대하는 운동이 일어났다.

러시아의 '2월혁명'이 일어난 후 카자흐 사람들은 자치를 주장했고, 1920년까지 혁명군과 백군의 내전이 끝나고 소비에트 권력이 성립되자 카자흐는 '키르기스 소비에트 사회주의 자치공화국'이 되었다. 그리고 1924년에는 키르기스 자치공화국이 카자흐 자치공화국과 카라키르기스 자치주로 나뉘었으며, 1936년에는 카자흐 공화국으로 되어 소연방을 구성하는 공화국이 되었다. 그리고 고려인을 비롯한 각 민족들이 강제이주되어 왔다.

고르바초프의 페레스트로이카가 시작되면서 1986년에 알마아타 폭동이 일어났고, 1990년에 카자흐 공화국의 나자르바예프 공산당 제1서기가 대통령으로 선출되었고 곧 주권선언이 있었다. 그리고 1991년에 들어가서 카자흐 공화국이 독립을 선언하여 소연방 해체에 일조를 했고, 옐친편에 서서 독립국가연합에 가입했다.

카자흐스탄의 인구 구성은 카자흐인이 약 653만 5천 명이고, 러시아인이 약 622만 8천 명이며, 고려인은 약 10만 3천 명으로 카자흐 전체 인구의 아홉 번째를 차지하고 있다. 1937년의 강제이주 전에도 카자흐스탄에 고려인이 살고 있었다. 1926년에 42명이 있었다는 것이다.

무슨 이유인지 모르지만 '회상의 열차'가 알마띠에서 네 시간밖에 머물지 못한다고 한다. 고려인들이 많이 살고 있으며, 고려신문사 등 민족문화기관들도 많아서 충분히 시간을 가지고 보고 싶었는데 네 시간은 너무 짧은 것 같다. 배건호 이사에게 '회상의 열차'가 오래 머물지 못할 만한 이유라도 있는가 물어봤지만 전혀 그럴 이유가 없다고 한다. 언뜻 까자흐스딴 정부는 우리들의 이 행사에 협조적인 것 같지 않다는 생각을 했다. 우리 일행이 까자흐스딴 고려인들을 연해주로 데리고 가기 위해 온 것으로 생각하는 건지……

알마띠에 머무는 시간을 네 시간으로 제한했기 때문에 여기서 여러 가지 계획했던 일들을 제대로 못하게 되었다. 동행하는 젊은 기자들이 며칠 전 월드컵 예선 축구경기에서 우리가 까자흐스딴을 이겨서 이런 '박해'가 있는 것인가 하고 농담을 해서 모두 웃었다.

어쨌든 이때까지는 우리의 이 행사에 대해 까자흐스딴 및 우즈베끼스딴 정부가 좋지 않게 생각할 이유가 별로 없을 거라 생각했다. 러시아 정부는 우리를 도와준 반면, 까자흐스딴이나 우즈베끼스딴 정부와는 다소 문제가 있는 것 같은 점이 이해하기 어려웠다.

소련이 무너진 후 신생 공화국이 가진 민족주의적인 반발, 게다가 이슬람교가 가지고 있는 약간의 배타성이 합쳐져서 그런 것이 아닌가 생각도 해봤는데, 아직은 정확한 이유를 알 수 없다. 앞에서도 말한 것과 같이 러시아에서 까자흐스딴으로 들어올 때는 여권이나 비자 검사 없이 기차에 탄 그대로 들어오게 해놓고―비자값은 8만 원 가량을 주었다고 하지만―우리의 행사를 제약하는 이유를 알 수 없다.

역전 행사를 취재하러 나온 것으로 생각되는 예쁜 고려인 젊은 여성과 대화를 나누었다. 그는 생각보다 우리말을 잘했다.

"이번에 한국에서 80명 이상의 사람이 열흘 동안 이 기차를 타고 여기까지 왔는데, 이런 일을 하는 것에 대해 여기 현지의 동포들은 어떻게 생각할까요?"

"글쎄요, 아주 중요하다고 생각합니다. 여기 우리가 60년 동안 살고 있으며, 제가 고려인 4세인데 저는 고생한 것을 느낄 수는 없습니다. 그래도 제가 할머니 할아버지 이야기를 들으면 눈물이 나오기도 합니다. 제가 물론 또 자기 역사에 대해서도 알았으면 좋겠는데 모르는 것이 아주 많습니다."

"지금 어디에 근무하고 있어요?"

"까자흐 공화국 방송공사 기자입니다."

"이름은?"

"최경숙입니다."

"그런데 여기 사람들은 다 우리 이름을 씁니까?"

"아닙니다. 저희 할아버지가 지었는데 러시아 이름도 있어요."

석여는 서울을 떠나면서 우리가 『한국사회주의운동인명사전』을 만들 때 소련 지역에서 활동한 사람으로서 이름만 확인되고 그 자세한 행적을 알 수 없었던 수백 명의 이름을 프린트해 왔다. 그는 시간이 날 때마다 여기 고려인들에게 그 이름을 보이며 아는 사람이 있는가고 물었지만 모두 허사였다.

1920년대 초의 민족해방운동전선에서 활동한 전사들을 알 만한 동포들은 이미 모두 작고했다. 20년대 후반이나 30년대에 활동한 사람들을 알 만한 동포들도 모두 고령일 텐데, 민족해방운동전선에서 활동한 사람들을 알 만한 수준의 지식인들은 열차에 동행한 고려인들이 말한 것과 같이 대부분 30년대 후반기의 대숙청 때 희생되었다. 그 때문에 지금의 구 소련 지역 고려인들 중 20년대, 30년대의 민족해방운동전선에서 활동한 전사들을 알 만한 사람은 그 분야를 특별히 연구한 사람에 한정되어 있다고 봐야 할 것 같다.

'회상의 열차'를 환영하러 나왔거나 오며 가며 만나는 고려인들 중에서 민족해방운동전선 전사들을 기억하는 사람을 만나기는 아무래도 틀린 일인 것 같다.

여기 고려인들이 자기 조상들의 사진을 넣은 액자들을 가지고 나와서 고국에서 온 우리에게 보여주고 있으나, 그들이 누구인지를 전혀 알수 없다. 무슨 일을 한 사람인가를 물어도 말이 통하지 않으니 답답할 뿐이다. 아마 고국에서 온 우리 일행 중 혹시 자기 윗대를 아는 사람이라도 만날까 하는 기대 때문이 아닌가 생각했다.

일제강점시대와 분단시대로 연결된 지난 1세기가 이곳 고려인과 우리들 한국인 사이의 벽을 이렇게 두껍고도 높게 쌓아놓은 것이다. 이 벽을 허무는 일이 시급하다는 생각이 절실하다. 그 첩경은 역시 잦은 교류와 접촉일 것이다.

다음은 이곳에 오래 나와 있어서 사정에 정통한 배건호 이사와의 대담이다.

"까자흐스딴에 11만 명, 우즈베끼스딴에 20만 명의 고려인이 살고 있다고 했는데, 그러면 까자흐스딴 11만 명 중 알마띠에는 몇 명이나 살까요?"

"알마띠에는 3, 4만 명이 있습니다."

"우리가 지금 연해주를 들러 오는데, 여기 중앙아시아에 있는 동포들이 연해주로 옮겨가고 싶어 한다는 말을 들었어요. 정말 그렇습니까?"

"여기 까자흐스딴이 독립하고 나서 처음에는 자기 나라 사람들을 우대하는 정책을 좀 썼어요. 관료 자리에서 러시아 사람들과 이민족들을 다 몰아내고 그 밑에서 일하던 까자흐스딴 사람들을 올렸습니다."

"그러다 보니 일부 고려인들이 연해주로 갔어요. 그런데 거기 가봐도 별로 대우받는 것도 없고, 오히려 겨울이면 날도 춥고 먹는 것도 비싸고 하니까 바로 또 돌아오는 경우도 있었습니다."

"그후 까자흐스딴 대통령이 이민족이고 까자흐 사람이고 차별 안한다는 발표를 했고, 실제로 이 나라 대통령이 고려인을 상당히 우대하고 있습니다. 왜냐하면 어차피 경제발전을 한국에서 배우려고 하기 때문입니다. 여기 고려인협회장 유 리치라는 사람이 사업가로서 상당히 이름이 나 있고, 또 전체 고려인사회를 리드하고 있습니다. 그 사람이 한국에도 자주 가고 여기 대통령을 측근에서 모실 수 있는 입장이기 때문에 요즘에는 한국 사람들 위상이 많이 올라가고 있는 편입니다. 우즈베끄 사람들과 비슷한 입장입니다. 우리하고 가까워져야 하는 입장이니까 우리 동포들을 무시하는 인상을 줘서는 안 되거든요."

"이 '회상의 열차'에 러시아 한인협회장 이 올레그 씨가 타고 있는데, 그는 중앙아시아가 독립된 후에 여러가지로 불편하고 탄압을 받아서 여기 고려인들을 연해주로 모두 옮겨야 한다고 말하고 있어요. 여기 고려인들도 그렇게 생각할까요?"

"그런데 실제로 만나면 그렇지 않습니다. 왜냐하면 여기 고려인들이 여기에 온 지 벌써 3대째여서 여기를 자기 나라라고 생각하고 있어요. 내 뿌리가 연해주니까 거기에 가야 한다는 생각은 하고 있지 않습니다. 전부 여기서 농사짓고 비즈니스하고 있기 때문에 그런 생각을 안하고 있어요."

"그런데 러시아 고려인협회에서는 연해주에 한국기업들이 들어오기 때문에 옮겨야 한다고 주장하고 있던데요?"

"지금 한국에서 연해주에 공업단지를 만들었다고 하는데, 여기 사람들이 이사를 가는 것도 쉬운 일이 아닙니다. 가족이 모두 옮겨가는 것은 쉬운 일이 아니지요."

"그러면서 한국의 민간운동이나 정부가 이주비용을 마련해주어야 한다는 겁니다."

"고려인들이 러시아 쪽에 사는 사람들이 있고 여기에 사는 사람들이 있는데, 러시아 쪽에 사는 사람들은 고려인들이 많이 살면 파워 형성에 도움이 되니까 자꾸 이동하기를 부추기고 있는 것이 사실이에요. 하지만 여기 사람들은 전혀 그런 생각 안하고 있어요. 여기서 모두 살림 기반을 잡고 있습니다."

"연해주 지역에서 독립운동을 하다가 여기로 이주해 온 사람들이 있지 않습니까. 그 후손들도 있을 것이고 한데, 더러 아는 사람이 있습니까?"

"이 사람들이 기본적으로 자기 조상들을 몰라요. 어디서 왔다는 걸 몰라요. 우리가 자꾸 물어보는데 모른다고 해요. 우리는 동포라고 하지만 이 사람들은 사고방식 등에서 다 여기 사람들입니다."

"어떤 피해의식 때문에 그런 것은 아니고?"

"예, 그건 아닙니다. 소련시대가 나았다고 해요. 여기 고려인협회장 하는 친구가 소련시대 국가대표 복싱선수였는데, 그때가 훨씬 사업하기가 좋았다는 겁니다."

이곳 베르끄 식당에서 점심을 먹으면서 환영회가 열렸다. 배이사가 말하던 까자흐스딴 고려인협회장의 환영사가 있었으나 통역이 부실한 위에 녹음조차 잘 되지 않아서 재생할 수 없다.

다음 이곳에 나와 있는 우리 대사의 환영사가 있었다. 현지 외교관으로서의 입장이 잘 드러나고 있는 환영사였다고 생각되는데 그 핵심 부분을 옮겨보면 다음과 같다.

참고로 말씀드리자면 저희들은 이곳에서 '강제이주'라는 말을 쓰지 않고 있습니다. 그 이유는 주변 사람에게 민족 감정을 불필요하게 조장할 필요가 없기 때문입니다. 제가 제의를 해서 이 행사를 고려인 중앙아시아 '정착' 60주년 기념행사로 했으니까 양해해주시기 바랍니다.

돌이켜보면 60년 전 18만 명에 이르는 한인들이 극동지역에서 중앙아시아까지 이주하는 도중에 목숨을 잃으신 선조들을 추모하고, 또한 이 중앙아시아의 척박한 땅을 피와 땀으로 일구어서 생존에 성공한 자랑스러운 고려인 동포들과 호흡을 함께하려는 취지에서, 금번 '회상의 열차' 행사가 이루어졌다고 생각합니다.

한인 동포들은 이곳에서 훌륭하게 뿌리를 내림으로써 다른 어떤 민족보다 까자흐스딴 국민들로부터 신뢰와 존경을 받고 있는 것입니다. 이주 과정에서 까자흐스딴 국민들의 따뜻한 이해와 도움이 없었다면 정착이 불가능했을 것입니다.

인사말 중 특히 이곳 사람들이나 러시아 사람들의 민족 감정을 건드리지 않기 위해 '강제이주'라 하지 않고 '정착'이라 한다는 말이 인상적이었다. 대사가 환영사를 하고 있는데 또 한번의 해프닝이 벌어졌다.

환영사 중인데도 상관없이, 열차 안에서 오페라 가수 리나 김에게 '18번'을 부르라던 그 교수님이 이번에는 느닷없이 배건호 이사의 핸드폰을 뺏다시피 해서 국제전화로 한국의 가족들과 '딸 바꾸어라 사위 바꾸어라' 하면서 큰 소리로 통화를 하는 것이다.

집을 떠난 후 가족들과 한 번도 통화를 못한 나지만, 감히 배이사의 핸드폰을 사용할 생각은 못했는데, 생면부지 배이사의 핸드폰으로 국제전화를 하는 노교수님의 강심장을 보며, 석여가 참다못해 조용히 하라고 한마디 핀잔을 주었다.

열차 안에서 이 노교수가 주책을 부릴 때 부인이 교수인 서경석 목사가 '이상하게도 대학교수 중에는 천재와 천치가 공존한다'는 말을 해서 모두 웃었다. 아무래도 서목사의 '학설'이 또 한번 증명된 것이 아닌가 한다.

나도 평생을 대학 선생으로 살아왔지만, 사실 고도의 지적 활동을 쉼 없이 계속해야 하는 대학교수 중에는 세상 물정에 형편없이 어둡고 상식 이하로 이기적이면서도 아둔한 사람들이 있음을 더러 보아온 것이 사실이다. 그런 속에서도 수준 있는 학문이 나올 수 있는 경우가 있다면서 그런 상식 이하의 아둔함이 '미화'되는 경우도 더러 있는 것이 사실이다. 그러나 이같은 아둔함에서 창조적이며 전향적인 업적이 결코 나올 수 없다고 생각한 지 오래다.

무용을 가르치기 위해 한국에서 여기에 온 무용선생의 살풀이춤 공연이 있었다. 또 여기에서 활동하고 있는 아리랑극장의 가수가 「사랑의 미로」라는 우리 대중가요를 불렀다. 가수가 우리말을 잘해서 우리나라에서 온 사람인 줄 알았는데 여기 고려인이라고 한다.

까자흐스딴의 전체 인구는 1700만 명이고 알마띠는 인구가 100만 명 정도라고 한다. 한국에서 온 사람이 경영하는 식당도 여러 곳이 있고, 특히 선교사가 많이 나와 있다고 한다. 심지어 '휴거'인가를 믿는 교파도 나와 있다고 한다. 현재 여기에 나와 있는 한국인이 약 250명 정도인데, 그중에서 선교사가 50명 정도라니 한국 기독교의 '극성스러움'에 놀라지 않을 수 없다.

배건호 이사의 자동차로 나와 석여와 이윤구 박사가 함께 알마띠 시내를 구경하기로 했다. 일행 중 어느 목사님이 동행하는 바람에 자동차 좌석이 모자라서 결국 석여가 빠지게 되었다.

다음은 시내 관광 중 배이사와 나와 이윤구 박사가 나눈 대화이다. 이곳 사정을 이해하는 데 도움이 되는 내용일 것 같아서 녹음을 풀어서 그대로 옮긴다.

"까자흐스딴은 우즈베끼스딴보다 인구가 더 많지요?"

"적습니다. 우즈베끼스딴이 2500만 명입니다. 까자흐스딴이 영토는 더 크면서도 인구는 더 적습니다."

"우리 고려인들은 그쪽이 많지요?"

"예. 우즈베끼스딴은 민족주의가 강해서 거기는 고려인들에 대한 대접이 좀 어렵습니다. 우즈베끄 사람이 아니면 차별을 받습니다."

"민족주의와 이슬람 근본주의가 크게 작용하지요?"

"예, 그렇습니다."

"여기는 우즈베끼스딴과 비교하면 어떻습니까?"

"여기는 말로만 자기들이 회교도라고 하지 전혀 관계없습니다."

"상당히 자유스럽군요, 그러니까 나라가 되지."

"이 사람도 ─ 운전기사를 가리키면서 ─ 회교도인데 돼지고기 먹고 다 합니다. 아버지가 회교도이지 나는 아니라는 식입니다. 그런데 우즈베끼스딴 쪽은 철저하거든요."

"파운드멘털리즘이라는 게 무슨 종교이든지 좋은 게 아니거든요."

"그래요."

"우즈베끼스딴의 시장에 가보면 돼지고기가 없는데, 여기는 즐비합니다."

"민족이 다릅니까?"

"다릅니다. 우즈베끼스딴은 중동 쪽에 가깝고 여기는 자기네들이 몽골족이라고 해요. 여기 토종 사람들은 태어나면 실제로 몽골 반점이 있습니다."

"그래서 몽골인종이라 하는군요?"

"소련 공산당이 몰락하기 이전에 고르바초프 이후의 공산당 서기장이 될 제1순위가 지금의 이 나라 대통령이었어요. 고르바초프 다음에

이 사람이 서기장을 하기로 되어 있었기 때문에, 소련이 해체됨으로써 제일 섭섭해한 사람이 이 나라의 대통령입니다. 여기가 대통령 집무실이고 그 위가 대통령 관저입니다."

"대통령 관저나 집무실이라 해도 총 든 사람 보이지 않고 이게 얼마나 좋아."

"여기 고려인들의 2세대들, 나이로는 40대 후반에서 50대들은 고려인들끼리의 결혼이 많은데, 3세대로 내려가면 피가 많이 섞였어요. 어떤 집안은 같은 고려인 아니면 절대 결혼 안 시킨다는 집안도 있어요."

"저기 톈산(天山) 산맥이 바로 보이고 만년설이 보이네."

"저기 저 만년설이 있는 봉우리 이름이 무엇인지 모르지요?"

"특별한 이름은 없는 것 같아요."

"저것을 넘으면 중국이라는 말이죠?"

"예."

"저 숲속에 있는 집들은 무엇입니까?"

"저게 옛날말로 하면 '다차'입니다."

"다차, 주말농장. 저게 모스끄바에서 레닌그라드 쪽으로 가는 도중에 많이 있습디다."

까자흐스딴의 전체 주민 중에 러시아인이 한 30퍼센트 되고, 알마띠에는 40퍼센트 이상이 러시아 사람이라고 한다. 그래서 여기는 까자흐스딴 말을 강요하는 것은 아니고 공용어는 아직도 러시아어라 한다.

이곳의 토종 인종은 몽골족이다. 그래서 우즈베끼스딴의 회교근본주의자들과는 상당히 다르다. 물론 원주민들은 회교도들이지만 근본주의적인 회교도와는 큰 차이가 있다고 한다.

홍범도 장군의 묘소가 알마띠에서 2천 킬로미터 떨어진 먼 곳에 있다는데, 시간이 없어 도저히 갈 수가 없다. 오히려 따슈껜뜨에서는 700킬로미터 떨어진 곳에 있다고 한다. 시간이 되면 가보고 싶다.

마침내 종착지 따슈껜뜨에 도착하다

알마띠를 떠난 열차가 19일 새벽에 딸라스라는 조그마한 역에 도착했다.

고려인 동포들이 살고 있는 구 소련 지역은 소연방 해체 후 독립을 해서 민족주의적 경향을 띠면서 그 국어를 공용어로 쓰는 경우가 많아졌다. 그래서 러시아 지역의 고려인사회에서는 될 수 있으면 그들을 원동지방 즉 연해주 지역으로 다시 오게 하려는 노력이 있는 것 같았다. '회상의 열차'를 타고 온 우리도 그것이 좋겠다는 생각을 가지고 있었던 것이 사실이다.

그런데 중앙아시아 현지에 와서 보니까 이곳 고려인들이 모두 안정되어 살고 있으며, 옮겨가려는 사람의 수가 오히려 적은 것 같다. 또 교민정책상에서도 연해주 지역 한 곳에 모여서 괜히 러시아 당국으로부터 의심을 받게 하는 것보다 오히려 이곳에 살고 있는 사람들이 더 뿌리를 내려 살 수 있게 도와주는 것이 옳다는 생각도 들었다. 이곳 중앙아시아에 우리의 민족문화가 뿌리내릴 수 있게 하고, 이곳 고려인들에게 우리 말과 문화를 가르쳐서 그들이 우리 문화를 유지할 수 있게 하는 것이 현명한 일이라고 생각되기도 했다.

그리고, 이번에 이 열차 양쪽에 큰 플래카드를 달고 시베리아를 거쳐서 중앙아시아를 횡단하고 있는 이런 데몬스트레이션이, 과연 현지에 있는 우리 고려인 동포들에게 도움이 되겠는가, 현지 동포들이 그곳 사람들과 화합해서 사는 데 도움이 되겠는가 하는 문제도 생각하게 되었다.

물론 동포들 중에는, 하바롭스끄에서 '회상의 열차'에 편승하여 이르꾸쯔끄로 성묘하러 간다고 한 어느 나이든 고려인처럼, 이 행사로 인해서 평생 눌렸던 허리가 펴지는 것 같다고 말하는 사람도 있었다. 하지만 그건 한이 맺힐 대로 맺힌 일부 노인 동포들의 경우이고, 지금 이곳 사람들과 협력하며 살아가야 하는 젊은 고려인들에게 과연 이런 데몬스트레이션이 도움을 줄까 하는 생각을 하게 된 것이다. 까자흐스딴은 고려인협회도 안정되어 있고, 여기에 사는 고려인들도 일부는 도시에서 안정된 생활을 하고 있다. 그리고 일부는 또 농촌 지역에서 주로 양파 농사를 지으면서 안정된 생활을 하고 있다고 한다.

까자흐스딴에서 우즈베끼스딴으로 가까이 가면 갈수록 특히 노인들의 경우 회교도 모자를 쓴 사람들을 많이 볼 수 있다. 그리고 사람들의 모습도 몽골족이 드물어지고 아랍 쪽에 가까운 사람들이 많은 것 같다.

우즐그바스라는 역에 도착했다. 여기는 까자흐스딴 영토라고 한다. 19일 오전 10시경에 쉼껜뜨라는 역에 내렸는데, 아직까지도 까자흐스딴 영토라고 한다. 맹동욱 교수의 설명에 의하면 이 지역은 옛날 몽골 지미루 칸의 소유지였다고 한다. 또 곧 아리스역에 도착했다. 여기가 우즈베끼스딴이나 따지끼스딴 지방에서 모스끄바로 가고 시베리아 지역으로 가는 철길이 나뉘는 곳이다.

이 지역은 인종적으로는 중국인과 무슬림계와 파키스탄인 등이 잡종을 이루고 있다고 한다. 역사(驛舍)에 들어갔더니 회교 냄새가 물씬 난다. 회교적인 장식 등이 보이고, 여인네들은 대부분이 머리에 수건을 쓰고 있다.

이 지방 사람들이 가난하게 사는 것 같은 데 비해서 자동차는 꽤 많다. 그 이유는 유지비가 거의 들지 않기 때문이라고 한다. 기름은 저절이지만 아주 싸고 보험제도가 없고 세금이 없어서 자동차 유지비가 아주 싸기 때문에 가난한 것에 비하면 자동차를 가진 비율이 높다고 한다.

따슈껜뜨역에 도착했더니 많은 사람들이 환영을 나왔다. 특히 한복을 예쁘게 차려 입은 젊은 고려인 여성들과 이곳 민속옷을 차려 입은 우즈베끼스딴 여성들이 환영을 나왔다. 해외민족문제연구소의 이윤기 박사도 강제이주 60주년 행사에 참가하기 위해 먼저 왔다가 역에 나와서 우리를 환영해주었다.

우즈베끼스딴공화국의 수도 따슈껜뜨에 도착했으니, 여기서도 권희영 씨의 저서에 의해 우즈베끼스딴공화국의 역사를 잠시 살펴보기로 하자.

이 지역에 이슬람문명이 건설된 것은 이미 9~10세기경이었다 한다. 몽골이 중앙아시아 초원지대를 지배하게 된 후 티무르 등이 사마르칸트를 수도로 하여 14,15세기에 걸쳐 번창했고, 이후 터키계 유목민 우즈베끄인들이 15세기 말에 이 지역을 정복했다.

이후 18세기 초부터 러시아가 이 지역으로 세력을 확대했다. 영국이 이에 대항하여 1890년대에는 영국과 러시아 사이에 오늘날 독립국가연합의 경계선과 거의 같은 세력권역이 성립되었다. 러시아 세력권 안에 든 우즈베끄 지역은 그 보호국이 되거나 정복되었다.

19세기 말에서 20세기 초에 걸쳐 종교지도자들의 주동으로 러시아의 지배에 대한 까자흐인들의 폭동이 있었으나 무력으로 탄압되었다. 2월혁명 후 러시아인들에 의해 따슈껜뜨 쏘비에뜨가 성립되었다.

개혁적 무슬림들에 의해 이슬람 평의회가, 그리고 이슬람보수파에 의해 이슬람 중앙평의회가 조직되었다. 이후 임시 이슬람 정부가 수립되었으나 러시아 군대에 의해 붕괴되었다.

러시아에 의해 1918년에 뚜르끼스딴 자치공화국이 수립되었다가, 1920년에는 인민공화국이 성립되었고, 1924년에 우즈베끼스딴공화국으로 되었다. 스딸린시대에는 이슬람문화가 박해를 당했으나 흐루시초프 시대 이후 소련과의 친화정책이 유지되었다.

1990년에 우즈베끼스딴공화국은 대통령제도를 도입하여 당시 공산당 제1서기 까리모프가 대통령이 되었고, 곧 주권선언을 했다. 1991년 소련의 보수파 쿠데타 실패를 계기로 독립을 선언하여 역시 소연방 붕괴에 일익을 담당했다. 그후 독립국가연합에 가입했다.

우즈베끼스딴공화국의 전체 인구는 1981만 명인데, 우즈베끄인이 그 71퍼센트인 약 1414만 2천 명이며, 고려인은 약 18만 3천 명으로 여덟 번째로 많다. 이들 고려인 중 우리말을 모어(母語)로 간주하는 사람이 약 10만 2천 명이고, 우즈베끄어를 모어로 간주하는 사람이 468명이며, 러시아어를 모어로 간주하는 사람이 약 8만 명이라고 한다.

환영 나온 고려인 여성에게 따슈껜뜨에 고려인들이 얼마나 살고 있느냐고 물었으나 그 정도의 대화도 되지 않았다. 대학생인가 하고 우리말로 또 영어로 물었으나 어느 쪽도 통하지 않았다. 그러나 환영 나온 어느 고려인 노인과는 우리말로 다음과 같은 대화가 될 수 있었다.

"우리가 오면서 중앙아시아 지역에 있는 고려인들이 원동지방으로 도로 가려는 희망을 가지고 있다고 들었는데 실제로 그렇습니까?"

"사람마다 지방마다 다르게 궁리를 할 수가 있어요. 나보고 물어보면 나는 나갈 생각이 없어요. 어째서 나갈 생각이 없는가 하면 여기의 우즈베끄 민족들이 나름대로 좋은 사람들이에요. 우리와 다 같이 일할 만해요. 우리가 연해주 지방에서 와서 여기서 마음 붙이고 살았는데 가게 되면 또다시 모든 것을 잃어버리게 되지요. 우리 아이들도 여기 물을 먹으면서 여기 사람처럼 자랐는데 갈 수 없지요. 노인들은 거기가 고향이니까 죽으러나 갈 수는 있겠지요."

“성함이 무엇입니까?”

“강 와시리입니다.”

“연세는?”

“28년생, 예순아홉 살입니다.”

“선생님은 어떻습니까?”(옆의 다른 고려인에게)

“나도 강씨요.”

“연세는?”

“31년생.”

“역시 원동으로 가실 생각은 전혀 없습니까?”

“열 살에 여기 들어왔어요.”

“여기 자리잡았으니까 갈 이유가 없다는 말이군요? 여기가 회교 문화권인데 종교적인 문제는 없습니까?”

“전혀 없습니다.”

“원동 쪽에서 괜히 걱정하고 있군요?”

“고려 땅에 가보고 싶은 생각은 있어요. 연해주도 어릴 때 살던 곳이니까 구경은 가기야 가겠지만⋯⋯”

“러시아 고려인협회에서는 이쪽 사람들이 원동으로 가고 싶어 한다는 식으로 말하고 있는데, 그건 그들의 생각이군요?”

“여기의 우리 민족이 소수민족으로 고생하지 않느냐고 하는데, 우즈베끄 사람들이 굉장히 친화적이에요. 제가 보기에는 차별 없이 늘 지금까지 잘 융화되고 있습니다.”

이것은 여기에 나와 있는 어느 한국인의 말이다.

본래 계획은 따슈껜뜨에 도착하고도 비용을 절약하기 위해 기차 안에서 하룻밤을 더 자게 되어 있었으나 어찌 된 건지 모두 짐을 가지고 기차에서 내리라는 전달이다. 따라서 9일 동안 자고 먹고 한 '회상의 열차'와 이별하게 된 셈이다. 호텔이건 여관이건, 하루라도 앞당겨 목욕을 할 수 있을 것 같아서 뛸 듯이 기뻐했다. 그러나 막상 열차를 떠나려 하니 섭섭한 마음도 없지 않았다.

같이 타고 온 두 러시아 여승무원 중 키 크고 예쁘고 순한 여성이 마침 당번이었는데, 어찌나 섭섭해하던지 석여와 셋이서 사진을 찍었다. 그 여직원은 눈물을 글썽일 정도로 섭섭해하면서 우리 일행과 계속 악수하고 사진 찍고 하는 것이었다. yes no도 제대로 통하지 않을 정도여서 말 한마디 나눌 수 없었는데도 한 열흘을 같이 생활하고 나니까 이렇게 정이 들어서 헤어지기를 안타까워하고 있는 것이다. 역시 인간은 인간일 수밖에 없다는 생각을 새삼 또 하게 된다.

섭씨 30도가 넘을 정도로 대단히 무더운 날씨다. 역에서 버스를 타고 우리가 머물 따슈껜뜨 호텔로 갔다. 열차 안에서 하룻밤 더 자지 않고 호텔로 가게 된 것은, 알고 보니 이곳 고려인협회가 오늘밤을 호텔에서 잘 수 있게 해준 덕택이라 했다.

우즈베끼스딴에 입국할 때 세관검사 등 절차를 밟아야 하는데, 이곳 관리들이 편의를 봐주어 호텔에 와서 수속을 밟기로 했다고 한다. 이곳에서의 우리의 모든 일정은 우즈베끼스딴 공화국과 이곳 우리 대사관과 우즈베끼스딴 고려인협회가 맡아서 해주는 것 같고, 그래서 입국 절차도 간편하게 처리되는 것 같다.

오래간만에 샤워를 하고 날아갈 것 같은 마음으로 호텔 밖으로 나가 봤다. 우리가 머물 호텔 이름은 따슈껜뜨 호텔인데 내부 시설은 형편없으면서도 겉은 아주 멀쩡해서 일류 호텔처럼 보인다.

호텔 건너편에 설계가 잘된 화려한 분수가 있고, 길도 아주 넓어서 여유있게 느껴진다. 자동차는 간혹 외제차도 보이지만 거의가 러시아제인 것 같다. 거리도 정돈되고 깨끗해서 상당히 좋은 인상을 주는 도시라고 생각되었다.

저녁 식사는 잘 설계된 분수 뒤에 있는 꽤 화려한 건물 안에 있는 식당에서 한식 뷔페 음식을 먹었다. 상당히 호화로운 식사였다. 만찬에는 이곳의 우리 대사와 고려인협회 회장, 그리고 구 소련 시절에 올림픽 복싱선수였다는 중년의 고려인 등이 나와서 인사를 했다. 저녁 식사도 이 식당의 한국인 주인과 복싱선수 출신 신씨가 제공했다고 한다.

강제이주 60주년 기념식에 참가하다

9월 20일이 밝았다. 새벽 4시에 잠이 깨어 호텔 방 창문 밖을 내다보았다. 사람의 왕래는 없고 자동차들이 벌써 많이 다니고 있는데, 교차로에서 적신호가 내리면 차들이 반드시 정지하여 청신호를 기다리는 것을 볼 수 있다. 이 나라의 교통질서는 상당히 잘되어 있는 것이 아닌가 생각되었다.

지난 9일간의 기차 여행을 무사히 마쳤다고 생각하니 스스로도 대견하다는 생각이 들었다. 한국 쪽에서 '회상의 열차'를 탄 사람들은 60세 이상의 노년층이 많았다. 그런데도 한 사람의 환자나 낙오자도 없이 무사히 여행을 마친 것이다. 9일간에 걸친 2만 리 기차 여행을 무사히 마칠 수 있었다고 생각하니, 한국 사람들의 건강 상태가 상당히 좋아진 것이라 여겨지기도 했다.

어제 저녁 만찬회에서는 이곳 우리 대사가 나와서 연설을 하고 같이 식사를 했다. 이른바 헤드테이블에 대사와 러시아 고려인협회장 이 올레그 씨와 그 일행이 같이 앉고, 한국 쪽 대표 이윤구 박사가 동석되지 않았다. 주관하는 쪽의 실수지만 한국 쪽 일행에게는 못마땅한 광경이었고 이 박사도 화가 날 수밖에 없었다.

이 행사가 한국의 우리민족서로돕기운동본부와 러시아 고려인협회의 공동 주최로 이루어졌는데도, 여행 중의 각종 행사와 절차에서는 러시아 고려인협회 쪽의 세련되지 못한 처사 때문에 공동 주최 정신이 잘 드러나지 않는 경우가 많았다. 그럴 때마다 책임감이 강하고 유엔기구 등에 오래 근무하여 의전 절차를 중요하게 여기는 이박사가 곤경에 빠지게 마련이었다. 어떤 일에서건 대표라는 자리는 어렵다는 생각이 들었다.

또 한 가지, 고려인 맹동욱 교수가 극본을 쓰고 한국 연극인이 참가하는 강제이주를 내용으로 하는 연극이 준비되었고, 이 때문에 우리 일행에는 서울에서 같이 온 몇몇 젊은 연극인들이 있었다. 그러나 이동하는 열차 안에서 연극을 공연할 사정이 되지 못했고, 이곳 따슈껜뜨에서도 마땅한 공연장과 시간을 갖기 어렵게 되었다. 맹교수의 극본에 따라 연습을 했던 연극인들의 노고가 아까웠으나 공연될 수 없어서 안타까웠다.

알고 보니 어제 우리가 저녁을 먹은 곳은, 따슈껜뜨 호텔 앞의 격식 높은 분수 뒤편에 있는 잘 지은 문화궁전 안에 있는 '뉴월드'라는 식당이었다. 이 식당은 2년 전에 한국 인천에서 온 사람이 경영하고 있으며, 한국인 종업원은 8명이고 나머지는 현지인을 채용했다고 한다.

현지에서 채용한 종업원에게는 월급을 100달러 내지 150달러를 주는데 여기서는 대단히 높은 수준이라 한다. 한 사람의 한 끼 음식값이 대개 20달러 정도이며, 여기서는 '뉴월드'에서 식사를 해봤느냐에 따라 신분이 달라지는 것처럼 생각되고 있다 한다.

지도상에서 보면 까자흐스딴의 알마띠나 우즈베끼스딴의 따슈껜뜨 등 수도가 국토의 중앙부에 있지 않고 아주 한쪽으로 치우쳐 있어서, 수도가 국토의 중앙부에 있는 것이 상식처럼 된 우리에게는 좀 이상하게 보이기도 한다.

국토의 다른 부분은 대부분 사막이나 황무지이고, 물이 있고 나무가 자라는 곳 즉 오아시스에 도시, 특히 수도를 세웠기 때문에 결국 한쪽으로 치우칠 수밖에 없었던 것이다. 어디에나 물이 있고 나무가 자라고 사람이 살 수 있는 국토를 가진 우리에게는 쉽게 이해되기 어려운 부분의 하나라 하겠다.

우리나라 현대재벌이 만든 버스를 타고 친선회관이라는 아주 잘 지은 건물이 있는 광장에 갔더니, 이곳 고려인 동포들이 많이 모여 있다. 300년 전에 시인이며 역사학자인 '나보이'라는 사람이 있었는데, 그가 우즈베끼스딴의 말을 갈고 닦고 한 공로로 이곳 사람들에게는 위인이요 성인으로 추앙을 받고 있다고 한다.

우리 일행과 고려인 동포들이 모여 있는 이곳은 그의 동상이 있는 곳이다. 우즈베끼스딴이 독립한 후에는 모든 공식행사를 하기 전에 반드시 그의 동상에 먼저 헌화하고 참배하게 되어 있다고 한다.

우리나라의 국립묘지 참배와 같은 행사이지만, 자발적인 관행이 아니라 반드시 해야 한다고 규정을 해놓은 점이 다른 것 같다. 그 때문에 이곳 고려인들과 한국에서 온 우리 일행이 고려인 강제이주 60주년 기념행사를 하기 전에 우즈베끼스딴의 국민적 위인 '나보이' 동상에 헌화하기 위해 모여 있는 것이다. 우리가 모인 곳에서 '나보이' 동상까지 거의 1킬로미터는 되는 것 같은데, 반드시 6열 종대로 서서 줄을 잘 맞추어 엄숙하게 행진해야 한다는 것이다. 이 엄숙한 행사를 치르기 위해 대기하고 있는 동안, 강제이주 60주년 기념행사에 참가할 고려인 동포 몇 사람과 대화를 나누었다. 우리말이 통할 만한 고령의 고려인만 골라서.

"지금 어디에 사십니까?"

"까르까브따(?)에 사는데 이 행사에 참가하기 위해 그저께 밤에 따슈 껜뜨로 왔습니다."

"연해주 지방에서 이주해 왔습니까?"

"나는 원동지방 우수리스끄에서 났습니다. 그래서 열다섯 살 때 부모와 함께 이곳으로 왔습니다. 여기 와서 고생도 많이 했지요. 그러나 이제는 제 고향처럼 살게 되었습니다."

"이주해 올 때 고생 많이 했겠군요?"

"고생 많이 했습니다. 그리고 처음에는 자리를 잡지 못하고, 또 이곳 사람들은 러시아 말을 모르고 우리는 이곳 말을 몰라서 고생 좀 했습니다."

"여기에 와서 정착할 때까지 그때의 소련 정부가 무엇을 좀 도와주었습니까?"

"도와주었지요. 도와주지 않았으면 우리가 살 수 있었겠습니까. 병에 걸려 돌아간 조선 사람들도 많았습니다. 그러나 여기 와서 고려인들이 꼴호스를 조직할 때 여기 사람들이 많이 도와주었습니다. 여기 사람들은 유한 사람들입니다. 고려인들도 부지런히 벼를 심고 목화를 심고 해서 빨리 정착할 수 있었습니다."

"연해주 지방으로 다시 옮겨가는 사람들이 더러 있는 것 같은데 왜 옮겨갑니까?"

"옛날에 살던 곳이니까 가는 사람들이 있지요. 나도 언젠가는 한 번 가보았으면 하는 생각이 있습니다."

"여기 사는 것이 불편한 것은 아닙니까?"

"아닙니다. 여기 고려인들 다 잘삽니다."

"성함이 무엇입니까?"

"나는 이연화입니다. 전주 이씨입니다."

"연세가 얼마나 됩니까?"

"일흔다섯입니다."

"강제이주 60주년이니까, 열다섯 살 때 이곳으로 왔겠군요."

"그렇습니다. 그러니까 이주할 때 사정을 다 알지요."

"언제 조선서 연해주로 갔습니까?"

"아버지 때 갔습니다. 역사를 아시겠지만 일제 때 조선에서 견디지 못해서 연해주로 이주했지요. 우리 아버지의 고향은 길주(吉州)인데 처음에는 간도로 갔다가 연해주로 갔어요. 내가 7년 전에 평양에 갔다왔습니다."

"서울은 가봤습니까?"

"못 가봤습니다. 가봤으면 좋겠습니다."

아랍식 터번을 쓰고 지팡이를 쥔 거대한 '나보이'의 동상을 참배하기 위해 6열 종대로 가다가 중간에서 3열식 양편으로 나뉘었다가 다시 6열로 모이고 해서 헌화를 하게 되어 있다.

노란 치마 저고리에 붉은 비로드 조끼를 입은 우즈베끼스딴 아가씨들의 민속춤판이 벌어졌다. 이색적이고 아름다운 모습이다. 다음에는 고려인 아가씨들의 장고춤이 있었다. 또다른 고려인 아주머니와 다음과 같은 대화를 나누었다.

"처음에 여기 왔을 때 소련 정부의 도움을 받았습니까?"

"도움이 없었습니다. 우리를 밤에 여기다 내려놓고 마구간 같은 데서 살게 했습니다. 이런 도회지가 아니고 깔밭(갈대밭?)에다 내려놓았습니다. 사무를 보는 사람들은 좀 괜찮았습니다만 농민들은 어려웠습니다."

"고려인들이 아이들이 많았는데, 이곳에 와서 물이 바뀌고 해서 아이들이 병이 들어 많이 죽었습니다. 여기 와서 학질에 많이 걸렸는데, 약도 없고 해서 많이 죽었습니다. 그러나 고려인들은 머리가 좋고 해서 빨리 자리를 잡고 농사를 지을 수 있었습니다. 승냥이나 산돼지들이 많아서 농사를 망치는 경우가 많았습니다."

"1937년에 이곳으로 와서 41년에 소련과 독일 사이에 전쟁이 일어나서 또 곤란을 받았습니다. 일본 쪽 가까운 데서 왔다 해서 고려인 청년들은 군대에도 못 나가게 했습니다. 그 때문에 고려인들은 노동만 했습니다. 여기서 쌀농사를 지어서 그것으로 군량미를 바쳤습니다."

"여기 와서 쌀농사를 했습니까?"

"쌀농사했지요. 깔밭을 손으로 쪼아서 쌀농사를 했습니다. 여기의 큰 농장들은 모두 고려인들이 만든 것입니다."

"지금은 살기가 어떻습니까?"

"지금도 좀 곤란하지만 그래도 괜찮습니다."

"다시 연해주 쪽으로 갈 생각은 없습니까?"

"설령 가고 싶다 해도 쉬운 일이 아닙니다."

"젊은 사람들은 여기 살고 싶어 하지요?"

"그래요. 젊은 사람들도 여기 사람에게 눌리고 자유를 가지지 못하는 경우도 있지만, 옛날에 우리가 일본의 구속을 받던 것보다는 훨씬 나아요. 고려인들이 머리가 좋아서 대학을 졸업하지 않은 사람이 없을 정도입니다. 그러나 이 사람들이 우리 자식들에게 일자리 잘 안 주지요. 우리나라가 아니니까요."

"연해주 쪽에 가도 우리나라가 아니기는 마찬가지 아닌가요?"

"그래도 연해주 쪽과는 좀 다릅니다. 이 나라는 독립한 지 얼마 안 되었기 때문에 낮은 자리라도 제 민족에게 먼저 주려고 하지요."

"이름이 무엇입니까?"

"이름은 김 안나입니다."

"연세는?"

"예순다섯입니다. 다섯 살 때 여기 왔습니다. 그 때문에 여기 왔던 초기의 어려움을 알고 있습니다."

"여기 와서 몇 년쯤 지나서 어느정도 자리잡고 살 만하게 되었습니까?"

"독일과의 5년간의 전쟁이 시작되기 전에는 양식 걱정 없을 정도가 되었습니다. 그러다가 전쟁이 나서 곤란받다가 전쟁이 끝난 후부터 좀 나아졌습니다."

"그러다가 소련이 무너지면서 또 어려워졌습니다. 그래도 전쟁만 없게 해달라고 하느님께 기도합니다. 딴 곳에서는 아직도 피를 흘리고 있으며 북조선은 홍수와 가뭄이 져서 곤란이지요. 나는 북조선에도 가봤습니다."

"언제 가봤습니까?"

"90년에 갔다 왔습니다."

"90년도 그때는 먹고살기가 어떠했습니까?"

"그때는 괜찮은 것 같았습니다."

"북조선에 갔을 때 어디 어디를 가봤습니까. 친척이 있습니까?"

"없습니다."

"그러면 어떻게 갔습니까?"

"그전에 북조선 쪽이 여기에서 우리말을 가르쳤습니다. 우리가 갈 때도 가고 오는 비용을 북조선에서 물고 우리는 자기가 쓸 비용만 가지고 갔습니다."

"서울이나 남한에는 안 가보았습니까?"

"가보지 못했습니다. 하느님이 교회를 주신 것만도 감사한 일이지요."

앞에서도 잠깐 말했지만, 소연방이 무너진 후 고려인들이 많은 중앙 아시아 지역에는 한국에서 기독교 선교사들이 많이 진출해서 이곳 고려인들을 기독교로 개종하고 있다. 김 안나 씨가 "하느님이 교회를 주신 것만도 감사한 일이지요" 한 것은 그도 이미 기독교 신자가 되었기 때문에 나온 말이다.

우즈베끼스딴에서의 고려인들의 처지에 대해서 전혀 차별이나 문제점이 없다고 말하는 사람도 있는가 하면, 김 안나 씨와 같이 일제강점시대와 비교하면서 그때보다는 낫다는 식으로 표현하는 사람도 있다.

사람마다 지금 살아가는 처지에 따라 다르게 표현되겠지만, 아무려면 남의 땅에 와서 사는 것이 제 모국에서 사는 것만 하겠는가. 김안나 씨는 1990년에 북한에 가보고 온 후부터 열심히 우리말을 배워서 저렇게 잘하게 되었다고 한다.

김 블라지미르 변호사의 파란만장한 인생 역정

이 여행기의 곳곳에서 김 블라지미르 씨가 쓴 『재소한인의 항일투쟁과 수난사』라는 책을 인용했는데, 이 책은 블라지보스또끄를 떠난 후 '회상의 열차' 안에서 감명 깊게 읽었다. 물론 그 저자 김 블라지미르 씨를 만나본 적이 없었고, 가능하면 이번 여행길에서 만날 수 있었으면 하고 희망했다.

우리 일행이 따슈껜뜨에 도착해서 하룻밤을 자고 강제이주 60주년 기념식 행사장에 갔을 때 하나의 기적이 일어났다. '회상의 열차' 안에서 역시 『재소한인의 항일투쟁과 수난사』를 읽었을 뿐 만난 적이 없기는 마찬가지인 석여가 그 많은 인파 속에서 김 블라지미르 씨를 찾아낸 것이다.

김 블라지미르 씨의 저서 겉장에는 그의 약력이 소개된 윗자리에 해제자인 수원대학의 박환 교수와 함께 찍은 자그마한 사진이 한 장 실려 있었다. 그 작은 사진 속의 얼굴을 기억해두었다가 축하행사장의 그 많은 인파 속에서 김변호사를 찾은 것이다. 석여의 눈썰미에 놀라지 않을 수 없었다.

김변호사의 저서를 통해서 그의 파란만장한 인생 역정을 읽은 탓도 있었겠으나, 실제 인물을 기적적으로 만난 석여가 너무 흥분하는 것 같아서 약간 놀려주기도 했지만, 여행기를 쓰는 지금 생각해봐도 그와의 만남은 정말 천만다행이었다.

그의 저서를 통해서 그 인생 역정을 소개하려 한다. 독자들은 그의 험준한 인생 역정을 통해 구 소련 지역 고려인들의 또 하나의 삶의 실상을 알게 될 것이다.

김 블라지미르 씨는 1933년 블라지보스또끄에서 태어났다. 그러니까 강제이주 때 그는 네 살이었다. 강제추방되기 전 어느날 내무인민위원부에서 온 사람들에 의해 그의 아버지가 체포되어 갔고, 그 때문에 그의 어머니는 병사했다. 이후 그는 어머니의 간절한 유언에 따라 어선의 선장이던 큰아버지 집에서 살게 되었고, 큰집 가족들과 함께 구리에보 시로 강제이주되었다.

그의 큰아버지 김춘식은 훈장·메달·휘장·표창장 등을 트렁크에 가득 찰 정도로 가지고 있었다고 한다. 1920년대의 항일 빨치산부대에서 활동했거나, 그후에도 소연방을 위해 여러 공로를 세운 것 같다. 그러나 강제이주 후 취직을 못한 큰아버지는 어느날 술에 취해서 이 훈장들을 모두 불태워버렸다고 한다.

선장이었던 그의 큰아버지는 겨우 건축부에 취직해서 통나무를 베어

널을 만드는 일을 하게 되었다. 어느날 통나무에 치여 다리에 큰 부상을 입었으나 입원도 할 수 없었고 보상도 받지 못했다. 이후부터 큰아버지는 다리를 절면서 일을 하게 되었다.

세월이 흘러서 고려인들의 생활이 조금씩 나아지기 시작했다. 그의 표현을 빌리면 좋은 옷을 입을 수는 없었으나 빵은 넉넉히 먹을 수 있게 되었을 때, 소련과 독일의 전쟁이 일어났다.

겨울이 닥치면서 빵의 배급제가 실시되었는데, 일하는 사람은 하루 600그램을 주고 그 부양가족은 400그램을 주었다. 배급표에는 근무처·성명·출생연월일 등이 적혀 있고, 빵 배급을 타면 배급표에 날짜와 빵의 중량 등이 명기되었는데, 김 블라지미르 소년은 출생증이 없어서 식량 배급을 탈 수 없었다.

강제이주가 시작되기 전에 어머니가 돌아가시고, 출생증 없이 큰아버지 가족들에 끼여 강제이주된 것이다. 결국 김 블라지미르 소년은 제 몫이 없이 큰아버지 가족들의 빵을 나누어 먹는, 눈칫밥 먹는 처지가 되었다. 그 때문에 추운 겨울에도 매일 아침 4킬로미터의 길을 왕복하면서 빵 배급을 타서 나르는 당번이 되었다.

늦게 가면 빵이 모자라서 못 타는 경우가 있었고 그 때문에 새벽에 떠나야 했으며, 한번은 배급표를 잊어버려서 온 식구가 굶게 된 대신 그는 모진 매를 맞아야 했다. 그런 후에도 그는 육군병원의 오물통을 뒤져 먹을 것을 구해야 했다.

다리를 저는 큰아버지가 노동전선에 끌려가게 되었고, 러시아어를 못하는 큰어머니가 대신 일자리를 구하러 다녔으나 허사였다. 배가 고파서 더러운 우랄 강물로 배를 채운 큰어머니는 다음날 세상을 떠났다.

까자흐스딴과 우즈베끼스딴에 이주한 고려인들이 빵과 쌀밥을 마음 대로 먹는다는 소문을 듣고 구리에보시에 이주된 고려인들 중 그곳 친척들을 찾아서 이사해 가는 사람들이 있었다.

까자흐스딴이나 우즈베끼스딴으로 옮겨가려면 그곳 친척의 초청장이 있어야 했는데, 다행히 어느 친척으로부터 초청장이 왔다. 그러나 출생증이 없는 김 블라지미르 소년은 차표를 살 수 없었고, 생각다 못한 가족들이 블라지미르 소년을 현지 경찰서에 맡기려 했다. 그러나 경찰에서도 증명이 없다는 이유로 맡기를 거부했다.

할수없이 차표 없이 기차에 탄 그는 결국 객차에서 뛰어내려 따슈껜뜨행 화물열차에 올라탔다. 어느 큰 역에서 그는 객차로 옮겨 탔고, 그 지붕 위에서 밤이면 객차의 연통을 붙잡고 잠을 자고 하면서 5주일 후 따슈껜뜨 역에 도착했다. 역 광장을 지나다가 경찰에 잡혀 고아원으로 가게 되었다.

고아원에서 자란 그는 1952년에 발뜨 함대 해병으로 징집되었고, 제대 후 따슈껜뜨 종합대학 법학과를 졸업하고 따슈껜뜨 변호사협회 소속의 변호사로 근무하게 되었다. 고아 출신이면서도 법과대학을 졸업하고 변호사가 될 수 있었던 것은, 그 개인의 자질과 성실성이 큰 이유겠지만, 아마 앞에서 말한 오페라 가수 리나 김 아버지의 경우와 함께 교육비를 국가가 부담하는 사회주의체제였기 때문에 더 쉬웠던 것이 아닌가 한다.

그는 현재 따슈껜뜨주 꾸이지르치끄 구역 법률상담소 소장으로 있으면서 소련 개방 후에는 당 중앙위원회 정치국에 고려인 복권에 관한 청원서를 보내는 등, 고려인의 권익 회복과 옹호에 크게 기여하는 한편, 고려인 항일투쟁과 강제이주에 관한 글을 쓰고 있다. 그는 자신의 저서에서 이렇게 말하고 있다.

"고아원 출신이라고 하면 범죄계 출신으로 취급을 받았는데, 나와 함께 자라고 교육받은 고아원생들은 모두 정직하고 근면한 사람들이었다. 물론 고아원생의 일부는 범죄의 길로 나갔다. 그러나 고아원생들의 절대적 다수는 옳은 생활의 길에 들어서 정의를 고수하며 약한 자를 옹호하고 어려움을 타개해 건전한 생활을 하는 인재들이다."

그리고 이렇게도 말하고 있다.

"우리 조상의 조국과 연계를 맺게 된 지금 우리는 제 민족의 얼, 언어와 전통, 풍습을 한민족의 문화로 계승 발전시킬 큰 가능성을 갖게 되었다. 러시아·우즈베끼스딴·까자흐스딴에 사는 우리 한인들에게 특히 이 점에서 유리한 조건이 생기게 됐다."

김 블라지미르 씨는 필자와 동갑으로 장소는 달랐지만 같은 세월을 살아온 사람이다. 조국으로부터 어떤 보호도 혜택도 못 받은 채 내버려짐으로써 험난한 인생을 살아온 그가, 이제부터나마 조국의 얼과 언어와 전통과 풍습을 배워 한민족의 문화를 계승할 수 있게 되었음을 기대하는 것을 보고, 그가 기대하는 조국에 사는 같은 세대로서 무거운 책임감을 느끼지 않을 수 없다.

민족문화를 유지하려는 눈물겨운 노력을 보고

지난 여름 일본 오오사까에서 열린 국제고려학회에 참가했다가 만난 모스끄바대학에서 우리 역사를 가르치는 박 미하일 교수를 이곳 따슈껜뜨에서 다시 만났다. 그도 60주년 기념행사에 참가하기 위해 모스끄바에서 왔다고 한다.

박 미하일 교수는 78세라고 들었는데도 어찌나 건강하고 활동적이던지, 일본을 갔다온 후 바로 서울에서 열린 세계한민족대회에 다녀왔고, 또 이 행사에도 참가하고 있는 것이다. 어디에선가 건강 비결을 물었더니 될 수 있으면 앉지 않고 서 있으며 될 수 있으면 타지 않고 걷는 것이 비결이라 했다.

오오사까에서 만났을 때도 1930년대 시베리아에 있었던 고려인 부대의 존재에 대해 잠깐 물었었다. 그러나 서로의 일정이 너무 바빠서 상세히 묻지 못했기에 여기서 다시 만난 김에 좀더 확실히 하기 위해 그 문제를 화제로 삼았다.

"고려인 부대들이 어디 있었습니까?"

"77연대는 우수리스끄에 있었고 76연대는 스빠스끄에 있었습니다. 내가 그때 거기에 살아서 잘 알지요."

"그 부대들의 지휘관은 모릅니까?"

"그때는 그 문제에 대해 별 관심이 없어서 잘 기억하지 못하는데, 두 연대 중 한 연대의 지휘관은 오하묵이었을 것입니다. 다른 연대 지휘관은 모르겠어요."

다음은 1930년대 스딸린 대숙청에 대한 박 미하일 교수의 논평이다.

"스딸린이 자기 독재를 세우기 위해서는 레닌에 가까웠던 당내의 우수한 상층뿐만 아니라 중층 간부까지도 모두 숙청해버렸습니다. 끼로프가 살해된 그 사건부터 시작해서 대숙청을 단행했습니다."

"내가 어디에서 읽으니까요 당 17차 대회에 참석했던 대의원 1만 9천여 명 중 1천 1백여 명이 체포되었습디다."

"그렇습니다."

"그때 스딸린 체제가 그렇게 위협을 받고 있었을까요?"

"위협을 받았거나 안 받았거나가 문제가 아니라 나는 일종의 스딸린 친위 쿠데타라고 봅니다. 그때부터 소련이 올바른 사회주의 길로 나아갈 것을 전부 잃어버리고 독재적인 방향으로 나아가게 되었습니다. 그러니까 고려인에 대한 숙청이나 강제 이동 같은 것은 쉽게 할 수 있었지요."

"레닌 계통 사람들이 전멸한 셈이군요."

"네. 소련에 있던 고려인들 중 뛰어난 사람들은 독립운동에 참가하면서 모두 소련 공산당원이 되었습니다. 그리고 레닌의 신임을 받은 사람들이 많았습니다. 이들이 숙청된 것이지요. 나의 아버지도 1937년 9월에 체포당하고 38년 1월에 총살당했지요. 아무 죄도 없는데, 그리고 직업도 없이 우리 맏형이 있는 모스끄바에 와서 식솔로 있었는데 말입니다."

"역사에는 기이한 현상이 있습니다. 대중적 정신병이 그것입니다. 그 정신병 때문에 어디에나 적들이 가득 찼다고 생각하는 것입니다. 아무 죄 없는 사람들이 죽음을 당하는 것이지요."

따슈껜뜨의 강제이주 60주년 기념행사는 우즈베끼스딴 정부에서 기념일을 정하고 행사 진행도 정부에서 지원해주었다고 한다. 한국에서 온 우리 일행과 여기의 고려인 동포들, 특히 노인들이 어울려서 노래를 부르고 있다.

고려인 노인들이 부르는 노래는 우리가 잘 모르겠는데 아주 옛날 노래들인 것 같다. 60주년 행사가 열리고 있는 이곳은 따슈껜뜨 국립공원이며, 가운데 큰 호수가 있는 대단히 넓은 공원이다. 이 공원 전체를 수천 명의 고려인들이 차지하여 노래자랑, 태권도 시범, 민속춤, 씨름 등의 행사를 벌이고 있다.

알마띠에 내렸을 때 그곳 한국인들이 우즈베끼스딴에는 까자흐스딴보다 더 회교 근본주의자들이 많아서 고려인들이 생활하기 더 어렵고 기념행사도 제대로 할 수 있을지 모르겠다 하고, 오히려 까자흐스딴에서 더 시간을 많이 가지도록 계획하는 것이 좋았지 않았을까 하는 의견들이 있었다.

그러나 여기 와서 보니까 이주 60주년 행사가 대규모로 벌어졌고, 많은 고려인들과 우즈베끼스딴 사람들이 참가해서 성대한 행사가 된 것이 놀라울 정도다. 그리고 전체적으로 보아 이곳 고려인들이 우리가 들은 것처럼 연해주 지방으로 옮겨갈 생각이 간절한 것도 아니고 여기서 뿌리내려 잘살고 있는 것 같다.

여기에서 들으니 우즈베끼스딴 전체의 인구가 2천만 명이 좀 넘는데, 고려인은 약 20만 명 살고 있어서 전체 인구의 1퍼센트밖에 되지 않는다고 한다. 인구는 전체의 1퍼센트밖에 안 되지만 우즈베끼스딴인이 1등 국민이고 고려인들은 2등 국민이 된다고 '자랑'삼아 말하는 것을 들을 수 있었다. 다행이라고 맞장구를 치면서도 2등 국민이라는 말에 마음이 아팠다. 이곳 고려인들이 우즈베끼스딴인들과 아무 문제 없이 잘살고 있노라고 특별히 강조하는 것을 들으면서도, 어딘지 모르게 우리 앞에서 과장해서 말하는 것 같아 마음이 편치 않았다.

앞의 인터뷰에서도 나왔지만, 강제이주 때 소련 정부로부터의 원조가 없었으면 어떻게 살아갈 수 있었겠는가 하면서 상당한 원조를 받았다고 말하는 경우도 있었고, 또 전혀 원조 없이 내버려지다시피 해서 큰 고생을 했으며, 기후가 달라서 많은 어린아이들이 죽어갔다고 말하는 경우도 있었다.

기후가 달라서 특히 어린아이들이 병에 걸리기 쉬웠고 그래서 희생된 경우가 많았다는 것은 대체로 공통적으로 인정하는 것 같다. 아마 이주해 온 장소에 따라서 소련 정부의 원조에 차이가 있었던 것이 아닌가 생각되었다.

모국에서 왔다니까 좀 과장해서 말하는지 모르지만 대부분 여기서 잘산다 하며 자랑하고, 노인들의 경우 연해주 지방이 고향이니까 한번쯤은 가보리라 생각하는 정도라 했다.

호숫가에 차려진 대규모 점심 식사에는 약간의 한식과 함께 이곳 음식이 푸짐했고 꼬냑까지 나왔다. 박 미하일 교수, 작가 김 아나똘리 씨, 시험비행기 조종사 최대령 등과 함께한 식탁에서 유쾌한 시간을 보냈다.

식사하는 중 호수 위에서는 입으로 연기를 뿜는 거북선 퍼레이드가 있고, 그 맞은편에서는 고려인 여성들이 우리 민요를 부르면서 거북선을 맞이했다. 거북선 꾸민 모양이 엉성했지만 이 먼 곳에서 또 모국을 떠난 지 2세대 3세대가 되는 사람들의 모임에서 거북선 퍼레이드를 본다는 것이 여러가지를 생각하게 했다.

일제강점시대는 그렇다 치고 해방 후에도 조국이 분단됨으로써 모국으로부터 아무런 혜택도 보호도 받지 못한 그들이면서도, 모국 문화를 유지하려는 눈물겨운 노력을 끈질기게 보이고 있는 것 같아서, 보는 마음이 숙연해지기까지 했다.

이 기념행사에는 고려인들뿐만 아니라 우즈베끼스딴인들도 많이 참가하고 있는 것이 보기 좋았다. 행사가 시작될 때 고려인 아가씨들의 우리 춤 공연에 이어 우즈베끼스딴 아가씨들의 민속춤 공연이 있었고, 태권도 시범에도 고려인 젊은이들과 우즈베끼스딴 젊은이들이 함께 시범을 보였다. 특히 우리식 씨름 대회에도 우즈베끼스딴 청년들이 참가했는데 결승전에는 몸집이 좋은 그들만의 대결이 이루어지기도 했다. 씨름대회에서는 서울서 온 해외민족문제연구소의 이윤기 회장이 시상을 했다.

박 미하일 교수와 함께 꽤 멀리 떨어진 공원 화장실을 갔을 때는, 그 시설이 너무 불결해서 한국과 다른 외국을 많이 다녀본 박 교수가 민망해하기에 한국도 이 정도를 벗어난 지 얼마 안 된다고 '위로'해주었다.

화장실을 다녀오는 길에서 몇 사람의 고려인 노인들과 이야기를 나누었다. 우리나라 1960년대쯤 시골 장터 등에서 흔히 볼 수 있었던―지금도 물론 더러는 볼 수 있지만―낡은 중절모에 허름한 양복을 입고 허리가 구부정하면서 뒷짐을 지고 걷는 대개 70대 이상의 노인들이었다. 이들은 중앙아시아 고려인으로서는 1세대들인 것이다. 그들은 이쪽이 모국에서 온 사람인 줄 알고는 자손들을 교사나 기술자로 키운 것을 제일 큰 자랑으로 내세웠다.

공원 한쪽에서는 무대를 만들어놓고 노래자랑판이 벌어졌다. 40대 건장한 여성이 언제 배웠는지 얼마 전에 듣던 한국 노래가 분명한 유행가를 유창하게 부르고, 무대 앞에서는 박수에 맞추어 춤판이 벌어지고 있었다.

사람들의 차림도 노는 모습도 또 그 흥겨워함도, 일요일 낮에 어쩌다 우리 텔레비전에서 볼 수 있는 전국 노래자랑 프로그램과 전혀 다르지 않았다. 지구를 반 바퀴나 돌아 온 이곳에서 우리말을 거의 잊어버린 이들 고려인들에게서 국내의 노래자랑 풍경 그대로를 볼 수 있다는 것이 신기하기까지 했다. 그리고 우리 여인네들의 저같은 굳건함이 이 황량한 벌판에 버려졌어도 잡초처럼 되살아나 새로운 터전을 잡게 한 것이라 생각되면서, 측은함과 미더움이 뒤섞이는 묘한 감상에 젖기도 했다.

저녁에는 기념행사의 일환으로 이곳 극장에서 대규모 민속공연이 열리고 또 기념 만찬회도 열린다고 했으나, 어찌나 피곤하던지 석여와 함께 이들 행사에 참가하지 못하고 호텔에서 목욕을 하고 일찍 잠자리에 들었다.

우리가 머무는 따슈껜뜨 호텔은 얼마 전까지 여기에서는 최고급 호텔이었다고 한다. 앞에서도 말했지만 내부 시설은 허술한데다 밤에는 모기가 많아서 잘 수 없었다. 모기향이라도 구해볼까 했지만 이 나라에는 모기향이 없다고 했다. 할수없어서 전깃불을 켜놓고 잘 수밖에 없었다.

9월 21일날 아침이 밝았다. 오늘은 버스로 이곳 따슈껜뜨 시내를 관광하기로 되어 있었으나 웬일인지 예약한 버스가 오지 않았다.

우즈베끼스딴 정부 쪽에서는 '회상의 열차' 행사가 중앙아시아 고려인들의 연해주 이주를 권장하려는 목적을 가진 것으로 오해하고 비협조적 태도로 나오는 것 같고, 이곳 우리 대사관도 그 때문에 이 행사를 적극적으로 환영하거나 도와주기 어려운 것이 아닌가 생각되었다. 버스가 마련되지 않은 것도 그 때문이 아닌가 한다.

이 행사를 주최한 러시아 고려인협회 쪽에서는 연해주 고려인의 수를 늘려서 한국 쪽과의 관계를 밀접히 하고 장차 자치주 같은 것이라도 얻어내려는 목적을 가진 것이 아닌가 하고, '회상의 열차' 행사도 그런 맥락에서 이루어진 측면이 있는 것이 아닌가 한다. 그리고 행사를 공동 주최한 한국의 우리민족서로돕기운동 쪽도 러시아 고려인협회의 영향으로 그런 목적을 어느정도 가진 것 같고, 그래서 가는 곳마다 만나는 고려인들에게 연해주 이주에 대한 의견을 물은 것도 사실이다.

까자흐스딴에서도 그랬지만 우즈베끼스딴에서는 고려인들을 자기 나라에 그대로 두고 한국과의 관계를, 특히 경제적 관계를 깊게 하려 하지 자국의 고려인들이 지금은 다른 나라가 된 러시아 땅 연해주 지역으로 옮겨가는 것을 바라지는 않는 것 같다. 그 때문에 이곳 정부 당국은 '회상의 열차' 행사를 겉으로는 환영하면서도 속으로는 경계하고 있으며, 이곳 고려인 동포들이 여기가 살기 좋다고 강조하는 것도 이곳 정부 당국의 그런 의도를 알기 때문이 아닌가 생각되었다. 어쩌면 나의 오해일수도 있겠지만.

고려인사회에 민족문화가 유지될 수 있을까

　버스가 오기를 기다리면서 박 미하일 교수와 석여, 이윤구 박사와 필자 네 사람이 호텔 앞의 간이주점에서 네덜란드산 맥주를 마시며 이야기를 나누었다.

　박 미하일 교수는 고려인 3세이며 그의 할아버지가 기사년(1869) 흉년에 함경도 경원에서 동짓달에 옷을 벗고 두만강을 헤엄쳐서 러시아 땅에 들어갔다고 한다.

　독립운동사에 자주 나오는 연추(煙秋)가 어느 곳인가를 그에게 물었더니 연해주 끄라스띠노 옆에 있었으며, 고려인들이 러시아로 이주하면서 만들어진 마을이었다고 한다. 상연추, 하연추 등이 있었고 그는 하연추에서 났다고 한다. 1937년에 연해주 고려인들이 중앙아시아로 이주한 후에는 러시아인들은 그곳 기후에 맞는 영농을 할 줄 몰라서 거기에서는 살 수 없었고, 결국 상연추 하연추가 모두 폐허가 되어버렸다고 한다. 박 교수 가족의 내력을 좀더 듣고 싶었으나 말머리가 돌려졌다.

　그는 '회상의 열차' 행사가 가지는 의미를 말하면서 첫째 구 소련 지역에 사는 고려인들에게 민족적 자각을 일깨워주는 역할을 했고, 둘째 스딸린 정책의 상징인 강제이주 길을 따라 여행을 함으로써 그 정책의 잔혹성을 한 번 더 일깨운 것이라 했다. 그리고 그는 역사에서 어느 민족이건 민족 자체가 없어진 경우는 없었다 하고, 민족의 중요성을 강조했다. 남의 땅에 사는 노역사학자의 민족인식 같은 것을 엿보게 했다. 고려인사회의 앞으로의 전망에 대해 박 미하일 교수와 대담한 내용을 옮겨 보면 다음과 같다.

"구 소련 지역의 우리 동포사회가 지금까지는 상당히 어려웠는데 앞으로는 어떠하리라고 봅니까?"

"지금까지의 어려운 상황에서도 고려인사회가 없어지지 않고 유지된 것으로 보아 앞으로는 그 결속이 더해가리라고 봅니다."

"고려인사회가 현실적으로 우리말과 우리 문화를 잃어버리고 있는데, 그것들이 되살아날 가능성이 얼마나 있다고 봅니까?"

"어제 60주년 기념공연을 보고 느꼈는데, 나는 모스끄바에 삽니다만 같은 고려인이면서도 우리 문화가 그 정도라도 유지되고 있으리라고는 생각하지 못했습니다. 그보다 더 나쁜 상태라고 생각했습니다."

"그만큼 남아 있는 것도 다행이다 그 말씀입니까?"

"네, 그렇게 생각합니다."

"러시아나 구 소련 지역의 고려인사회에서 우리 문화를 다시 일으킬 수 있는 가능성 같은 것이 있다고 생각하십니까? 이번에 '회상의 열차'가 와서 자극을 준 것은 사실이겠지요?"

"앞으로는 한국과 우즈베끼스딴의 관계가 긴밀해지면서 한국이, 이곳 고려인사회가 우리 문화를 다시 일으킬 수 있게 원조를 해주어야 한다고 생각합니다. 해외에서 우리 문화의 부흥은 이 우즈베끼스딴에서 더 가능성이 크다고 생각합니다. 한국의 역할이 중요하겠지요."

"해외동포의 수가 많은 곳이 중국·미국·일본 등지인데 여기 우즈베끼스딴이 그다음으로 동포가 많은 곳입니다. 23만 명이나 있으니까요."

"여기의 고려인사회는 특색이 있습니다. 우즈베끼스딴에서는 고려인들이 이곳 토착 민족에 동화되는 것이 아니라, 러시아 문화를 가지고 발전하고 있는 우즈베끼스딴의 특수한 한 민족입니다. 그렇기 때문에 우즈베끄 민족 자신도 고려인들을 이용하기 위해서는 바쁩니다. 고려인들은 우즈베끄인들에 비해서는 러시아 문화를 보유한 수준이 높습니다."

"러시아 민족과 우즈베끄 민족 사이에서 고려인들이 가교 역할을 잘할 수 있다는 말씀입니까?"

"그래서 우즈베끄 사람들이 고려인에 대해 존경심을 가지고 있는 한편, 자신들의 문화도 못지않다는 것을 보여주기 위해 어제의 기념행사에도 참가하고 있는 것입니다."

"그 부분은 고려인들이 즐겁게 받아주어야겠지요. 여기에 사는 고려인들이 그런 것에 인색해서는 안 되겠지요."

"해외 동포들이 고국으로 돌아간다는 것이 쉬운 일이 아니지 않습니까. 땅도 좁고."

"더 내어보내야 합니다."

"지금의 고려인사회는 우리 선조들에 비해서는 찌꺼기만 남았습니다. 스딸린의 숙청 과정에서 민족성이 높은 우수한 성원들이 모두 없어졌습니다."

"다시 또 살아날 것입니다."

"지금 고려인사회 지식인들의 사명도 바로 그 점에 있다고 할 것입니다."

시내 관광을 위한 버스가 오지 않고 오전 스케줄이 취소되면서 이상과 같은 대화가 이루어졌다. 그러나 이보다 앞서 호텔 앞 길거리에 앉아서 사회주의권에서 80평생을 역사학자로 살아온 박 미하일 교수와 반대로 자본주의사회의 역사학자로서 짧지 않은 세월을 살아온 석여와 나 셋이서 이윤구 박사의 '방청' 아래 일장의 토론이 있었다.

역사학의 이론 및 방법론 문제, 역사학의 앞으로의 방향성 문제, 국가사회주의체제가 무너지면서 맞게 되는 21세기 인류사회 전체의 방향 문제 등에 대해서 제법 깊이 있고 열띤 토론이 상당히 긴 시간 이루어졌다.

전혀 예상치 않았던 토론이었기 때문에 미처 녹음을 하지 못해서 여기에 옮기지 못함이 아쉽다. 한 가지 확인한 것은 21세기사의 전망에 대해 내가 가졌던 의문이 바로 박 미하일 교수의 의문이기도 하다는 점이다. 이 점은 작년 초에 프랑스에 갔을 때 그곳 역사학자와 대화해본 결과와도 같았다.

오전 관광은 결국 취소되고 점심을 먹은 후 시장 구경을 했다. 우리의 난전 비슷한 시장인데, 상품은 과일과 채소가 제일 많다. 특히 토마토가 많고 당근·감자·피망·둥근파·호박·가지·수박이 많다. 수박과 가지는 우리나라에서는 볼 수 없는 대형이다.

옛날 우리가 쓰던 수숫대 빗자루가 나와 있는 것이 눈에 띄었다. 자두가 먹음직해서 석여가 우리 돈으로 700원어치를 샀는데 둘이서 힘들여 들고 갈 정도였고, 우리 일행 모두에게 한두 개씩 나누어 줄 수 있었다.

이곳 따슈껜뜨에는 우리나라의 호서대학에서 분교를 내기 위해 교수가 한 분 파견되어 있다. 경제학·컴퓨터학·한국어학 이 3개 학부가 있는 대학을 세우기 위해 준비하고 있다고 한다. 이르꾸쯔끄에서도 말했지만 우리나라 지방 대학의 해외 진출이 활발함을 알 수 있을 것 같다. 여기 파견되어 있는 호서대학의 조상국 교수는 경제학 전공이며 파견된 지 1년이 넘었다고 한다.

조상국 교수의 안내로 따슈껜뜨 시내에서 자동차로 30분 거리에 있는 꼬리따젤 꼴호스를 견학하러 갔다. 가는 도중 조상국 교수의 설명에 의하면 우즈베끼스딴의 법적 공용어는 우즈베끄어이고 실질 공용어는 러시아어라 했다.

꼴호스로 가는 길 양편에는 넓은 목화밭이 펼쳐져 있다. 목화 생산이 이 나라의 중요한 산업의 하나이며, 겨울이 되면 우기(雨期)가 되는데 그전에 목화를 따야 하기 때문에, 목화 수확 때는 길을 막고 지나가는 사람들이 목화를 얼마만큼 따야 보내주고, 학생들이 임시 휴교를 하고 학생들이 목화 수확을 돕게 한다고 했다. 자동차를 길 옆에 세우고 밭에 들어가서 목화를 봤더니 옛날 우리나라에서 보던 목화보다 송이가 훨씬 큰 것 같았다.

꼬리따젤 꼴호스에 도착했다. 전에 맑스의 동상이 있었다는 자리에 지구의(地球儀) 조각이 대신 들어섰고, 만민극장이 지금은 만민교회가 되었다고 했다. 이 꼴호스에는 고려인들이 약 2천 명이 산다고 하는데, 아무도 나오지 않아 대단히 어색한 상황이 되었다. 이 꼴호스를 개척한 사람은 황만금씨인데, 그가 돌아간 지 1주기가 되어 모두 거기 갔고, 그 때문에 아무도 나오지 않았다고 한다. 그러나 또다른 사람의 말에 의하면 모두 목화 수확하러 나가서 6시가 되어야 온다고 한다. 어느 쪽이 사실인지 잘 모르겠다.

역시 '회상의 열차'가 가진 목적을 우즈베끄 정부처럼 이 꼴호스 쪽에서도 '오해'하고 있는 것이 아닌가 하는 생각이 든다. 지금은 이 꼴호스에 살던 고려인들이 딴 곳으로 많이 나가고 대신 우즈베끄 사람들이 많이 들어왔다고 한다.

맞이해줄 사람이 나오지 않아서 가까운 곳에 있다는 김병화 꼴호스를 방문하기로 했다. 옮겨가는 도중 차 안에서 꼴호스의 경영방법에 대해 물어봤으나 잘 아는 사람이 없었다. 김병화 꼴호스에 도착해서 물어봤더니 여기도 지금은 고려인들이 많이 옮겨가고 우즈베끄 사람들이 많이 들어와 있다고 한다. 그래서 따슈껜뜨에서 일행이 출발하기 전에 박 미하일 교수가 고려인 꼴호스가 쇠퇴해가는 것을 보려면 김병화 꼴호스에 가보라고 했던 것 같다. 다음은 역시 박 미하일 교수의 설명이다.

"김병화씨는 연해주에서 태어나 1937년 이주 전에 이미 그곳에서 북극성이라는 꼴호스의 지도자로 있었습니다. 37년 강제이주 때 여기 와서 깔밭에다 이런 굉장한 농장을 만들었습니다. 그는 여기에서 생산하고 경영하고 주택을 짓고 문화궁전까지 만들었습니다."

"독일과의 2차 대전 때 여기에서 생산한 쌀과 현금을 헌납해서 비행기와 탱크를 만들게 했습니다. 그러나 지금은 꼴호스의 이름도 아마 우즈베끄 이름으로 바뀌었을 겁니다. 그는 또 청년 시절에 연해주에서 독립운동에도 참가한 것 같습니다."

고려인사회의 다른 지도자들은 1937년에 모두 숙청되었는데, 김병화 씨는 어떻게 숙청을 면하고 여기 와서 이런 대규모 농장을 건설할 수 있었는가 하고 박 교수에게 물었더니, 그것은 우연이지 어떤 필연은 아닐 것이라고 해서 모두 웃었다. 이 꼴호스의 부회장인 김 발레리 씨가 나왔기에 그에게 몇 가지 물어봤다. 그는 46세라는데도 우리말을 잘했다.

"이 농장에 있는 고려인이 전체 몇 명이나 됩니까?"

"아이들까지 합쳐서 약 800명쯤 됩니다."

"고려인이 아닌 다른 사람들은 얼마나 됩니까?"

"6천 500명쯤 됩니다."

"고려인 말고 어떤 사람들이지요?"

"우즈베끄인이 제일 많고 까자흐인도 있고 또 다른 민족도 있습니다."

"앞으로 고려인이 점점 적어지고 다른 민족이 더 많아질 가능성이 있겠군요?"

"고려인들이 적어지는 이유는 그들은 공부를 해서 따슈껜뜨 등 도시로 나가 살기 때문입니다. 1937년에 이주해 왔을 때는 고려인들이 모두 농장에서 주로 목화농사를 했습니다."

"이 농장에 고려인들이 제일 많을 때는 얼마나 있었을까요?"

"약 2천 명 정도 있었습니다. 그때는 다른 데 갈 데도 없었습니다. 밤 낮 여기서 일들만 했지요."

"이 꼴호스 안에 학교도 있었습니까?"

"학교도 있고 박물관도 있고 잔치하고 환갑 치르고 하는 곳도 있었습니다."

"김병화 선생이 돌아간 것은 언제입니까?"

"1976년도였습니다."

우즈베끄인으로 생각되는 꼴호스 회장이 나와서 우리 일행을 맞이해 주었다. 그의 사무실에 들어갔더니 김영삼 대통령이 왔을 때 기증했다는 대형 벽시계가 걸려 있다.

김병화씨는 연해주에서 공업학교를 나와서 기계에 밝아 물레방아를 돌려서 발전을 하고 방아를 찧고 하면서 농장을 만들었다고 한다. 이곳은 소연방 안에서 가장 우수한 농장으로 평가받았으며, 김병화씨는 외국인으로서는 최초로 레닌 훈장을 받았다고 한다. 또 김병화 농장이 모든 농장경영자들이 견학하는 곳이 되었고, 독소전쟁 때 비행기 등을 헌납한 공로로 또 훈장을 받았다고 한다. 사무실 입구에 있는 그의 대형 초상화와 흉상은 훈장을 두 개 달고 있었다.

우리 일행이 고려인 꼴호스를 방문하여 그곳 고려인들과 접촉하는 것을 막는 것 같은 흔적이 여기서도 역력했다. 누가 그런 지시를 했겠는가 하고 논의들을 했으나 물론 알 수 없었다.

이 농장의 넓이는 2천 200헥타르라 하는데 여기에는 '자연과 인간의 박물관'이라는 꼴호스 개척 박물관이 있다. 그곳을 구경하기 위해 갔으나 문이 잠겨 있고 열쇠를 가져온다 하고도 가져오지 않아 결국 관람하지 못하고 떠났다.

우리가 '회상의 열차'를 탄 주목적은 분명히 60년 전 강제이주된 고려인들의 행적을 따라가면서 그 고통을 되새기자는 데 있었다. 그러나 여기서는 마치 중앙아시아 고려인들의 연해주로의 재이주를 권장하는 데 주목적이 있는 것으로 인식되고 있는 것 같다. 러시아 고려인협회에 그 책임이 있는 것이 아닌가 한다.

　꼴호스 박물관을 열어주기를 기다리고 있는 동안에 우리말을 아주 유창하게 해서 고려인이라고 믿을 수 없는 고려인 한 사람이 나와서 우리 일행에게 이곳 고려인들의 어려운 사정을 설명해주었다.

　그의 설명이 문제가 아니라, 우리는 여기서 기구한 인생 역정을 걸은 또 한 사람의 동포를 보게 되고, 기막힌 하나의 해후를 보게 되었다. 우선 고려인이 아니라 한국인처럼 우리말을 잘하는 그의 설명부터 들어보자.

　"여기서 살려면 여기 말 즉 우즈베끄 말을 알아야 되고, 러시아어는 하게 되면 하는 거고 외국어로서 영어나 독일어나 프랑스어를 해야 되고, 우리 민족의 피를 받았으니까 우리말도 알아야 되고, 그러자면 적어도 3,4개 국어는 해야 하거든요. 그것을 공부하다가 딴 것을 못하게 됩니다. 그렇다고 해서 여기서 사회적 지위 같은 것을 보장받는 것도 아니고 그렇습니다."

　"여기에 언제 오게 되었습니까?"

　"구 소련에 1963년 10월에 왔습니다."

　"여기 우즈베끼스딴에는 언제 왔습니까?"

　"64년 5월에 왔어요."

　"그때 어떻게 여기를 왔습니까?"

　"한국의 전직 육군대위입니다. 일본 오끼나와에 있는 미국 육군정보학교 과정을 졸업하고 길을 잘못 들었습니다. 그래 가지고 이쪽으로 왔는데요.”

“지금은 무엇을 합니까?”

“지금은 한국 상사를 도와주고 있습니다.”

이름이 이춘식이라는 그가 여기까지 말했을 때 6·25전쟁 때 맹교수와 총부리를 마주 겨눌 뻔했다는 한국인 예비역 육군 중령 서승주씨가 “김대위 아니오” 하고 물었고 그는 “이대위입니다” 하고 대답했다. 그리고 몇 마디 오고 가더니 두 사람은 바로 끌어안았다. 서승주씨가 소령 때 육군정보학교에서 러시아어 교육을 받았는데 그때 이춘식 대위가 바로 교관이었다는 것이다.

이춘식 대위는 그후 북에 있는 어머니를 만나고 싶어서 소련을 거쳐 북으로 가려 했다가, 소련에서 간첩으로 몰리고 한국에서는 탈주자로 간주되었다 한다. 그는 결국 소련 당국에 의해 우즈베끼스딴으로 유배되어 지금까지 이곳에서 살게 되었다는 것이다. 민족분단 때문에 기구한 인생을 살게 된 또 한 사람을 여기서도 보게 되었다.

저녁 식사는 이곳 코리아나 호텔에서 경영하는 순 한국식 식사를 했다. 러시아 아가씨들을 종업원으로 썼는데, “그릇을 치워도 되겠습니까” 정도의 간단한 우리말을 가르친 것이 인상적이었다.

9월 22일 새벽에 일어나서 7시 비행기를 타고 강제이주 60주년 기념 학술회의가 열리는 모스끄바로 갔다. 공항으로 가는 버스 안에서 느낀 점이다.

여기 와서 보니 까자흐스딴도 우즈베끼스딴도 마찬가지인데, 한국에서 기독교 선교사들이 많이 나와 있는 것을 알 수 있었다. 앞에서도 잠깐 나왔지만 60주년 기념행사에서 만난 고려인 중에는 이미 이들 선교사들에 의해 기독교 신자가 된 사람들이 있었고, 앞으로도 많은 사람들이 개종하리라 전망될 수 있었다. 그럴 경우 회교근본주의자가 많은 이곳 사람들과 기독교로 개종한 고려인 사이에 종교적 갈등이나 충돌 같은 것이 있지 않을까 걱정되었다.

이곳은 실크로드 지역이어서 여러 인종이 모여 살기 때문에 인종 분쟁 같은 것은 일어날 염려가 없을 것 같았다. 그러나 회교도가 많은 나라에 불과 1퍼센트밖에 안 되는 고려인들의 상당한 부분이 기독교도가 되는 경우, 지금 세계의 종교분쟁 중 회교도와 기독교도 사이가 제일 심한 것을 생각해보면, 기독교로 개종해가는 이곳 고려인들의 앞날이 염려되지 않을 수 없는 것이다.

그러나 이곳에 많이 나와 있는 '극성스러운' 한국의 기독교 선교사들이 그런 문제까지 내다보면서 선교를 자제할 수 있을 것 같지 않아 더욱 염려스러웠다. 우리 일행 중 목사 몇 분에게 이런 의견을 말하고 또 염려했더니 그들도 동감이라 했다.

비가 내리는 모스끄바에 도착했다. 약 1년 만에 다시 보는 모스끄바는 많이 달라졌다는 느낌이었다. 특히 모스끄바 창도(創都) 800주년이라 하여 여러 사업을 준비하고 있어서 도시 전체가 대단히 밝아졌다.

이곳에서 강제이주 60주년 기념학술회의가 열렸고, 박 미하일 교수와 이르꾸쯔끄에서 만났던 박 보리수 교수 등을 비롯하여 여러 고려인 학자들과 러시아 정부 관리도 참가해서 주제 발표들을 했다.

고려인 학자들은 주로 고려인의 민족문화 보전과 명예회복 문제를 강조하는 내용의 발표들을 했고, 러시아 관리도 이 점에는 별 이론이 있을 리 없었다. 학술회의에서는 생각보다는 중앙아시아 고려인의 러시아로의 재이주 문제는 논의되지 않았다.

주어진 시간이 너무 짧아서 깊이 있는 내용을 발표할 수 없는 상황이기에 대체로 다음과 같은 내용의 발표를 했다.

　인간사회의 역사가 앞으로 평화롭게 발전하기 위해서는 사람들이 국
민국가의 국경선에 얽매이지 않고 어느 나라를 막론하고 자유롭게 옮
겨 살 수 있어야 한다. 20세기만 해도 그 전반기보다 그 후반기에는 제
가·태어난 나라를 떠나 다른 나라에 가서 사는 사람들이 훨씬 많아졌다.
　20세기 전반기까지의 제국주의시대에는 대체로 식민지로 된 지역의
문화를 식민모국의 그것에 동화시키려 한 것과 같이 남의 땅에 옮겨 사
는 사람들도 대체로 제 민족 본래의 문화를 유지하지 못하고 옮겨 사는
땅의 문화에 동화되고 말았다.
　남의 땅에 옮겨 사는 사람들이 그곳에서도 제 민족 본래의 문화를 유
지 보전하게 되어야 옮겨 사는 땅의 문화가 다양하게 발전하는 데 공헌
할 수 있겠는데, 대개의 경우 그렇지 못하고 동화되고 말았다. 따라서
그들은 옮겨 살게 된 땅의 노동력을 보태주는 데 그쳤을 뿐, 그 문화를
다양하게 하는 중요한 역할을 다하지 못하고 만 것이다.
　교통과 통신이 발달하면서 세계가 하나로 되어가고 문화도 선진 자
본주의 나라의 문화 쪽으로 획일화되어가고 있다. 21세기에 들어가서
교통과 통신이 더욱 발달할수록 세계문화의 획일화는 심화될 것이다.
남의 땅에 옮겨 사는 사람들이 많아지더라도 그들이 모두 그 땅의 문화
에 동화되어버리면 세계문화의 다양화에 기여할 수 없게 된다.
　다양성을 가진 문화라야 발전할 수 있으며, 다양성을 잃은 문화는 정
체하게 마련이다. 제국주의시대가 완전히 가시고 평화주의시대가 오게
되면 넓은 땅을 가진 각 민족국가들이 그 문화의 다양한 발전을 위해 다
른 나라 사람들이 제 땅에 더 많이 와서 살기를 권하면서 그들이 제 민
족 본래의 문화를 그대로 유지 보전하기를 바라게 될 것이다.

228

러시아와 중앙아시아 등지에 살고 있는 고려인들이 그 땅 문화의 다양한 발전에 공헌하기 위해서는 제 민족문화를 복원하여 유지하려는 노력을 다하게 될 것이며, 그러기 위해 모국과의 관계 특히 문화적 관계를 더 긴밀히 하게 될 것이다.

고려인 강제이주 그 통한의 길을 가다

허은 고려대 한국사학과 교수

　이 책은 저자가 1997년 9월 러시아 고려인협회와 우리민족서로돕기 운동 본부가 공동으로 주최한 노령 한인의 강제이주 여정을 되짚는 '회상의 열차' 행사에 참여한 뒤 쓴 역사기행문이다. 열흘간의 '회상의 열차' 일정은 비록 19세기 말에서부터 20세기 전반기까지 전개된 장구한 민족이산의 기간과 비교할 수 없을 정도로 짧지만, 저자는 여러 인물들과 사건을 등장시키며 강제이주를 당한 한인들의 아픔과 19세기 말 초기 이주 이후부터 냉전이 해체될 때까지 두텁게 쌓인 역사의 울림을 전달해준다. 특히 여러 고려인들과의 인터뷰는 제국의 식민지배, 러시아 혁명, 민족해방운동 와중에 이산의 아픔을 온몸으로 겪은 고려인들의 삶을 상세히 풀어준다. 또한 거시적 과거 역사의 조망을 통해 더 나은 미래를 위한 방향을 모색하는 역사가로서 저자의 통찰이 담겨 있다. 이 책이 단순한 기행문이 아닌 '역사'기행문인 이유도 여기에 있다.

　'회상의 열차'를 통한 역사기행문은 전문 주제를 다룬 전문 역사서가 아니지만 식민주의와 냉전·분단체제로 왜곡되고 좁혀진 한국의 역사 인식의 극복과 21세기에 새로운 지향을 찾기 위한 역사적 모색을 담고 있기에 책이 지닌 무게와 전달하는 울림은 결코 가볍지 않다. 이와 관련하여 아래 세 가지 내용이 주목된다.

첫째, 저자는 냉전분단체제를 거치며 휴전선 이남으로 위축된 역사인식의 지평을 크게 확장하며 글로벌한 차원에서 한반도를 조망하도록 독자를 이끈다. 열차는 주지하다시피 근대 제국에 주요한 팽창수단이자, 폭압적인 식민지 지배를 문명적 지도로 포장하고 과시하는 대표적인 수단이었다. 여러 역사가들이 지적한 것처럼 19세기 말 제정 러시아가 건설한 대륙횡단열차는 만주와 한반도를 둘러싼 동아시아 국가들에 위기감을 불러일으키고, 이후 러일전쟁까지 유발하는 요인 중의 하나였다. 또한 1930년대 만주를 장악한 일제가 부산과 괴뢰 만주국을 연결하는 고속열차를 운행하며 문명적 우월을 과시했다는 사실도 잘 알려져 있다. 유라시아를 가로질러 극동 한반도까지 연결된 대륙횡단열차는 한국사의 지평을 만주, 연해주, 나아가 유라시아 전체로 연결하는 통로였다고 할 수 있다.

그런데 이러한 제국의 대륙열차를 통한 역사인식의 확장은 '제국주의적 근대국가'의 역사에 기반한 역사이해의 확장이지, 한국사의 주체들이 겪고 만들어간 역사를 온전히 담은 것이라 할 수 없다. 저자는 '회상의 열차'를 통해 한말 열강의 각축과 식민지배 그리고 민족해방을 위한 항쟁이 중첩되며 대규모로 전개된 민족이산과 강제이주의 역사를 펼친다. 근대 제국국가들에 열차가 '팽창과 과시'를 의미했다면 식민지 조선인들에게 열차는 '회한과 비애'의 열차였다고 할 수 있다. 하지만 저자는 회한과 비애의 역사를 보여주는 데서 그치지 않는다. 저자는 연해주와 중앙아시아 등으로 흩어졌던 고려인들이 강제이주, 스딸린의 대숙청 등을 겪으면서도 지역문화와 조화를 이루며 문화적 정체성을 유지하는 모습을 보여주며 21세기 인류가 지향해야 할 새로운 가치, 좁게는 동아시아 공동체 형성을 위한 가치를 어디서 찾아야 할지 제시하고 있다.

저자는 21세기 동아시아가 지향해야 할 공동체는 "제국주의는 물론 대국주의적·패권주의적 목적이 철저히 배제된 호혜평등 원칙의 공동체여야" 한다고 강조한다. 더불어 20세기까지의 '제국주의적 문화체제'도 '평화주의적 문화체제'로 대체되어야 한다고 역설한다. 즉, 21세기에는 더이상 자국의 영역에 이주한 타민족들을 강제적으로 동화시키려는 정책들이 사용되어서는 안 되며 그 반대로 자국내 이주민의 "문화를 그대로 살림으로써 제 민족의 문화를 더 다양하게 발전시키려는 지혜를 터득"해야 하며 또한 그러한 방향으로 역사가 전개될 것이라고 전망한다.

'회한의 열차'는 민족의 아픈 역사를 되짚는 수단이자 동시에 21세기 탈냉전분단체제 이후 '평화주의적 문화체제'의 가능성을 확인하는 '희망의 열차'였다. 과거 제국의 열차 대신 평화적 문화체제의 실현에 기여하는 열차가 부산에서 중앙아시아 그리고 유럽까지 달리는 것은 먼 미래의 일이 아니라 당면한 과제라 하겠다.

둘째, 저자는 냉전시대 진영대립 속에서 가려져 있던 노령지역 고려인들의 역사를 그들의 목소리를 통해 생생히 전달하며, 해외 한인의 민족사를 냉전적 논리로 재단할 수 없다는 사실을 잘 보여준다. 러시아 공산주의 혁명에 누구보다 헌신하며 식민지 조국의 독립을 모색했던 여러 고려인 혁명가들이 스딸린의 대숙청 와중에 '일제의 밀정'이란 누명을 쓰고 죽음을 당했다는 사실은 고려인의 역사를 냉전적 이념과 진영의 논리로 재단할 수 없음을 잘 보여준다.

러시아 한인 학자 김 블라지미르에 따르면 중앙아시아로 강제이주된 고려인들은 독소전쟁 때 "오직 소련이 승리해야만 우리 조국이 독립되어 귀향의 길이 열릴 것이라는 기대를 걸고 탱크, 비행기 생산에 자기 재산을 몽땅 국가에 헌납했다”고 한다. 그럼에도 불구하고 2천여 명에 달하는 고려인 지도자·지식인들이 학살을 당했다.

대표적인 한인 공산주의자 김 아파나시의 경우 뜨로쯔끼주의자, 지노비예프주의자, 우편향주의자로 몰려 숙청을 당할 것이라는 예감을 하면서도 끝내 자신에게 일본의 스파이라는 누명이 씌워지리라 예상하지 못했다고 한다. 김 아파나시 외에도 강제이주와 스딸린의 숙청에 희생된 여러 인물들이 등장하여 반세기가 넘는 시간의 간극을 뛰어넘어 식민지 조선을 조국으로 두어 보호받지 못한 한인들의 착잡하고 답답한 심경을 그대로 전달한다. 저자는 조국이 식민지화되지 않았다면 이러한 정도의 강제이주와 학살은 일어나지 않았을 것이라 평가하며, “한평생 조선의 독립을 위해 반일투쟁에 몸바쳐온 연해주 한민족들에게 역사의 철천지원수인 일제의 스파이라는 혐의는 만인의 단죄를 받는 야수적인 행위”였다고 강하게 비판한다.

더불어 러시아 유학 후 김일성 숭배를 비판하다 러시아에 머물게 된 북한 유학생들의 삶, 북에 있는 어머니를 보고 싶어 소련을 거쳐 북으로 가려다 소련에서 간첩으로 몰리고 우즈베끼스딴으로 강제 유배되어 여생을 살았던 육군장교의 삶 등은 체제와 진영대립이란 획일적인 잣대로 이해될 수 없는 수많은 한인들의 아픔이 한반도에 국한되지 않고 세계적으로 있었음을 보여준다.

셋째, 저자는 냉전분단시대를 넘어 통일시대로의 이행은 한반도의 민족통일을 외치는 것으로는 한계가 있다는 점을 다시 확인시켜준다. 저자는 “통일문제도 중요하고 긴급한 문제지만, 재외동포사회에 민족문화가 뿌리내리게 하는 일도 또한 중요한 일”이라 지적한다. 일제강점시대에 정치적 주권을 가지지 못해 해외동포사회에 민족문화가 뿌리

내리는 것이 불가능했고, 분단시대에는 두 분단정권이 해외동포사회를 분열시켰다. 저자는 "민족통일시대로 들어서면서 해외동포사회에 대한 인식과 정책도 달라져야 한다"고 강조한다.

강만길이 보는 '통일시대'에서 '통일'이란 공간적으로 한반도에 국한되고 민족적 동질성 회복이라는 과제 해결만을 강조하는 '통일'을 의미하지 않는다. 이는 앞서 언급한 제국주의가 평화주의로 대체되고 인종적·문화적·이념적 갈등과 배제 그리고 폭력이 상생과 조화로 대체되는 것을 의미함을 알 수 있다. 저자는 '회상의 열차' 기획이 '고려인의 명예회복'을 주요한 목적으로 삼았다는 사실을 여러 차례 언급하면서도 이를 민족주의 강조로 굳이 연결하지 않는다. 그는 21세기의 번영은 앞서 평화주의적 문화체제 강조에서도 언급되었듯이 인종적·문화적 고유성을 유지하는 조화를 통해서 이루어질 것이라 본다. 같은 맥락에서 러시아와 중앙아시아 등지에 살고 있는 고려인들도 민족문화를 복원, 유지하는 노력으로 해당 지역의 문화발전에 기여하기 위해 모국과의 관계특히 문화적 관계를 더 긴밀히 하게 될 것이라 저자는 전망했다. 2017년 현재 743만여 명의 재외동포가 전세계에 거주하고 있다. 이들이 제국주의적 문화체제에 속박되지 않고, 자유롭게 한민족의 문화를 흡수·향유하며 동시에 거주국가의 문화를 만들어가는 주체로서 활약하는 사실을 본다면, 20년 전에 1997년 저자가 전망했던 평화와 다양성을 지향하는 '통일의 시대'는 이미 도래한 것일지도 모르겠다.

강만길 저작집 간행위원
조광 윤경로 지수걸 신용옥

강만길 저작집 11
회상의 열차를 타고

초판 1쇄 발행/2018년 12월 5일
초판 2쇄 발행/2019년 6월 28일

지은이/강만길
펴낸이/강일우
책임편집/부수영 신채용
조판/정운정
펴낸곳/(주)창비
등록/1986년 8월 5일 제85호
주소/10881 경기도 파주시 회동길 184
전화/031-955-3333
팩시밀리/영업 031-955-3399 편집 031-955-3400
홈페이지/www.changbi.com
전자우편/human@changbi.com

ⓒ 강만길 2018
ISBN 978-89-364-6064-8 93910
      978-89-364-6984-9 (세트)